普通高等教育"十四五"规划教材·财经案例分析系列教材

qiyehebingkuaiji anlifenxi

U0848678

企业合并会计案例分析

周晓惠 主 编

立信会计出版社

图书在版编目(CIP)数据

企业合并会计案例分析 / 周晓惠主编. --上海：立信会计出版社，2025.3. -- ISBN 978-7-5429-7751-9

Ⅰ．F275.2

中国国家版本馆CIP数据核字第20250K8V34号

策划编辑　王斯龙
责任编辑　郭　光
助理编辑　周　诠
美术编辑　吴博闻

企业合并会计案例分析

QIYE HEBING KUAIJI ANLI FENXI

出版发行	立信会计出版社			
地　　址	上海市中山西路2230号	邮政编码	200235	
电　　话	(021)64411389	传　　真	(021)64411325	
网　　址	www.lixinaph.com	电子邮箱	lixinaph2019@126.com	
网上书店	http://lixin.jd.com		http://lxkjcbs.tmall.com	
经　　销	各地新华书店			
印　　刷	浙江天地海印刷有限公司			
开　　本	787毫米×1092毫米	1/16		
印　　张	13.5			
字　　数	280千字			
版　　次	2025年3月第1版			
印　　次	2025年3月第1次			
书　　号	ISBN 978-7-5429-7751-9/F			
定　　价	49.00元			

如有印订差错，请与本社联系调换

前　言

企业合并是企业扩大产业规模和优化资源配置的重要手段,对改善企业经营效率、提升产业技术乃至促进资本市场健康发展都具有重要的意义。当前,市场中的企业并购重组交易越来越常见,会计实务发展与创新层出不穷,这给企业合并的会计核算与会计教育都带来了严峻的挑战。因此,本书主要从会计角度出发,通过案例来分析企业并购重组中的会计问题,讨论企业合并的经济实质及其会计核算原则与方法,为会计、投资、审计和监管等从业人员更好地理解与开展企业合并业务提供思路和借鉴,并希望本书能够从会计的视角为从事企业合并的人员、会计与税务人员、相关研究人员和监管者提供案例分析框架和经验拓展。

编者基于财务会计理论与实务及相关课程的长期教学实践经验编写本书。在编写过程中,编者注重企业合并理论与实务的结合,兼顾了基础理论知识与专业前沿拓展。本书共分为两篇:第一篇为知识储备,系统介绍了企业合并所涉及的会计理论与方法,并在此基础上介绍了双重股权结构;第二篇为企业合并的案例研究,包括14个案例,所有案例素材均取自上市公司,与实务紧密结合,反映了并购重组业务中出现的诸多现象。

书中所讨论的企业合并包括吸收合并与控股合并、纵向合并与混合合并等不同类型的合并,也包括同一控制下的企业合并与非同一控制下的企业合并,涵盖合并商誉、对赌协议、反向购买、借壳上市、双重股权、股权投资等实务中的热点问题,并涉及不同行业,除了常见的制造业,还包括娱乐、旅游、零售、物流、电子商务和有色金属等行业,这使得本书更具探索性和指导性。

本书要求学习者系统学习过"基础会计""中级财务会计"与"高级财务会计"课程,具备扎实的初级会计理论和系统的财务会计专门知识。本书可作为会计学及相关专业高年级本科生、会计专业硕士(MPAcc)、审计专业硕士(MAud)和工商管理硕士(MBA)的相关课程教学用书。

本书的主编周晓惠老师负责确定全书内容及大纲的安排,对初稿进行总纂、修改和补充,并具体撰写第一篇和第二篇中的案例一至案例六、案例十二至案例十四;副主编包绒老师和苏雨贞老师负责收集全部案例资料,校对初稿,具体撰写案例七至案例十一。本书在编写中参考与借鉴了众多专家和学者的研究成果,在此,一并向他们表示感谢。

由于编者水平有限,本书可能存在不足之处,敬请广大读者不吝赐教,以便将来逐步修正和完善本书。

编者

2025 年 3 月

目　录

第一篇　知识储备

知识储备一　企业合并 / 003
　　一、企业合并的动机 / 003
　　二、企业合并的概念 / 005
　　三、企业合并的类型 / 006
　　四、企业合并的方法 / 008
　　五、股权投资的会计处理 / 010

知识储备二　双重股权结构 / 013
　　一、股权结构 / 013
　　二、双重股权结构的发展演变 / 017
　　三、双重股权结构的制度优劣 / 020
　　四、双重股权结构的影响因素 / 024
　　五、中国的双重股权结构发展 / 026

第二篇　企业合并的案例研究

案例一　华谊兄弟的"豪赌"盛宴：对赌并购 / 037
　　一、案例背景 / 037
　　二、交易各方简介 / 038
　　三、交易概述 / 040
　　四、对赌协议 / 045
　　五、商誉及其减值 / 050

案例二　美的与小天鹅的热情拥抱：换股吸收合并 / 055
　　一、案例背景 / 055

二、交易各方简介 / 056

三、交易概述 / 061

四、换股方案 / 064

五、并购前小天鹅财务会计信息 / 065

案例三　云南白药的混改尾声:反向并购 / 068

一、案例背景 / 068

二、交易各方简介 / 069

三、交易概述 / 074

四、换股方案 / 076

五、并购前白药控股财务信息 / 077

案例四　云南世博的系列并购:多次股权转让 / 080

一、案例背景 / 080

二、交易各方简介 / 081

三、两项交易 / 086

案例五　双汇发展的吸收合并:要约收购 / 090

一、案例背景 / 090

二、交易各方简介 / 091

三、交易概述 / 096

四、业绩承诺补偿 / 099

五、本案例小知识 / 100

案例六　苏宁易购:2019年的那些股权投资 / 104

一、案例背景 / 104

二、交易各方简介 / 105

三、收购家乐福中国 / 109

四、LAOX引入战略投资者 / 111

案例七　融创中国与万达商业的合作:跨行业并购 / 115

一、案例背景 / 115

二、交易各方简介 / 116

三、交易概述 / 120

四、并购前万达商业财务信息 / 123

案例八　顺丰搭了谁的顺风车:借壳上市 / 126

一、案例背景 / 126

二、交易各方简介 / 128

三、交易概述 / 131

四、交易后风险 / 135
　　五、本案例小知识 / 136

案例九　华润与凤凰:混合所有制改革 / 138
　　一、案例背景 / 138
　　二、交易各方简介 / 139
　　三、交易概述 / 144
　　四、交易对凤凰医疗的影响 / 148

案例十　武汉中商收购居然新零售 / 151
　　一、案例背景 / 151
　　二、交易各方简介 / 152
　　三、交易概述 / 157
　　四、本次交易对上市公司的影响 / 161
　　五、交易后经营业绩 / 163

案例十一　大冶特钢收购兴澄特钢——供给侧结构性改革 / 166
　　一、案例背景 / 166
　　二、交易各方简介 / 167
　　三、交易概述 / 175
　　四、交易后经营业绩 / 178

案例十二　格力的一项交易:非同一控制下的企业合并 / 181
　　一、交易方简介 / 181
　　二、交易概况 / 182

案例十三　两项并购:权益性交易的其他情形 / 186
　　一、江南嘉捷的收购 / 186
　　二、云南铜业的处置 / 187

案例十四　双重股权结构在中国企业中的应用 / 191
　　一、京东在美国上市 / 191
　　二、阿里巴巴的合伙人制度 / 195
　　三、小米在中国香港上市 / 198

附录 / 202

第一篇

知识储备

知识储备一　企业合并

大多数企业都是通过内部扩张不断成长的,但并购重组往往可以让企业获得突飞猛进的发展。20世纪90年代以来,国际市场上的并购活动进入了前所未有的增长期。尤其在进入21世纪后,并购就已成为经济社会生活中的一个常态。1999年,福特公司以64.5亿美元收购沃尔沃公司。2001年,英国沃达丰公司以1 760亿欧元的高价收购德国曼内斯曼公司。2004年,美国银行以470亿美元并购波士顿舰队金融公司。2014年,美国脸谱网公司以190亿美元并购移动通信应用公司Whats App。

并购不仅是欧美企业扩大产业规模和优化资源配置的重要手段,同样也是中国企业在发展中所面临的重大机遇与挑战。2018年,科华生物以现金购买方式收购西安天龙和苏州天龙各62%股权。2019年,一汽轿车通过置换资产、发行股份和募集配套资金的方式,以270.09亿元收购一汽解放100%股权。2020年,我国民营企业TCL科技宣布公司参与公开摘牌收购国资企业中环集团100%股权,作价109.7亿元。2021年,中国南方航空和中国东方航空进行企业合并,成为世界第4大航空公司。2022年,中国化工集团和中国南车、中国北车合并成立中国德先新能源科技有限公司,旨在推动新能源汽车领域的发展。2023年昊华科技收购中华蓝天,两者间的收购属于央企内部资源的整合。可见,随着激烈的竞争,企业的对外扩张或者企业间的联合就成为企业发展的一个有效途径。

一、企业合并的动机

针对当今资本市场上层出不穷的合并,专家学者们提出了很多理由,试图来解释企业为什么要进行这类活动。

(一) 实现协同效应

大多数企业合并的动机是为了提高合并企业的价值,或者说,使股东价值最大化。如果甲企业和乙企业合并为丙企业,合并后丙企业的价值超过了合并前的甲企业和乙企业的总价值,这样的合并对甲、乙企业都好,一般就认为,存在协同效应。也就是说,整体效应大于各部分效应之和。企业合并的动机之一就是实现协同效应,提升企业价值。协同效应主要有以下几种来源。

1. 经营协同效应

通过合并同行业的其他企业,企业尤其是小规模企业能够迅速扩大生产规模,提高销售数量,降低单位成本,获得规模经济。企业并购同一产业链上的上下游企业,进行纵向一体化的合并,则能保证原料供应,保持销售渠道畅通,进而节约交易成本。

2. 财务协同效应

合并还能产生财务协同效应。合并后的企业形成一个集团,统筹管理母子公司的资金,形成集团内部资本市场,降低对外融资的依赖,从而节约资金成本,为集团成员提供更大的保证范围。

3. 税收协同效应

在有些国家,企业合并是一种合法的避税手段。合并的企业可以比单独的企业支付更少的税,还可以利用税法和会计制度的漏洞,通过并购来获利。我国政府为推动国有企业改革,鼓励经营好的企业并购亏损企业,甚至有些地方政府还给予企业在合并后有一定的税收优惠。

(二) 提升管理效率

企业往往会通过合并来实现提升管理效率、实现企业的多元化经营的目标。效率理论认为合并能够带来很大的潜在社会效益。理论上,如果 A 企业的管理层比 B 企业的管理层更有效率,在 A 企业完成对 B 企业的合并后,A 企业向 B 企业派出新的管理团队,或者引入新的管理措施等,使 B 企业的效率也能上升到 A 企业的水平,效率就会因为合并而提高,这不仅给企业带来利益,也会给社会带来利益,整个经济的效率水平因合并活动而提高。

(三) 实施多元化经营

一般认为,企业会受到所处市场条件的制约,表现为发展不均衡的状态。不同行业的企业或同行上下游企业的合并会带来经营多元化,而多元化经营可以实现优势互补,占据更多的市场份额,获得更强大的市场力量,影响或操纵市场价格,提高其他企业进入市场的门槛,从而取得对市场的支配力。企业合并以后,可以较为稳定地实现公司的收入,有利于获得较好的人力资本、维护与供应商的良好关系、赢得顾客的青睐等。虽有观点表示反对,认为多元化的公司价值远远低于其各部分的价值总和。但扩大经营范围,实施多元化经营却是企业进行合并行为的动机之一。

(四) 实现管理层个人动机

也有学者从管理层个人动机出发来讨论合并。企业管理层喜欢权利,尤其是大企业的管理层。早有研究表明,CEO的薪酬与企业规模高度相关,企业规模越大,管理层的薪酬越高。管理层可以利用自由现金流来扩大企业的规模,进而提高与企业规模正相关的个人利益(Jensen,1986),或者提高企业对现任管理层的依赖程度(Shleifer和Vishny,1989)。虽然管理层个人动机可以促进合并,但也可以阻止合并。因为大多数企业在被接管后,被并方的管理者往往失去自主权,甚至失业。因此,很多管理者都会尽可能想办法降低被收购的风险。

二、企业合并的概念

法律意义上,狭义的并购是指企业的兼并或者收购,在欧美国家为"Merge & Acquisition"(简称"M & A")。兼并(merge)通常指两个或两个以上的企业合并形成一家新的企业,原有企业的产权进行了转移,一家或多家公司丧失了其法人地位,多个法人实体变为一个法人实体。收购(acquisition)常见于一家企业用现金、有价证券等形式购买另一家企业的部分或者全部产权,从而获得对该企业的控制权的经营行为。收购完成后,被收购方仍然存续,法人地位保持不变。

会计学意义上,企业合并是什么呢?我国于2006年发布的《企业会计准则第20号——企业合并》将企业合并定义为:两个或者两个以上单独的企业合并形成一个报告主体的交易或事项。

首先,企业合并的会计概念强调了单一主体及参与合并的各方在合并前的独立性。即在合并发生之前,单独的主体既是单独的法人主体,也是单独的报告主体。在合并完成后,虽然有一家或多家参与合并的企业可能会失去其法人资格,但企业合并的会计概念并不以法律主体的解散作为企业合并的前提条件。

其次,合并完成后,原本作为独立法人的被合并企业,在被其他企业合并后,其资源或经营都归于合并方的管理控制下,并与合并方组成一个报告主体。由于合并而形成的报告主体,从法律意义上看,不论是一个法人主体,还是多个法人主体,都应该成为经济意义上的一个整体。具体包括下列三种情况:

情况一:一家企业将其净资产转移给另一家企业。

情况二:每一家企业都将其净资产转移给另一家新成立的企业。

情况三:一家企业或多家企业成为某一主体的子公司。

情况一下,净资产转移有多种途径,但无论如何,后者在实质上控制着前者的全部净资产。情况二下,每一参与合并的企业都将其净资产投入新成立的企业中,但新成立的企业并没有自己的净资产,因此只能依靠向所有参与合并的企业或其股东、所有者发行股票的方式来完成合并。情况三下,合并方通过表决权获取对被合并方的控制。当一家企业被另一家企业并购了大多数流通在外的表决权股权[①]时,前者就成为后者的子公司。因此,合并方无须并购被合并方100%的股权,也能够完成合并。在这种持股比例不足100%的企业合并中,虽然合并方与被合并方必须作为一个经济整体来对外反映其财务状况,但无论是子公司还是母公司,都仍然保留其独立的法人资格与会计主体的资格。

三、企业合并的类型

企业合并有各种不同的形式,受到本国法律形式、行业跨度以及其他方面因素的制约。企业合并通常可按照法律形式、所涉及的行业以及是否受同一方控制等依据来进行分类。

(一) 按合并的法律形式分类

按照法律形式,企业合并可分为吸收合并、新设合并和控股合并三种。

1. 吸收合并

吸收合并就是常见的兼并,是指一个企业取得其他一个或多个企业的全部净资产,合并方仍保持原来的法律地位,被合并的企业宣告解散,作为合并方的一部分从事生产经营活动的合并方式。合并方接受并承担被合并方的资产和负债。

2. 新设合并

新设合并也称创立合并,是指由两个或两个以上的企业组建成一个新的具有法人资格的企业的合并方式。原来的各企业均失去法人资格,而由新成立的企业统一从事生产经营活动,新企业接受已解散的各企业资产和债务。

3. 控股合并

控股合并也称取得控制权的合并,是指一个企业通过支付现金、发行股票等方式对其他企业进行长期股权投资,能够控制被投资企业的财务与经营政策,从而建立母子公司关系的合并方式。参与合并的企业仍然保持各自独立的法律地位,独立从事生产经营活动。在这里,控股方被称为母公司,被控股方称为子公司。以母公司为中心,连同它所控股的子公司,被称为企业集团。

(二) 按照企业合并所涉及的行业分类

按照企业合并所涉及的行业,合并可分为横向合并、纵向合并和混合合并。

---

① 一般为超过50%。

1. 横向合并

横向合并即水平合并,是指同属一个产业或行业、生产或销售同类产品的企业之间发生的合并。横向合并可以扩大企业现有经营规模,使生产进一步社会化,获得规模效益,推动生产力的发展。但它也会减少同行业内企业的数量,削弱竞争,增强垄断。因此,横向合并在一些国家会受到政府的管制。

2. 纵向合并

纵向合并亦称垂直式合并,是指生产经营过程或经营环节紧密相关的企业之间的合并。合并初衷在于将市场行为内部化,即通过纵向合并将不同企业的交易转化为同一企业内部或同一企业集团内部的交易,以降低交易成本。

3. 混合合并

混合合并是指从事不相关业务类型的企业间的合并。这种合并是期望通过混合合并来从事多元化经营以达到优化投资组合、分散投资风险的目的,一般会形成跨行业的公司集团。但如果企业对其进入的新行业不熟悉,有可能会经营失败。同时,涉足行业过多,也可能会丧失专业化优势。

(三) 按照是否受同一方控制分类

按照参与合并的企业在合并前后是否受到同一方控制来划分的话,企业合并可分为同一控制下的企业合并和非同一控制下的企业合并。

我国《企业会计准则第 20 号——企业合并》界定:参与合并的企业在合并前后均受同一方或相同的多方最终控制且该控制并非暂时性的,为同一控制下的企业合并。参与合并的各方在合并前后不受同一方或相同的多方最终控制的,为非同一控制下的企业合并。若不属于同一控制下的企业合并,就属于非同一控制下的企业合并。非此即彼,我们更容易了解两者的含义和范围,能合理划分合并类型。

上述概念中的"同一方",是指对参与合并企业在合并前后均实施最终控制的投资者,通常指企业集团的母公司等。"相同的多方",通常是指根据投资者之间的协议约定,在对被投资单位的生产经营决策行使表决权时发表一致意见的两个或两个以上的投资者。

"最终控制""控制并非暂时性"是与企业合并的实质(取得"控制权")相关的两个重要概念。控制是指一家企业能够决定另一家企业的财务和经营政策,并能据以从另一家企业的经营活动中获取利益的权利。控制的标志就是"决策权"和"获取利益权",其实施途径是一家企业直接或间接拥有另一家企业半数以上表决权,或者一家企业拥有另一家企业表决权虽不足半数以上但实质上能够通过其他方式达到控制。在直接控制的情况下,控制方对被控制方的控制就是最终控制;在存在间接控制的情况下,间接控制方拥有对被控制方的最终控制权。"控制并非暂时性"则是指参与合并各方在合并前后较长的时间内受同一方或相同的多方最终控制,控制时间通常在一年及以上。

同一控制下的企业合并,一方面,由于合并各方在合并前、后的最终控制方没有发生变化,合并双方的合并可能不完全是自愿行为,这种合并一般不能算作"交易",只是一个对合并各方资产、负债进行重新组合的经济事项;另一方面,合并交易作价常常受到最终控制方的影响难以达到公允。因此,同一控制下的企业合并可以被看作是合并多方权益的联合。

非同一控制下的企业合并,一方面,由于合并各方在合并前、后不属于同一方或相同多方的最终控制方,常常是非关联企业之间的合并;另一方面,这种合并以市价为基础,确定的合并作价相对公允。因此,其实质是一种交易,相应的会计处理应遵循交易规则,以自愿交易的双方都能接受的价值来记录。

四、企业合并的方法

企业合并的方法包括购买法和权益结合法。购买法是指将一家企业合并另一家企业,视为购买对方企业的净资产,最终将资产的所有权和管理权纳入合并方的管理控制下的合并方法。购买法遵循的是市场交易原则,购买对方股权与直接购买对方净资产并无实质上的差别,购入净资产应当按购买价格(支付的现金总额)入账。当企业用现金、非现金资产、发行债务(如票据、债券等)、发行优先股甚至发行一小部分普通股取得净资产或长期股权投资时,被认为存在明确的购买方(投资方)和出售方(被投资方的原有股东),存在明确或可确定的购买价格。但在投资方用自己的普通股股票取得长期股权投资时,则被认为可能存在可确定的购买价格,也可能不存在可确定的价格。权益结合法则是指将双方股东的权益集合起来,其中分不出谁是购买方、谁是被购买方,无法按市场交易原则来反映公司的价格的合并方法。

(一) 购买法

在采用购买法进行企业合并的情况下,企业合并的实质是一项"交易",即关于企业产权的交易。购买法内在核心与购买任何资产或资产组的实质一样,即所有权的转移。购买一家正在经营的企业,使所有权从出售方转移到购买方,将会导致会计基础发生变化。因此,购买法是基于被收购资产和负债的公允价值而不是出售方所记录的账面价值来计量。企业合并的三种形式——吸收合并、新设合并、控股合并均可以采用购买法来处理。

具体而言,购买法具有如下特点:

(1) 购买方按照公允价值记录所取得的被购买方的资产和所承担的负债,或按公允价值记录长期股权投资。

(2) 合并成本(投资成本)超过被购买方可辨认资产和负债公允价值的部分,在合并财务报表中作为商誉记录。

（3）具体资产的增减值需要随着资产的使用进行摊销，商誉则需定期进行减值测试，并确认减值损失。

（4）被购买方在购买日的留存收益在合并财务报表上会被消除，不需要并入购买方的留存收益。

（5）购买方合并被购买方的净利润，从股权取得日（购买日）开始计算。

（二）权益结合法

在采用权益结合法进行企业合并的情况下，企业合并的实质是股东权益的结合，假定合并企业的所有者会成为被合并企业的所有者。与购买法相反，权益结合法要求所有权的连贯性，而连贯性要求权益结合法只有在一家企业发行普通股收购另一家企业的资产或股权时才能实施。由于所有权没有发生变化，权益结合法就可以保证会计基础没有发生变化。因此，两家（或两家以上）企业的账面价值同时被结转到合并后的新会计实体中，同样，企业合并的三种形式均可以采用权益结合法处理。

与购买法相比，权益结合法具有以下特点：

（1）投资方仍按被投资方的账面价值记录所取得的资产和承担的负债，或按账面价值记录长期股权投资。

（2）不存在投资成本超过被投资方资产和负债账面价值的情况，不存在商誉，也不存在为商誉进行减值测试的情况。

（3）不存在资产的增减值，也不存在资产增减值的摊销。

（4）不论合并发生在会计年度的哪一个时点，合并财务报表中均反映参与合并企业整个年度的损益。被投资方在合并日的留存收益构成合并留存收益的一部分。

（5）权益结合法仅适用于双方普通股股份交换的情况，并且其应用受到诸多的限制。

（三）方法比较

在长达半个多世纪的时间里，合并会计实务中存在着以上两种处理方法——购买法和权益结合法。但不管企业选择哪一种会计处理方法，都可能会影响到不同相关者的利益以及合并的最终计划。购买法形成了母公司对子公司的投资、集团内子公司资产及负债都按购买日公允价值计量，使得计价基础不同于公司本身账簿记录中的历史成本计量基础。权益结合法使母公司对子公司的投资、集团内子公司资产及负债的计量仍然与各个公司本身账簿记录保持一致。与购买法相比，权益结合法更有助于企业美化财务业绩，因此在20世纪70年代以前的美国会计实务中非常流行。

1. 账务处理原则

第一，一般情况下，子公司的账面净资产（资产扣除负债后的净值）会低于其市价，相比购买法，权益结合法对子公司及集团内子公司资产及负债均按较低的账面价值（历史成本)列报,无须调整为公允价值,无须确认商誉;合并后,也不需摊销资产增值,母公司及集团均会产生较高的收益,其净资产利润率也相对较高。

第二,母公司以账面价值记录并入资产,在物价上涨的情况下,母公司以市价变现资产,可大幅拉升其账面利润。

由于合并被视为股东权益的联合,无论何时合并,权益结合法下都可将子公司整个期间的损益并入母公司;而购买法下,只能将购买日后至期末子公司所实现的损益并入母公司。关于未分配利润,在购买法下,子公司的未分配利润不能作为母公司及集团的未分配利润(它同样也是母公司投资成本的一部分)。权益结合法下,子公司未分配利润成为母公司未分配利润的一部分,可用于未来向股东发放股利。

2. 使用方法选择

由于企业普遍运用权益结合法,甚至发展至滥用的程度,2001年6月,美国财务会计准则委员会发布的《财务会计准则第141号:企业合并》彻底废除了权益结合法,要求2001年6月30日以后的所有合并交易均采用购买法。随后,国际会计准则理事会也在2004年3月31日颁布的《国际财务报告准则第3号——企业合并》,同样要求所有满足该准则规定的企业合并都应采用购买法进行会计处理,并特别指出取消权益结合法。

我国财政部于2006年颁布的《企业会计准则第20号——企业合并》等准则中,根据我国实际情况,创造性地将企业合并分为同一控制下企业合并与非同一控制下企业合并。同时规定,同一控制下的企业合并采用类似权益结合法的方法进行会计处理,非同一控制下的企业合并采用购买法进行会计处理。

五、股权投资的会计处理

并不是所有类型的企业合并都需要编制合并财务报表,只有控股合并才需要。吸收合并与新设合并在合并完成后只有一个法人主体,因此,并不需要编制合并财务报表。

一家企业对其他企业进行的股权投资,一般通过"长期股权投资"账户进行核算,其后续计量有两种基本方法:成本法和权益法。会计处理方法不同,编制合并财务报表的程序及抵销分录也有所不同。合并财务报表具体抵销分录的编制直接取决于投资方对长期股权投资的会计核算方法。

需要注意的是,如果投资方对被投资方的影响受到环境而不是持股比例的限制。例如,被投资方破产,取得被投资方的净利润或净资产的能力受到政府管制,被投资方的相关活动应听从于政府、法院或清算者等,就不能简单依据持股比例来选择处理方法。

(一)成本法

成本法是指投资方的长期股权投资账户,始终按取得投资日的原始成本入账,不随被投资方经营成果或其他事项的变动而发生增减变动的一种会计方法。采用成本法进行会计处理时,投资方将企业集团内部的投资按照历史成本入账,投资方在被投资方宣告股利分配时确认投资收益。成本法适用于投资方能够控制被投资方的情形,即母子公司的情形。通常情况,投资方持有被投资方50%以上的股权被认为具有控制的能力,但在现实中,需要依据"实质重于形式"的原则根据具体情况进行判断。

在购买日,投资方将购买股权发生的全部成本作为股权投资的入账价值。持有期间,股权投资账面余额保持不变,直到被出售为止,股权投资一直保持其初始投资成本。在被投资方宣告股利分配时,投资方确认投资收益。等到被投资方宣告股利分配,投资方对分配的股利中自己享有的份额拥有了法定要求权,才能获得被投资方的利润。

而当被投资方宣告分配的股利大于投资后被投资方获得的净利润时,成本法下的投资方需要进行特殊的会计处理。投资方取得的股利视为投资日至股利分配宣告日之间被投资方获得的净利润。投资方宣告分配的股利大于投资后被投资方获得的净利润的部分视为清算股利。清算股利中投资方享有的份额作为投资成本的收回,并按此金额调减股权投资的账面余额。

因此,"长期股权投资"账户的借方记录取得投资时所发生的原始成本,贷方往往记录公司收取的清算性股利。"投资收益"账户贷方则记录所收到的由被投资方发放的股利。长期股权投资的会计处理呈现以下三个特征:①长期股权投资账户始终按取得投资时所记录的历史成本计价,一般情况下是一个常量,只有在公司追加投资或出售股份时,这一账户余额才随之增减。②投资方所记录的投资收益仅限于所收到的被投资公司发放的股利。③除非被投资方支付清算性股利,或长期股权投资发生了永久性贬值,一般情况下,长期股权投资账户不会受到被投资方净资产变动的影响。

(二) 权益法

权益法是指投资方长期股权投资账户的账面余额反映其在被投资方所有者权益中所占份额的一种会计方法。这种方法旨在反映投资方享有的被投资方净资产或权益的变化。投资方的股权投资账户一般不反映投资成本或市场价值以及投资方享有的被投资方账面价值的份额,而是按照初始购买价格入账,并在每个会计期间根据投资方享有的被投资方净利润或净损失和被投资方宣告分配股利的份额,对投资方的投资账户余额进行调整。大多数情况下,一家公司拥有另一家公司20%~50%表决权,表明投资方对被投资方能够实施重大影响或者共同控制,应当采用权益法报告。但如果有其他证据表明投资方实质上能够控制被投资方,那就不能简单地依据持股份额来采用权益法。

权益法下,投资方按照初始投资成本记录其股权投资。在后续会计期间,投资方的股权投资会根据被投资方的净利润或净损失和分配股利定期调整。当被投资方取得净利润或发生净损失时,投资方要确认相应的投资收益,或者承担相应的投资损失。对于分配的股利,投资方需要从享有被投资方的权益中扣减,并相应地降低其投资额。实际上,权益法将被投资方分配的全部股利作为清算股利来处理。

在权益法下,与成本法相对应,长期股权投资的会计处理也有三个特征:①长期股权投资账户的账面余额随被投资方的所有者权益变动而变动,而不是一个常量。②投资方所记录的投资收益与被投资方当年取得的净损益成相应比例,而与被投资方是否发放股利无关。③被投资方发放股利与投资方的"投资收益"账户无关,但它会减少投资方"长期股权投资"账户余额。

知识储备二　双重股权结构

同股不同权是与同股同权相对应的概念。同股同权是单一股权结构,指同一种股票不分类别,一股一权或一股一票,即每一股份所附载的权利义务内容完全相同,表决权数与股份数额具有正比例关系。同股不同权则是指同一种股票被分为不同的类别,股票持有者根据所持股票种类不同享有不同的投票权,一类股票拥有数倍于其他类股票的投票权。其中,分为两类的称为双重股权结构(dual-class shares structure)[①],大于两类的称为多重股权结构(multi-class shares structure),例如三重股权结构[②]。同股不同权对应的是在公司投票权上作出了特殊安排的类别股的股权结构,是控制权的不对称分配机制。

一、股权结构

(一) 股权结构概述

股权和控制权配置从两权合一到两权分离,从初级两权分离到高级两权分离,其发展演变历经了上百年。古典和新古典企业理论研究了两权合一的企业,在业主制、合伙制以及公司制下,股权与控制权高度统一,所有者与经营者为一体,所有者不仅仅是所有者,也是企业家。后来,现代企业理论认为股东的股权与企业控制权相分离是一个客观存在的事实,但每一股份享有表决权,股份平等原则才能更好地保护投资者权益,同股同权乃天经地义之事。大部分学者认为在合约不完全的情况下,股东掌握剩余控制权才有效率。更有甚者,通过模型将股权与控制权相匹配,认为享有剩余索取权的人同时享有剩余控制权的制度安排才是最优的。学者们认为,股东是一个同质化的整体,所有股东在利益、目的及能力等方面均没有差异。"一股一票"的投票原则是单一股权结构的理论共识,这也

---

① 双重股权结构又被称为二元股权结构、双重股权制。
② 2017年3月2日,Snap在美国上市推出了包含无投票权股票的三重股权结构股票,把同股不同权的控制权安排设计推向了一个新高度。

是民法平等原则在公司领域内的延伸。因此,任何背离"一股一票"原则的规定与行为都会受到传统的质疑。目前来说,同股同权原则已在全世界范围内得到了普遍认可,成为各国或地区公司法所默认的股份公司表决权行使规则,单一股权结构也相应成为默认的股权结构形式。

(二)股权结构的逻辑前提

事实上,这种以无差异的资本作为企业内部权利配置的标准,隐含了一种股东同质性逻辑假定。这是一种非常严格的假定,包含了"人性同质"和"利益同质"。"人性同质"主要包括资本层面的功能同质,即股东是无差异的资本载体,具体表现为"股东能力同质"和"股东目标同质"。"股东能力同质"指的是相同的缔约能力,信息获得和理解能力,对代理人测评、监督和约束的能力,不谋求超过资本份额的利益等;"股东目标同质",即追求自身利益最大化,并对股东利益最大化有着相同的理解。"利益同质"则主要指股东之间以及股东与公司之间的利益是一致的。同质化的假定使得股东的表决权与其收益权按照等比例配置,但在客观上,单一股权结构制度的逻辑前提并不完全成立。现实中,企业的不同股东,除了持股数量不同以外,其自身资源基础、对企业的利益诉求、对企业经营的关切度,以及其行使权利的方式和途径等都可能存在明显差异。

首先,股东之间的利益偏好本身具有明显的差异性,控股股东与中小股东之间不可避免地存在利益冲突。随着公司规模的扩张与多元化,公司的规模化与股东的分散化呈正比例增长,相应地,不同规模、不同公开化程度的公司股东必然存在不同的流动性需求和利益偏好,他们对不同公司事项的表决也可能存在不同的认知。不同投资偏好的投资者,对公司风险高低不同的态度也存在一定的差异。

其次,因投资者的风险偏好不同,股东的投资目的也存在差别,利益冲突也难以避免。汪青松教授就依据现代股东投资目的将股东分为相对的四组类型:单纯型股东与多元化股东、短线型股东与长线型股东、投机型股东与投资型股东、营利型股东与公益型股东。四组股东类型如表1所示。

表1 股东类型

类型		含义
(一)	单纯型股东	这类投资者将其全部投资金额用于购买某一公司的普通股份,其目的较为单纯,仅在于追求获得稳定而持久的红利分配
	多元化股东	这类投资者持有同一公司或者不同公司的不同证券品种或者证券衍生品种,以获取投资组合收益为目的
(二)	短线型股东	这类投资者追求股票投资的短期化收益,而非旨在与公司共同长期发展,他们寻求高频率买卖股票,期待从股票市场价格的变动中获得溢价收益,而往往这类短线投资者的最终结局就是亏损走人

(续表)

	类型	含义
（二）	长线型股东	这类投资者的投资理念迥异于短线投资者,旨在寻求公司的长期未来发展,往往通过买入并长期持有股票,期待所持股票的长期增长能力,短期市场价格走势根本无法影响长线投资者对于公司价值的最初判断
（三）	投机型股东	这类投资者往往也是短线投资者,主要是追求通过市场股价的短期波动获取差价而实现其投资收益,其以资本收益最大化为目的,主要看重的是资本收益而非红利收益,重点关注二级市场,对于公司的实际经营管理和内在价值并不感兴趣
	投资型股东	这类投资者追求通过所投资公司的实际业绩增长所带来的稳定回报而实现其投资收益,其以红利最大化为目标,并不追求在资本市场的快速变动中博取差价,而是希望所投资公司能够持续进行数额可观的稳定分红,他们关注的重点是公司治理状况及内在价值
（四）	营利型股东	这类投资者以单纯的投资收益为目的而持有股票
	公益型股东	这类投资者在投资收益目的之外还同时承载着其他体现一定公益性的价值目标

最后,在参与公司治理中,个人投资者与机构投资者之间也存在治理能力差异。股东能力同质化假定认为,股东基于相同的理性,在缔约能力、判断能力和信息搜集能力上是一致或相似的。但即便不考虑股东的理性差异,无论是信息收集能力与专业判断,内部管理的规范化,还是投资的多元化、可行性,机构股东远比个人投资者具有更强的水准。具有雄厚资金与专业团队的机构股东对被投资公司往往比单兵作战的个人投资者能够产生更大的决策影响力。

因此,建立在以股东同质性为前提假定的"一股一票"投票权基础上的企业内部权利配置,并不如其形式上看起来那么客观、公正。"一股一票"投票权以无差异的资本作为企业内部权利配置标准所派生出来的"股份平等"原则,强调企业内部权利配置时,作为股权客体的股份(主要体现在资本方面)平等,却忽略了股权主体(股东)的个性化和差异化。同时,由一股一票派生出来的"资本多数决"原则又以抽象的、形式上的"资本平等"掩盖了股东之间权利和义务的实质不平等。学者们也逐渐认识到企业制度下股东的差异性,逐渐将公司治理的关注重点转移到股东异质性以及异质性股东关系的处理上。研究者们发现,不同类型的股东具有不同的收益权和使用权,代理理论关于股东同质性的假定缺乏权威证据。大量文献从投资者投资目的差异、股东的流动性需求差异和投资偏好差异、股东利益最大化实现观点的差异等多个角度,探讨了股东异质性及其可能产生的经济后果。毫无疑问,不同股东在投资目的、投资偏好以及认知等方面的巨大差异,导致其在股份持有和投票行为方面产生很大的不同,并在实质上承担着不同风险。分析股东投票行为就需要考虑到这些因素。

(三) 双重股权结构的兴起

长期以来,单一股权结构表面平等的法律形式,仅仅体现了"股份平等"而非"股东平等"。由此推导出来的"资本多数决"原则,也并不如设计者当初预期的那样能兼顾公平和效率,依然延续着中小股东在公司治理中的弱势地位,第二类代理问题[①]一直存在,并且,这种结构难以契合多元化的股东利益偏好,常常导致公司陷入运作低效的困境。作为客观存在的事实,股东异质性正在深刻地影响着投票权设计的理论与实践,以股东异质性客观事实为基础进行投票权制度创新,或许能构建出更符合法律的实质平等和经济效率原则的投票权机制。现实中,随着知识经济的发展与网络经济的兴起,人力资本和社会资本在企业价值的创造和增值中发挥着越来越重要的作用,开始超过物质资本,新经济下创始股东对公司控制愿景的追求越发强烈而明显。近年来,一些高科技企业和互联网公司率先采取了双重股权结构或多重股权结构等两权分离形式。这种形式与传统的两权分离不同,特点就在于股权(现金流权)与控制权(投票权)没有一一对应,背离了传统的一股一票(即同股同权)原则,基于新的逻辑,分离了股权和控制权,实现了同股不同权。这种结构着眼于股东异质性,是股东投资目的、资源占用以及风险承担等方面的异质性在投票权上的一种体现。

(四) 双重股权结构的实践应用

实际操作中,实行双重股权结构的公司会在普通股之外发行至少一种投票权优于普通股的股票。这些股票有时不能公开交易,而仅限于公司创始人或家族企业的控制人所持有。最为常见的做法是将公司股票分为次级投票权股票(subordinate voting share,常被称为"A类股")和超级投票权股票(super voting share,常被称为"B类股")两种,所以双重股权结构又被称为AB类股票结构。次级投票权股票每股仅有一票表决权,有的甚至没有表决权;而超级投票权股票每股对应数倍于次级投票权股票的投票权,一般为10倍,极端的甚至可达150倍。例如,Facebook在2012年首次公开募股发行时就采用了双重股权结构。Facebook对外部投资人发行了每股一份投票权的A类股票,对创始人团队及其他内部人发行了每股十份投票权的B类股票。2016年,Facebook又寻求通过拆股发行没有投票权的特殊C类股票,但由于投资者发起诉讼以反对,2017年9月Facebook公司宣布不执行这项创设无投票权股票的分拆计划。采用双重股权后,Facebook创始人扎克伯格以其持有不到10%的经济价值掌控了超过50%的投票权利。在双重股权结构中,公司投票权不再按照投资者所持有股票的份额数量来进行平均分配,而代之以公司股票不同种类的不对等的投票权[②]。

---

① 第二类代理问题(type II agency problem):即大股东(代理人)不能被中小股东(委托人)完全监督而作出有损于中小股东利益的行为的问题。
② Gompers等(2010)的研究发现,美国双重股权公司内部股东通常持有现金流权的平均值为40%左右,而投票权占比却在60%左右。

也有公司会发行三种或更多种类型的股票。例如,2017年3月2日,美国社交媒体公司Snap在美国上市并推出了包含无投票权股票的三重股权结构股票,把同股不同权的控制权设计推向了一个新高度。在此股权结构中,一股A类股票享有10票投票权,一股B类股票享有一票投票权,而C类股票甚至不享有最基本的投票权。Snap的联合创始人Evan Spiegel与Bobby Murphy分享全部A类股票。通过上述三重股权结构股票,两位创始人共获取了Snap 88.6%的投票权,由此实现了对公司的控制。

在发达国家和新兴市场国家,已有越来越多的企业和证券交易所接受这种制度安排。Nenova(2003)的统计结果显示,全球最大的38个国家或地区中,已有22个国家或地区采用了双重股权,主要分布在欧美等发达市场经济国家,其中,瑞典(66.1%)、瑞士(51.2%)、意大利(41.4%)、芬兰(39.7%)、爱尔兰(28.1%)、英国(23.9%)、德国(17.6%)、加拿大(10.2%)等国家实施双重股权结构的企业占比远远超过美国(6.1%)的水平。此外,双重股权在韩国、巴西、南非、墨西哥等新兴市场国家也比较流行。Bennedsen和Nielsen(2010)对西欧14个国家4 096家公开上市的企业调查发现:采用双重股权的企业数量为963家,占样本企业的24%。Jog等(2010)对加拿大上市公司的研究发现,平均来看,1996—2005年加拿大公司采用双重股权的比例约为15%。Li(2015)对美国标普1 500家企业的统计表明,2007—2013年每年平均6.2%的企业采用双重股权,且主要集中于高科技和传媒类企业。而2017年,在美国上市的116家美国本土公司中,就有33家采用了双重股权架构。可见,双重股权在全球范围的应用普遍性逐渐增强,尤其是在制度相对完善的发达经济体。

二、双重股权结构的发展演变

双重股权结构从诞生到繁荣,经历了上百年的历史。与传统同股同权(一股一票)不同,同股不同权在理论上和实践中始终饱受非议,但作为一种制度规则,同股不同权的发展演化是企业内部经营者和外部股东等各种力量博弈的结果,经历了由简单到复杂、由单一到多元的曲折发展过程。美国是资本市场最发达的国家之一,其双重股权的发展在全球是最早和最发达的,因而其同股不同权制度的演化最有代表性。Howell(2017)曾将美国双重股权结构的演化过程划分为4个阶段:早期阶段、禁止阶段、放松管制阶段和政策统一阶段。

(一) 早期阶段

1898—1926年是早期阶段,双重股权结构以有投票权股票和无投票权股票形式出现,社会认同度低。

19世纪末至20世纪初,随着第二次工业革命的完成,股份公司获得了前所未有的发展,一部分企业尤其是家族企业,为了牢牢掌握家族对企业的控制权,同时获得外部融资,实施了同股不同权制度。1898年,美国的国际银业公司(The International Silver Company)首次发行了900万股优先股和1 200万股无投票权的普通股,并在其后的1902年赋予每股普通股相当于优先股1/2的投票权。这是历史上首次将股权与投票权进行了分离,开启了双重股权结构实践的先例。20世纪初,众多上市公司纷纷效仿,如著名的福克斯电影公司(Fox Film Corporation)、道奇汽车公司(Dodge Brothers)、南方石油和电力公司(The Southern Gas and Power Corporation)、艾德熊啤酒公司(Allen & Wright)、工业人造纤维公司(The Industrial Rayon Corporation)等。其中,工业人造纤维公司发行双重股票(A类无投票权、B类有投票权),约1 800股的B类股仅占全部股份比例的0.3%,却握有公司100%的投票权。截至1925年,全美共有183家公司发行了双重股权结构的股票(Dewing,1953)。然而,这种同股不同权的股权结构背离了既有规则与传统理念,很快引起公众和监管部门的不满,引发社会各界的抗议。因此,1926年1月18日开始,美国纽约证券交易所(New York Stock Exchange,NYSE,以下简称"纽交所")不再接受双重股权结构企业的上市交易申请。

(二) 禁止阶段

1926年至1985年,双重股权结构主要采取优先投票权和有限投票权形式,且不同交易所政策宽严不等。

纽交所于1940年正式发布禁令,全面禁止双重股权结构企业的上市交易。这段时间,纽交所只允许少数公司发行次级投票权(inferior voting rights)股票,即AB股形式出现。例如,福特汽车公司发行了由福特家族持有40%投票权的B类股(A类股被给予60%投票权),从而使福特家族以5.1%的股权比例保持着对公司的控制。由于禁令,纽交所只有10家上市公司实行双重股权结构(Seligman,1986)。但美国其他证券交易所如美国证券交易所(American Stock Exchange,AMEX,以下简称"美交所")和纳斯达克证券交易所(National Association of Securities Dealers Automated Quotations,NASDAQ,以下简称"纳斯达克")等仍然接受采用双重股权结构企业的上市申请[①]。例如,1967年8月,王安实验室进行在美交所首次公开募股,为确保王安家族对公司上市后的控制权,王安博士创建了股息较高的B类股票,大多由公众购买,但投票权仅为C类股票的1/10,而王安家族则保留了大部分C类股票。直到1972年,美交所才颁布禁止无投票权股票发行的禁令,但允许有限投票权股票上市。到1985年年底,美交所785家上市公司有60家采用了双重股权结构,约占7%。

[①] 1971年创始的纳斯达克甚至对双重股权结构不作任何限制。

(三) 放松管制阶段

1985年至1994年是放松管制阶段,双重股权结构采取了优级投票权股票和次级投票权股票的形式,证监会和交易所政策逐渐趋于一致。

20世纪70年代后,以美国为代表的世界经济进入新的增长周期,世界范围内的企业并购和敌意接管不断涌现。单一股权结构使得许多创始人和经营者在公司被并购或接管后失去了对企业的原有控制[①]。而双重股权结构股票在抵御"野蛮人入侵"问题上表现出来的有效性,使得理论界和实务界重新认识双重股权结构股票在控制权安排、制度设计上所包含的合理性。一些公司纷纷通过各种资本结构调整技术实施双重股权。为与美交所和纳斯达克竞争,纽交所不得不于1985年妥协,放松对双重股权结构的限制,允许双重股权结构企业上市,前提是要获得多数公众股东和独立董事的同意。1988年7月,美国的证券交易监督委员会[②](Securities and Exchange Commission,SEC,以下简称"证监会")提出著名的19C-4法规[③],禁止特殊股的再发行(recapitalization),但允许首次公开发行(IPO)采用双重股权结构,以进一步规范双重股权结构。尽管1990年哥伦比亚特区巡回上诉法院认为19C-4法规实质上是对公司治理原则的规定,已超出了美国证监会原本的监管范围,因此判决19C-4规则无效,但三大证券交易所依旧在实质层面上坚持了该法规。纽交所和纳斯达克允许企业IPO时引入次级投票权股票,但不得削弱现有股东的投票权;而美交所则增加了限制性条款,需要2/3以上股东和大多数非内部人的同意。与此同时,美国以外的国家或地区(如德国等)的双重股权结构公司数量正在迅速增加。

(四) 政策统一阶段

1994年至今是统一政策阶段,也可以看作是政策相对成熟的阶段。双重股权结构已成为商界普遍现象,并取得了合法地位,但社会各界对此仍有争议。

1993年年底,美国证券交易委员会主席Arthur Levitt Jr建议三大证交所在双重股权结构企业上市问题上采用统一政策。1994年5月,美交所、纳斯达克和纽交所先后同意并实施统一的投票权政策。新的投票权政策允许公司发行双重股票,不限制新公开发行

---

① 例如,苹果公司的创始人乔布斯1985年被董事会解除职务,赶出了苹果公司。
② 美国的证券交易监督委员会是根据《1934年证券交易法》成立的直属美国联邦的独立准司法机构,负责美国的证券监督和管理工作,是美国证券行业的最高主管机构。
③ 19C-4法规对双重股权结构作出如下规范:(1)以发行新股等行为剥夺或限制已有股东持有的投票权的,将被禁止继续上市交易。(2)证券交易机构不得在自动报价、交易系统上允许旨在剥夺或限制每一股权的投票权的普通股或者股权证券的交易。(3)上述剥夺限制股东权利的行为包括:一是公司对已登记在册的普通股东,根据其所持有的股票数量对其投票权进行限制的行为;二是公司对现有普通股东,根据其持有股票时间对其投票权进行限制的行为;三是发行投票权不同于普通投票权的股票,影响已有股东的投票权。这三条法规的核心就是限制大股东通过双重股权结构削弱或剥夺中小股东的投票权,以保证双重股权结构在中小股东权益得到有效保障的前提下运行。

股票的投票权,但禁止通过各种手段减少现有股东的投票权,即不允许以任何方式剥夺或限制已有股东的投票权,但双重股权结构仍受到批评。2004 年,谷歌以双重股权结构上市后,一些股东积极主义者、机构投资者、工会领袖和大股东纷纷反对,要求回到同股同权。2016 年,美国机构投资者协会(CII)游说纽交所和纳斯达克,要求所有采用多重股权结构的上市公司必须在公司章程中规定落日条款(sunset provision),以保证在未来约定的时间(例如创始人病逝)里转化为一股一票。2017 年,CII 代表机构投资者重申,"一股一票"才是公司善治的核心,要求把多重股权限制在 7 年以内。不过,越来越多的企业在首次公开募股时采用双重股权结构,并获得越来越多投资者的偏爱和社会认可[①]。

虽然近年来美国采用双重股权的企业有了显著提升,但与采用单一股权的公司相比,还是较少[②]。从美国的制度实践来看,双重股权目前仍然只是一种"小众"模式。正如 DeAngelo 和 DeAngelo(1985)所指出的那样,"双重股权是介于股权高度分散和股权高度集中之间的一种中间状态,适用于管理层因其财富受限而无法大量持股,但管理层掌握控制权却能够给公司带来很大利益的情形",这并不是公司治理中的一种"主流"模式。

三、双重股权结构的制度优劣

一般认为,双重股权结构的分析也适用于多重股权结构[③]。

(一)制度优势

尽管同股不同权存在天然的代理冲突,但是,当企业面临投资不足、专用性人力资本价值高但风险较大的创新项目时,双重股权也许是最优的制度安排之一。由于管理层的控制权与这些投资项目具有激励兼容性,所以,在一定条件下,双重股权制度能够激励高管、缓解短视、防御收购,进而提升公司长期价值,增加股东收益。

1. 增加专用性人力资本投资

在如今的商业环境中,每个企业都如同一个独立的生态系统,拥有其独特的组织架构、人才资源、投资机遇以及独特的运营策略。在这种背景下,管理层需要投入大量时间和资源来培育企业的专用性人力资本。然而,这样的投资并非没有风险,它们极易受到外界竞争的冲击和侵蚀。当企业的控制权面临变更时,管理层曾为企业倾注的心血和投入

---

① CII 在 2018 年的统计结果显示,截至 2017 年 3 月月底,3 000 家罗素(Russell)成长指数公司中,大约有 10% 的公司实行了多重股权结构;而在全部上市公司中,这一比例超过了 20%,不仅包括新上市的著名科技公司以及传媒企业,也包括金融服务公司、消费品产销企业和传统的工业企业。采用双重股权结构进行 IPO 的企业占比已从 2005—2009 年的 11%,上升至 2010—2014 年的 14.5%,再到 2015—2017 年的 20.5%。
② Seligman(1986)认为,可能是因为除双重股权制度外,美国公司还有其他多种治理安排,以保障内部股东对公司的控制权,内部股东并不必然通过双重股权来防止敌意收购和保持有效的控制地位。
③ 实践中运用多重股权结构的公司较少,故主要讨论双重股权结构。

的人力资本投资可能面临被剥夺的风险,这无疑会极大地削弱他们继续投资的积极性。管理层之所以愿意投资企业专用性人力资本,主要源于他们预期会与企业建立长期和稳定雇佣关系。正如 Fischel(1987)所指出的那样,保留内部管理层的控制权,是确保这些投资不被外界轻易侵蚀的关键。进一步地,DeAngelo 和 DeAngelo(1985)的研究表明,双重股权结构作为一种特殊的治理机制,能够有效地保护专用性人力资本投资,进而激发管理层的投资热情。Amoako-Adu 和 Smith(2001)的实证数据也印证了这一观点,专用性人力资本已成为企业选择双重股权结构时的重要考量因素。

值得注意的是,双重股权结构在近年来的新兴经济企业中尤为盛行,特别是在互联网技术驱动的行业中。在 BvD-Osiris 数据库收录的 2004—2013 年上市的互联网公司中有超过五分之一的公司采用了这种双重股权结构(石晓军和王鹜然,2017)。这一趋势可能源于互联网等新兴经济企业独特的产业特性。相较于其他技术密集型行业,互联网企业的创新是其生存和发展的生命线,而管理层的专用性人力资本则是这一创新过程中不可或缺的核心要素。通过双重股权结构,持有 B 类股票的管理层能够更加专注于人力资本的投资、产品研发和商业模式的创新,而持有 A 类股票的股东则能够专注于风险分担,从而实现了两类股东之间投资回报收益的"平等"。这种股权结构不仅优化了企业的资源配置,也为企业的长期发展奠定了坚实的基础。

2. 减少管理者的短视行为

作为一种长期投资战略,创新的价值虽大但往往也具有较高的信息不对称与风险,常常投资不足。如果公司以发行普通股票为这种项目融资,则新股会稀释管理层的控制权,严重削弱其未来抵御收购的能力,进而有可能被取代。双重股权结构可在管理层免受外部替代威胁下增加融资,为企业长期项目投资提供资本,使其更加专注于长期项目投资(创新)以提高公司长期绩效。此外,管理层还受到短期市场业绩的压力。随着外部收购威胁的压力越来越大,重视控制权的管理层有可能放弃净现值为正的投资项目而采取短视化行为以缓解短期市场压力。而双重股权能够降低控制权稀释效应,减轻短期市场压力,进而缓解创新项目投资不足的问题。

Jordan 等(2016)的证据显示双重股权公司的短期机构投资者、收购威胁、金融分析师的追踪都比较低,进而短期市场压力较小。Banerjee 和 Masulis(2013)、Bauguess 等(2006)的研究表明管理层依赖发行不具有投票权的股票来为高风险的项目进行融资。Chemmanur 和 Jiao(2012)通过理论模型表明,双重股权能够使管理层在没有被取代的威胁下增加融资,进而为长期投资战略提供资本。Lehn 等(1990)的研究发现双重股权再资本化之后,公司的研发支出显著增加。这表明,控制权得到巩固之后,管理层更有意愿和能力实施长期投资战略。相应地,研发密集型行业更有可能采用双重股权制度。

3. 抵御收购

并购是公司重要的外部治理机制,一方面可以惩戒"偷懒"的管理者,另一方面也可能导致管理层的"短视化"。随着现代公司股权日渐分散以及资本市场短期主义的日益盛行,敌意收购所带来的风险也日趋增加。为此,很多企业通过法律规定和公司反收购条款来保护自己的利益。其中,双重股权是企业尤其是新经济企业用来抵御敌意收购的一个重要措施。双重股权通常弱化了股东的权利,赋予了管理层和内部人更多的控制权,从而降低了被收购的可能性。此外,信息高度不对称下,外部人员可能会根据其对公司的有限知识来进行收购(Howell,2017)。现任管理者需采取代价高昂的措施向外界释放公司运作良好的信号,包括高负债权益比率、股息变动或股票回购等。采用双重股权制度,将降低这一信号成本,减少不知情的收购。

(二) 制度劣势

集中股权结构下,控股股东和小股东之间的利益冲突就成为公司治理致力于解决的主要问题,即常说的第二类代理问题。现有研究表明,世界上大多数国家的大企业很少分散持股,一般是由家族或政府控制。这些控股股东通常借助双重股权、金字塔结构、交叉持股、控股股东指派管理者控制公司等机制来增强自己的控制权。这些控制权提升机制(control-enhancing mechanisms)使得内部人能"以小博大"、以较少现金流成本来确保对公司的控制,即控制权提升机制会导致现金流权与投票权的分离。而现金流权与投票权的分离可能会削弱传统治理和监督结构如控制权市场、收购威胁,甚至是独立董事的治理功能,加剧代理冲突。这一利益冲突的主要表现为控股股东对小股东利益的"剥夺"。双重股权制度导致的所有权和控制权的分离属于第二类代理问题的表现,由控股股东控制的企业就主要面临着控股股东剥削小股东利益的代理冲突。大部分双重股权公司都有控股股东。DeAngelo 和 DeAngelo(1985)发现双重股权公司的管理层及其家族的控制权中位数为 56.9%,而 Gompers 等(2010)研究表明美国双重股权公司内部股东通常持有现金流权的平均值为 40% 左右,投票权占比却达到 60% 左右。双重股权制度的劣势也就主要在于加重控制权的私利行为,即管理层以牺牲外部股东的利益为代价来增加自己的控制权收益,这类做法通常被称为"自肥"行为。管理层控制权收益表现在货币化和非货币化两个维度。

1. 货币化的"自肥"行为

现有文献表明,管理层主要通过薪酬契约、投票权溢价、股票统一化以及现金股利派发等几种方式来攫取货币化的控制权收益。

1) 薪酬契约的修订

薪酬是管理层货币化收入重要组成部分。双重股权结构下,控制权的巩固相应地减弱了传统治理机制,管理层有可能会通过修订薪酬契约来大幅提高自身的薪酬水平。Smart 和 Zutter(2003)发现双重股权公司 CEO 的薪酬比单一股权下的更高。Masulis 等(2009)进一步发现 CEO 的薪酬与公司投票权和现金流量权的分离程度成正比,而若 CEO 来自控股股东团队的话,则上述效应将更加显著。同样地,AmoakoAdu 等(2011)研究表明,双重股权公司中,家族成员管理层的奖金、股票期权等激励性薪酬显著高于同等职位的非家族成员薪酬,而双重股权公司中的家族成员管理层的激励性薪酬又显著高于单一股权公司的家族成员薪酬。

2) 坐拥投票权溢价

投票权溢价是衡量控制权私利的一个稳健性指标。公司控制权竞争中,希望获得控制权的股东愿意为有投票权的股票支付溢价,且溢价水平最高可达到他们对控制权的期望价值。因此,具有超级投票权的股票价值要高于普通股票的价值。相关研究也支持这一观点。例如,在研究意大利米兰交易所的双重股权企业时,Zingales(1994)发现投票权溢价平均可高达82%;Nenova(2003)在对全球18个国家或地区的双重股权企业的分析中发现,平均来看,法国法系国家的公司投票权溢价为22.6%,德国法系国家的为11%,斯堪的纳维亚法系国家的为0.5%,普通法系国家的为1.6%;Dyck和Zingales(2004)研究39个不同国家的样本企业后发现,平均投票权溢价从日本的-4%到巴西的65%不等。尽管投票权溢价在各国表现出较大差异,但双重股权结构使得管理层通过制度设计就获得了超级投票权,进而不费吹灰之力就能享受到投票溢价权。

3) 股票统一化过程中的套利

如果公司要从双重股权转变成单一股权,实施股票统一化时,管理层有机会在这一过程中实现套利。股票统一化往往意味着控股股东与小股东的冲突缓解、公司治理问题的改善,市场往往会对这一进程给予正面评价,进而提升公司股价。当预期到股票价格高涨时,管理层往往会在实施股票统一化之前进行大量的股票回购,再在股价高位时抛售以完成收割。Lauterbach和Yafeh(2011)研究以色列80家股票统一化事件,发现为了抵销控制权稀释造成的损失,管理层在股票统一化之前会增加股票的购买。进一步,Lauterbach和Pajuste(2015)通过研究1996—2009年121家自愿统一化的欧洲公司,发现管理层会利用市场对统一化事件的正面反应来出清自己手中的股票,从中获取大量私利。Bigelli等(2006)对意大利股票统一化的研究发现,管理层会在股票统一化公告之前大量购买没有投票权的股票,然后利用统一化进程来增加自己的财富。

4) 现金股利派发减少

派发现金股利会降低企业的现金流,进而降低管理层所控制的自由现金流,而大量的现金流则有助于管理层获取私利,因此,管理层具有较强的动机减少现金股利的派发。AmoakoAdu等(2014)研究结果显示,与单一股权公司相比较,双重股权公司倾向于支付更少的现金股利,且其现金派发随着控制权和现金流量权两权之间差异的扩大而减少。当然,也有学者认为增加现金股利派发是双重股权公司缓解代理冲突的承诺机制。Jordan等(2016)的研究就发现双重股权公司支付更多的现金股利和总股利。

2. 非货币化的"自肥"行为

双重股权结构下,管理层的非货币化控制权收益得到强化。非货币化的"自肥"行为主要表现为CEO的解聘保护。一方面,双重股权结构会保护无能的管理层,阻碍管理层的优胜劣汰,更难以解雇能力差的CEO。借助双重股权,管理层可以免受公司代理权竞争的威胁,进而免受市场惩罚,即使公司绩效差,不胜任的管理层也很难因为外部股东的绩效压力影响而被解雇。此外,双重股权公司被收购的可能性更低,从而CEO被取代的威胁相对较小。没有办法解雇不胜任的管理者,这是最昂贵的代理成本。

另一方面,双重股权结构使得管理层完全有可能为了个人享受而次优投资,甚至规避那些能够提高企业价值但需要付出更多努力的投资活动。Masulis等(2009)的研究表明,随着投票权与现金流量权差距的拉大,管理层会进行低效率的并购活动,资本支出的效果也比较差;McGuire等(2014)的研究发现,在双重股权结构下,管理层会放弃税收筹划的努力。

事实上,与传统的同股同权制度相比,双重股权制度作为一种创新的股权制度安排,其优点和缺点均更为突出。一方面,由于创始人更了解公司,也更可能将有限的资金投入到为公司创造价值的项目上去,当创始人与外部投资者无法对项目价值达成共识时,创始人拥有更多投票权有助于其更好地为公司创造价值;另一方面,当创始人拥有比现金流量权更多的投票权时,也可能会牺牲外部投资者利益以换回个人私利。因此,双重股权制度既可能通过赋予创始人控制权而确保其掌握的私有信息为公司创造价值,也可能便利于创始人攫取控制权私有收益而损害公司价值。换言之,双重股权制度对公司价值的"双刃剑"效应取决于保护创始人控制权与便利创始人攫取控制权私有收益间的权衡(杨国超,2020)。

四、双重股权结构的影响因素

双重股权结构的出现及兴起是多种因素作用的产物,受到企业内外部因素的综合影响(Howell,2017)。现有研究主要从管理层个人特征、企业特征、行业特征和外部制度环境特征等方面进行了分析。

(一)管理层个人特征

管理层[①]个人特征,包括管理层的动机、声誉与能力,是双重股权提升公司长期价值的一个重要边界条件(Chemmanur和Jiao,2012;Banerjee和Masulis,2013)。作为双重股权结构的首要倡导者,管理层的目的是在获取外部融资和分散企业风险的同时保持对企业的控制,其对控制权的执着可能不是源于管理层对控制权私有收益的追求,而是为了最大限度地实现其愿景(Anand,2018)和情感价值(Tallarita,2018)。如果管理层有做好

---

① 管理层也包括创始人。

企业的强烈动机、较高的业界声誉和较强的经营管理能力,在管理层掌握公司控制权的情况下,双重股权能够使管理层免受短期市场压力的影响,更加注重长期项目的投资,进而增进公司的长期价值。反之,如果是动机不良、声誉平庸和能力低弱的管理层获取了公司控制权,双重股权就可能给该公司带来极高的代理成本,侵占小股东的利益,损害公司的长期价值。

(二) 企业特征

前已提及,对于重视长期项目投资、具有高增长前景、内部代理成本较低(家族企业或杠杆率较高)的企业来说,双重股权是一种富有效率的制度安排。第一,专用性人力资本培育、研发投资代表着企业未来的价值。限于契约的不完全性,管理层往往缺乏对这类长期项目投资的激励。而双重股权能够缓解管理层激励不足的问题,进而提高对长期项目的投资承诺。第二,保持战略稳定性对于高增长前景的企业具有重要作用。双重股权可以使管理层专注于自身优势发挥,免于外部的"噪声"干扰,保持战略稳定。第三,双重股权向资本市场传递了管理层对于企业商业模式及增长前景的自信,从而有利于缓解企业高速成长过程中面临的资本约束(Jordan等,2016)。Jordan等(2016)的研究就发现,高增长前景(销售增长较快)的双重股权企业其市场估值相对较高。此外,企业的家族身份向外界发出了降低代理成本的承诺信号。家族企业更加重视自己的声誉,声誉一旦遭到破坏,这些企业将承受更高的融资成本、更低的市场估值,进而影响了个人及家族的利益。所以,家族企业通常有较强的激励来严格约束自己的行为。Villalonga 和 Amit(2009)的研究就发现,创始人或家族的身份缓解了双重股权对企业价值的负面效应。

(三) 行业特征

在研发密集型产业中,双重股权的价值更加凸显,例如以互联网为标志的新兴经济。这种产业的核心竞争力在于创新,但由于创新短期失败的可能性高、未来现金流波动性大并且还需长期资金投入,管理层可能会迫于短期市场业绩压力而扭曲投资决策。此外,创新需要大量的研发投入以及持续大量的现金流支撑,个人或企业的财富约束往往不足以开展创新活动。因此,双重股权一方面可以使管理层免于外部资本市场短期绩效的压力,抑制短视化的倾向;另一方面可以为创新项目提供充足的资金,缓解资源约束。Chemmanur 和 Tian(2017)实证检验了反收购条款(类似双重股权)与公司创新的关系,研究结果显示,前者能够正向影响公司创新。而石晓军和王骜然(2017)的研究也表明,互联网行业的公司采用双重股权能够显著提升公司的创新绩效。

(四) 外部制度环境特征

外部制度环境特征在双重股权结构的价值效应中发挥着重要作用。双重股权削弱了传统治理和监督结构的功能,而中小股东保护、法律执行、信息披露、并购规则等法律制度能够弥补传统治理机制缺失所造成的负面影响。双重股权结构在美国、加拿大和欧洲等国和地区比较普遍,在日本、西班牙和一些发展中国家或地区则受到限制。原因在于制度环境(包括公司法、信息披露制度等)的完善程度会影响双重股权结构作用的发挥(Tallarita,2018)。此外,外部控制权市场的活跃程度和社会意识形态也会对双重股权结构的实施产生一定影响。就前者而言,外部控制权市场越活跃,企业采用双重股权结构的可能性越高。Bentel 和 Walter(2016)的研究表明,在外部接管和并购频繁发生的20世纪80年代末,德国资本市场上的双重股权结构公司最多,达到历史高峰;就后者而言,如果社会平等、开放、民主意识更强的话,那么,在其他条件不变的情况下,企业实行双重股权结构的概率将会增大。

既有的研究从双重股权的利弊深入到控制权配置的影响和决定因素,研究表明双重股权制度是复杂的,不能"一刀切"地认为双重股权是"好"还是"坏",需要用马克思主义的辩证观理性地来认识这一独特的公司治理结构创新。

五、中国的双重股权结构发展

21 世纪初,我国资本市场上也出现了双重股权结构,对此,我国证监会于 2019 年 4 月发布的《关于修改〈上市公司章程指引〉的决定》中第十五条规定对"特别表决权"作出规范,覆盖了科创板、主板、中小板、创业板公司,其规定中的"特别表决权"便是差异化的表决权安排[①],港交所[②]称之为"不同投票权"(weighted voting right,WVR)。到目前为止,已有小米、美团、阿里巴巴、京东、中通快递、宝尊电商、万国数据、快手等公司以 WVR 架构在港交所主板上市。其中,除了阿里巴巴的 WVR 仅是阿里合伙人享有的特别董事任命权,其他几家公司均设置了 A、B 两类股份,两类股份的表决权为 1∶10 或 1∶20 不等。尽管称呼不同,但各大交易所的"特殊股"的本质相同,都是指向具有超级表决权的股份。股份具有表决权、收益权等权能,但"特殊股"仅在表决权具有特殊性,其他方面与普通股无异。在全球交易所竞争的大环境下,中国各地交易所都开始了差异化表决权制度

---

① 需要注意的是,虽然国务院在相关文件中使用了"同股不同权"的表述,但证监会及三大全国性股票交易场所却统一采用了"表决权差异安排"一词。证监会在 2018 年 8 月《对十三届全国人大一次会议第 2490 号建议的答复》中论述道:"'同股不同权'问题情况较为复杂,不同的企业有不同的投票权差异安排,有的属于针对董事会提名权的特别安排,有的属于同种股份投票权不同,有的属于类别股份。从本质上来说,这些都属于对公司治理作出的特殊安排。"故国务院允许发行的类别股份仅涉及股东表决权差异安排事宜,而与股东的其他权利无关。
② 港交所,即"香港交易所",全称"香港交易及结算所有限公司"(Hong Kong Exchanges and Clearing Limited,英文简称 HKEX),全球一大主要交易所集团,也是一家在香港上市的控股公司。港交所在香港及伦敦均有营运交易所,旗下成员包括香港联合交易所有限公司、香港期货交易所有限公司、香港中央结算有限公司、香港联合交易所期权结算所有限公司及香港期货结算有限公司,还包括世界首屈一指的基本金属市场——伦敦金属交易所(London Metal Exchange,简称 LME)。

的探索,并将其规定在规则中。

(一) 发展历程

《中华人民共和国公司法》(以下简称《公司法》)自 1993 年颁布,并经 1999 年、2004 年、2005 年、2013 年和 2018 年等历次修改,都将同股同权作为其理论及实践中长期秉持的基本原则。例如,《公司法》第 41 条规定:股东会会议由股东按照出资比例行使表决权;第 106 条规定:股东出席股东大会,所持每一股份有一表决权;第 130 条规定:股份的发行,实行公开、公平、公正的原则,必须同股同权,同股同利;第 135 条规定:国务院可以对公司发行本法规定的股票以外的其他种类的股票另行规定。不过,现行《公司法》第 131 条规定:"国务院可以对公司发行本法规定以外的其他种类的股份,另行作出规定。"这被看作是立法机关将规范公司发行特别股份的权利授权给了国务院,只有国务院才可以根据立法的授权以行政法的形式确立类别股份制度,而公司章程则不能设置类别股份。

我国双层股权结构制度的建立则是从优先股制度的试行开始的。2013 年 11 月,国务院出台《关于开展优先股试点的指导意见》(国发〔2013〕46 号)对优先股股东的权利与义务、优先股的发行与交易提供了指引性意见。2014 年 3 月 21 日,中国证监会颁发《优先股试点管理办法》,为上市公司公开发行优先股、非上市公众公司非公开发行优先股、优先股的交易转让及登记结算提供规则框架。此后,上海证券交易所(以下简称"上交所")、深圳证券交易所(以下简称"深交所")、中国证券登记结算有限公司、全国中小企业股份转让系统陆续发布了关于优先股上市交易的办法、细则与指引。

进入 21 世纪以来,以"同股不同权"为特征的差异化表决制度因契合新经济公司创始人(管理层)对控制权的偏好而备受青睐。2019 年 1 月 30 日,经党中央、国务院同意,证监会发布《关于在上海证券交易所设立科创板并试点注册制的实施意见》,提出在上交所新设科创板,重点支持科技创新企业,并明确允许符合相关要求的特殊股权结构企业和红筹企业在科创板上市。2019 年 3 月 1 日,中国证券监督管理委员会发布《科创板首次公开发行股票注册管理办法(试行)》[①]和《科创板上市公司持续监管办法(试行)》。同日,上交所发布《上海证券交易所科创板股票上市规则》(2020 年 12 月修订[②]),在其第四章"内部治理"中专门设立"表决权差异安排"一节,通过 14 个条文对表决权差异安排进行了详细规定,规定存在特别表决权股份的公司应披露并特别提示差异化表决安排的主要内容、相关风险以及对公司治理的影响,并应依法落实保护投资者合法权益的各项措施。由此,

---

① 该办法于 2019 年 3 月 1 日证监会令第 153 号公布,根据 2020 年 7 月 10 日证监会令第 174 号《关于修改〈科创板首次公开发行股票注册管理办法(试行)〉的决定》修订。
② 为进一步完善退市标准,优化退市程序,保护投资者权益,上海证券交易所对《上海证券交易所科创板股票上市规则(2019 年 4 月修订)》(上证发〔2019〕53 号)退市相关内容进行了修订。修订后的《上海证券交易所科创板股票上市规则(2020 年 12 月修订)》经审议通过并报经中国证监会批准,自发布之日(2020 年 12 月 31 日)起施行。

差异化表决制度正式引入我国。

2020年4月,全国中小企业股份转让系统有限责任公司发布《全国中小企业股份转让系统挂牌公司治理指引第3号——表决权差异安排》,对在全国中小企业股份转让系统挂牌的公司适用的表决差异安排制度进行了规定。

2020年6月,深交所发布《深圳证券交易所创业板股票上市规则》,在第四章第四节详细规定了在深交所创业板上市的公司适用的表决权差异安排制度。

2023年12月,修订后的《公司法》首次增加了同股不同权的类别股制度。例如,第144条规定,公司可以按照公司章程的规定发行下列与普通股权利不同的类别股:①优先或者劣后分配利润或者剩余财产的股份。②每一股的表决权数多于或者少于普通股的股份,并通过本条款与第45条规定,对于监事或者审计委员会成员的选举和更换,类别股与普通股每一股的表决权数相同,同时应在公司章程中载明相关事项。

(二) 差异化表决制度的规则体系

在2024年4月修订的《上海证券交易所科创板股票上市规则》(以下简称《科创板上市规则》)第2.1.4条中,表决权差异安排是指发行人依照《公司法》第144条的规定,在一般规定的普通股份之外,发行拥有特别表决权的股份。每一特别表决权股份拥有的表决权数量大于每一普通股份拥有的表决权数量,其他股东权利与普通股份相同。以下综合证监会《关于在上海证券交易所设立科创板并试点注册制的实施意见》《科创板上市公司证券发行注册管理办法(试行)》和上交所《科创板上市规则》,可以归纳出我国现行差异化表决制度的规则体系,主要包括适用公司准入要求、特别表决权股份持有人资格、超级表决权的行使转让以及存续限制、内部监督、信息披露等内容。其他交易所发布的相关规定与此相似,不再一一阐述。

1. 公司准入要求

对于表决权差异安排中公司准入资格的要求设置,我国的规则体系从上市公司的行业范围、市值及财务指标和设置时间三个方面进行了规定。

(1) 行业范围。能够采用表决权差异安排的科创板上市公司,其行业范围被限定为"符合国家战略、突破关键核心技术、市场认可度高的科技创新企业"。其中,新一代信息技术、高端装备、新材料、新能源、节能环保以及生物医药等高新技术产业和战略性新兴产业将得到重点支持。并且,具体的行业范围还会由上交所适时更新。

(2) 市值及财务指标。《科创板上市规则》第2.1.4条对于采取表决权差异安排的创业板上市公司的市值及财务指标提出了明确要求,即至少应当符合以下标准中的一项:预计市值不低于人民币100亿元;或者预计市值不低于人民币50亿元,且最近一年营业收入不低于人民币5亿元。对此,有学者指出,创新公司上市前的预估市值存在一定主观性与高度不确定性,而以业绩为估值的参考呈现高度可变,说明市值限制规则并未完全适用于市值估值。因此,市值限制规则的保护作用未必有效,而消极影响可能较大。科创板的市值要求妥当与否,尚需未来资本市场的实践来检验这一标准的正负影响,才能给出最终的答案。

(3) 设置时间。发行人首次公开发行并上市前设置表决权差异安排的,应当经出席股东大会的股东所持2/3的表决权通过。发行人在首次公开发行并上市前不具有表决权差异安排的,不得在首次公开发行并上市后以任何方式设置此类安排。上述规定与新加坡证券交易所的做法一样,仅允许公司在首次公开发行并上市之前设置双重股权结构,在首次公开发行并上市后则不得以增发新股、股权重置等任何方式设置此种表决权差异安排。并且,如《新加坡证券交易所主板上市规则》第803A(2)条的规定,在首次公开发行并上市之前,还应当取得出席股东大会的股东所持2/3的表决权的同意,才能设置双重股权结构。

这些规定的立法目的,均旨在保障投资者的自由选择权,避免出现持有普通股份的中小股东被压迫的不公平现象。根据有效资本市场假说,市场会对公司的IPO进行反应。如果双重股权结构对公司有利,则市场将会给予正面的反应,IPO价格提高,投资者利益最大化;反之为负面反应,投资者遭受损失。并且,公司IPO必须经过监管审核,一定程度上也可以为投资者进行监督,从而保护投资者。

2. 特别表决权股份持有人资格

对于表决权差异安排设置公司中持有超级表决权股的股东资格,我国现行法律也从身份与持股比例等两个方面作出了规定。

(1) 身份要求。《科创板上市规则》第4.5.3条对拥有特别表决权股东的身份要件提出了要求,即持有特别表决权股份的股东应当为对上市公司发展或者业务增长等作出重大贡献,并且在公司上市前及上市后持续担任公司董事的人员或者是这部分董事人员实际控制的持股主体。这一安排类似新加坡特别表决权持股人的要求,即包括自然人和法人,与新加坡证券交易所要求超级表决权股份的持有人必须担任公司董事类似。对特殊股东必须同时是公司董事的要求,一方面符合双重股权结构设立初衷——为实现公司创立者的个人愿景与长远发展理念,只有特殊股东同时兼任公司董事,尤其是董事会主席的时候,才能拥有更多的话语权;另一方面可以将特殊股东锁定在公司,限制特殊股东行为,也能最大程度上降低代理成本。

也有学者质疑,我国立法将持有人资格扩张包括自然人以及自然人实际控制的持股主体,导致公司成为"法人董事",不仅鼓励隐名股东,还因为金字塔结构与差异化表决权叠加,加大超级表决权带来的代理成本。不过,我国科创板的既有安排给予了未来多名创始人经由其他组织形态持有特别表决权的空间。

(2) 持股比例要求。《科创板上市规则》第4.5.3条还规定,特别股东持股应在公司全部已发行表决权股份的10%以上。对于超级表决权股份的持有人的持股比例要求,《科创板上市规则》与《香港联合交易所有限公司证券上市规则》(以下简称"港交所《主板上市规则》")的规定一致,即应当达到公司全部已发行的有表决权股份的 10% 以上。港交所《主板上市规则》的第 8A 章的第 11 条和第 12 条对此进行了规定,不同投票权受益人必须为公司董事会成员,且持股不少于 10%。同时,若持股未达到已发行表决权股份的10%,但持股数额本身巨大,持股比例亦可以少于 10%。实际上,该规则意味着允许申请人在持股数额巨大的情况下对股权占比进行微调,而非固守 10% 的底线。

对特殊股东最低持股比例 10% 的要求是为了将特殊股东的利益与公司的利益捆绑在一起。投票权与经营权的极端分离进一步扩大了代理成本,特殊股东拥有巨大的表决权但收益却并不与表决权成比例,更有可能中饱私囊、假公济私,进而损害其他投资者的利益。这一要求避免了特殊股东持股过低情况的发生,从而缩小了两权分立程度,以保护投资者利益。

3. 超级表决权行使限制

现行规则从最高差异倍数限制和行使范围限制两个方面对表决权差异安排进行了规范。

(1) 最高差异倍数限制。在双重股权结构下,每一超级表决权股份最多能够行使多少表决权,即超级表决权股所具有表决权的最高倍数是多少呢?《新加坡交易所主板上市规则》中,规定不同表决权股份之间的表决权倍数最多不得超过 10 倍。上交所的《科创板上市规则》在其第 4.5.4 条规定:科创板上市公司章程应当规定每份特别表决权股份的表决权数量。每份特别表决权股份的表决权数量应当相同,且不得超过每份普通股份的表决权数量的 10 倍。这个规则也是为了限制特殊股东表决权,保留其他投资者在公司经营中的发言权。

(2) 行使范围限制。主要资本市场法域均对表决权差异安排之下的特殊表决权行使的范围进行了一定限制,明确将关系到公司全体股东根本利益的重大事项排除在外,以平衡超级表决权股东与弱势表决权股东之间的利益。《科创板上市规则》第 4.5.10 条规定:上市公司股东对下列事项行使表决权时,每一特别表决权股份享有的表决权数量应当与每一普通股份的表决权数量相同:①对公司章程作出修改。②改变特别表决权股份享有的表决权数量。③聘请或解聘独立董事。④聘请或解聘为公司定期报告出具审计意见的会计师事务所。⑤合并、分立、解散或变更公司形式。

《新加坡交易所主板上市规则》规定,凡是涉及公司章程修改、类别股份股东权利变动、委任或者罢免独立董事、委聘或者辞退外部审计人员以及公司破产或者退市等事项,公司全体股东均应按照"一股一票"的原则进行表决。在这些事项当中,有的可能影响弱势表决权股东的基本权利,有的可能增强超级表决权股东的权利,有的则可能影响到公司的"生死存亡"。对于这些有益的法律智慧结晶,我国亦予以吸收借鉴。但与新加坡交易所的上市规则相比,《科创板上市规则》增加了"合并、分立、解散或变更公司形式"这一事项,缺少"公司破产或者退市"这一事项。由于公司破产或者退市属于影响到上市公司"生死存亡"的重大事项,必然会对弱势表决权股东的利益产生重大影响。

4. 超级表决权转让与存续限制

特殊股东能否将特殊股份转让给其他人?例如,能否将特殊股份转让给亲属?当然不能!因为特殊股份因特殊股东而存在,当特殊股东不复存在时,双重股权便没有存在的基础。《科创板上市规则》第4.5.8条规定:特别表决权股份不得在二级市场进行交易,但可以按照本所有关规定进行转让。港交所《主板上市规则》第8A.18条规定,不同投票权股份转让至另一人,则该股份附带的不同投票权必须终止。

《科创板上市规则》第4.5.9条具体规定了超级表决权自动转换为普通表决权的四种情形:①持有特别表决权股份的股东不再符合规定的资格和最低持股要求,或者丧失相应履职能力、离任、死亡。②实际持有特别表决权股份的股东失去对相关持股主体的实际控制。③持有特别表决权股份的股东向他人转让所持有的特别表决权股份,或者将特别表决权股份的表决权委托他人行使。④公司的控制权发生变更。超级表决权自动转换的第①种情形强调的是持有特别表决权股份的股东的资格,特别是具备担当董事的能力,这一点与新加坡证券交易所的规定相同。第②种情形强调的是实际持有表决权的股东失去实际控制。这一点非常具有特殊性,因为我国允许其他组织持有特别表决权股份。如何判定失去实际控制,这要由未来司法来探索。第③种情形强调的是特别表决权股份所具有的身份权属性。不可转让或委托他人行使,固化在创始人身上。第④种情形强调的是关于公司控制权的变更。无论是协议收购或敌意收购出现,特别表决权股份应当按1∶1的比例转换为普通股份,且自相关情形发生时立即转换。当然,上述四种情形只是超级表决权股份自动转换为普通表决权股份的最低限度要求,法律并不禁止不同类别的股东之间经过充分的自由协商,在公司章程中自由约定其他的超级表决权自动终止的情形,以满足公司自身发展的实际需求。

作为一种企业家与投资者之间的安排,表决权差异安排是基于投资者对于企业家的特质愿景与特殊人力资本的信赖,而且是在企业上市之前经过绝对多数表决权同意甚至是一致同意通过的契约安排。因此,表决权差异安排若失去上述存在基础,必然面临自动转换为普通股份的结果。需要特别注意的是,上交所的《科创板上市规则》并没有强制性要求表决权差异安排在公司章程中必须规定"时间型日落条款"。对此,我国学术界存在着两种完全不同的观点:肯定说认为,我国科创板没有引入"时间型日落条款"是新港两地规则的最大遗憾,应该经由立法强制作出安排。反对说则认为,假如我国独自设立这项规则,很可能吓跑部分意欲在境内上市的公司,不建议将时间型夕阳条款设定为强制性规则。港交所规定,有限合伙、信托、私人公司等可以代不同投票权受益人持有特殊股份,只要代持不构成实际转让。

5. 内部监督

表决权差异安排结构下,如何制衡公司创始人的控制权滥用呢?《科创板上市规则》

第 4.5.12 条规定:"上市公司具有表决权差异安排的,监事会应当在年度报告中,就下列事项出具专项意见:①持有特别表决权股份的股东是否持续符合对其持股身份的要求。②特别表决权股份是否及时转换为普通股份。③上市公司特别表决权比例是否持续符合本规则的规定。④持有特别表决权股份的股东是否存在滥用特别表决权或者其他损害投资者合法权益的情形"。我国港交所《主板上市规则》除上述专项意见之外,还规定具备不同投票权的发行人应在所有上市文件、定期财务报告等重要文件中加入"具不同投票权控制的公司"字样,同时公司股份名称结尾须有"W"标识。此外,港交所还要求具不同投票权的发行人必须设立企业管制委员会,企业管制委员会成员必须为独立非执行董事,就公司的与特殊股份有关事项进行监督;而上交所《科创板上市规则》采取了由公司监事会进行专门监督的做法。

我国《公司法》规定的公司治理结构主要为"三会一层"[①]架构,监事会往往扮演监督管理层、保护投资者的角色。但是在实际中,主要依靠监事会主导监督特别表决权股东、保护投资者的机制漏洞较大。一方面,监事系由股东大会选举产生,特别表决权股东亦可为监事,于特别表决权股东而言,请自己提名的监事来监督自己并不现实。另一方面,在上市公司实践中,监事会的监督往往差强人意,被誉为"守门员式"的末端监督,并不一定能在滥用特别表决权情形发生之初即迅速发挥作用。

6. 信息披露

表决权差异安排引发的治理风险决定了其有内在充分披露的要求。存在特别表决权股份的境内科技创新企业申请首次公开发行股票并在科创板上市的,发行人应当在招股说明书等公开发行文件中,披露并特别提示差异化表决安排的主要内容、相关风险和对公司治理的影响,以及依法落实保护投资者合法权益的各项措施。

对于表决权差异安排公司上市后的持续性信息披露要求,上交所《科创板上市规则》第 4.5.11 条规定:上市公司具有表决权差异安排的,应当在定期报告中披露该等安排在报告期内的实施和变化情况,以及该等安排下保护投资者合法权益有关措施的实施情况。对此,2020 年 7 月上交所发布的《科创板上市公司证券发行上市审核规则》第二章第十一条中指出,需要站在投资者的立场上,以充分性、可理解性和一致性为切入点,对上市申请人开展审核问询。从充分性的角度进行审核时,重点关注申请文件披露的内容是否包含对投资者作出投资决策有重大影响的信息,披露程度是否达到投资者作出投资决策所必需的水平。从一致性的角度进行审核时,重点关注发行上市申请文件的内容是否前后一致、是否具有内在逻辑性。从可理解性的角度进行审核时,重点关注发行上市申请文件披露的内容是否简明易懂,是否便于一般投资者阅读和理解。

[①] "三会一层":按照我国《公司法》规定,治理结构由四部分组成,即"三会"和"一层","三会"为股东会或者股东大会、董事会、监事会;"一层"为经理层。

参考文献

[1] Jensen M C. Agency costs of free cash flow, corporate finance, and takeovers[J]. The American economic review, 1986, 76(2): 323-329.

[2] Shleifer A, Vishny R W. Management entrenchment: The case of manager-specific investments[J]. Journal of financial economics, 1989, 25(1): 123-139.

[3] Nenova T. The value of corporate voting rights and control: A cross-country analysis[J]. Journal of financial economics, 2003, 68(3): 325-351.

[4] Jog V, Zhu P C, Dutta S. Impact of restricted voting share structure on firm value and performance[J]. Corporate Governance: An International Review, 2010, 18(5): 415-437.

[5] Howell J W. The survival of the US dual class share structure[J]. Journal of Corporate Finance, 2017, 44: 440-450.

[6] Seligman J. Equal protection in shareholder voting rights: The one common share, one vote controversy[J]. Geo. Wash. L. Rev., 1985, 54: 687.

[7] Banerjee S, Masulis R W. Ownership, investment and governance: The costs and benefits of dual class shares[J]. ECGI-Finance Working Paper, 2013 (352).

[8] DeAngelo H, DeAngelo L. Managerial ownership of voting rights: A study of public corporations with dual classes of common stock[J]. Journal of Financial economics, 1985, 14(1): 33-69.

[9] Fischel D R. The Regulation of Accounting: Some Economic Issues[J]. Brook. L. Rev., 1986, 52: 1051.

[10] AmoakoAdu B, Baulkaran V, Smith B F. Analysis of dividend policy of dual and single class US corporations[J]. Journal of Economics and Business, 2014, 72: 1-29.

[11] Jordan B D, Kim S, Liu M H. Growth opportunities, short-term market pressure, and dual-class share structure[J]. Journal of Corporate Finance, 2016, 41: 304-328.

[12] Chemmanur T J, Jiao Y. Dual class IPOs: A theoretical analysis[J]. Journal of Banking & Finance, 2012, 36(1): 305-319.

[13] Lehn K, Netter J, Poulsen A. Consolidating corporate control: Dual-class recapitalizations versus leveraged buyouts[J]. Journal of Financial Economics, 1990, 27(2): 557-580.

[14] Smart S B, Zutter C J. Control as a motivation for underpricing: a comparison of dual and single-class IPOs[J]. Journal of Financial Economics, 2003, 69(1): 85-110.

[15] Masulis R W, Wang C, Xie F. Agency problems at dual-class companies[J]. The Journal of Finance, 2009, 64(4): 1697-1727.

[16] Zingales L. The value of the voting right: A study of the Milan stock exchange experience[J]. The Review of Financial Studies, 1994, 7(1): 125-148.

[17] Lauterbach B, Pajuste A. The long-term valuation effects of voluntary dual class share unifications[J]. Journal of Corporate Finance, 2015, 31: 171-185.

[18] Masulis R W, Thomas R S. Does private equity create wealth—the effects of private equity and derivatives on corporate governance[J]. U. Chi. L. Rev., 2009, 76: 219.

[19] Villalonga B, Amit R. How are US family firms controlled? [J]. The Review of Financial Studies, 2009, 22(8): 3047-3091.

[20] Chemmanur T J, Tian X. Do antitakeover provisions spur corporate innovation? A regression discontinuity analysis[J]. Journal of Financial and Quantitative Analysis, 2018, 53(3): 1163-1194.

[21] Dyck A, Zingales L. 5. Control Premiums and the Effectiveness of Corporate Governance Systems[M]//Global Corporate Governance. Columbia University Press, 2009: 73-105.

[22] 郑志刚.利益相关者主义V.S.股东至上主义:对当前公司治理领域两种思潮的评析[J].金融评论,

2020(01):34-47,124.
[23] 杨国超.外部治理机制缺失下制度创新的代价:基于阿里巴巴"合伙人制度"的案例研究[J].会计研究,2020,(01):126-134.
[24] 齐宇,刘汉民.国外同股不同权制度研究进展[J].经济社会体制比较,2019,(04):169-178.
[25] 郭雳,彭雨晨.双层股权结构国际监管经验的反思与借鉴[J].北京大学学报(哲学社会科学版),2019,56(02):132-145.
[26] 朱慈蕴,神作裕之,谢段磊.差异化表决制度的引入与控制权约束机制的创新:以中日差异化表决权实践为视角[J].清华法学,2019,13(02):6-27.
[27] 韩宝山,橘兮?枳兮?权变视角下国外双重股权研究中的争议[J].外国经济与管理,2018,40(07):84-98.
[28] 李海英,李双海,毕晓方.双重股权结构下的中小投资者利益保护:基于Facebook收购WhatsApp的案例研究[J].中国工业经济,2017,(01):174-192.
[29] 李治燕,周莹.换股合并下上市公司股票发行价格与换股比例探析[J].财会通讯,2022,(02):126-130.
[30] 沈红波,张金清,张广婷.国有企业混合所有制改革中的控制权安排:基于云南白药混改的案例研究[J].管理世界,2019(10):206-217.
[31] 梁国萍,聂洁琳.京东双重股权结构与阿里合伙人制度的比较研究[J].财会通讯,2021,(02):95-100.
[32] 杨国超.外部治理机制缺失下制度创新的代价:基于阿里巴巴"合伙人制度"的案例研究[J].会计研究,2020,(01):126-134.
[33] 中概股审计,这是中美合作的象征性案例[N].环球时报,2022-08-29(014).
[34] 陈家齐.上市公司双重股权结构研究:以阿里巴巴集团"合伙人制度"为例[J].财会通讯,2017,(31):5-10+4.
[35] 刘焱,路紫.中国企业海外上市双重股权结构问题研究:以京东为例[J].中国注册会计师,2017,(10):112-116,3.
[36] 汪青松,赵万一.股份公司内部权力配置的结构性变革:以股东"同质化"假定到"异质化"现实的演进为视角[J].现代法学,2011,33(03):32-42.
[37] 汪青松.股份公司股东异质化法律问题研究[M].北京:光明日报出版社,2011.
[38] 高菲.新经济公司双层股权结构法律制度研究[M].北京:法律出版社,2019.
[39] 石颖.中国企业双层股权结构制度研究[M].北京:中国社会科学出版社,2021.
[40] J.弗雷德里·威斯通.兼并、重组与公司控制[M].唐旭等译.北京:经济科学出版社,1998.
[41] 肖微.公司兼并与收购教程[M].北京:中国人民大学出版社,2014.

第二篇

企业合并的案例研究

案例一　华谊兄弟的"豪赌"盛宴：对赌并购

华谊兄弟传媒股份有限公司（以下简称"华谊兄弟"）于2013年和2015年分别并购了广州银汉科技有限公司（以下简称"银汉科技"）、浙江常升影视制作有限公司（以下简称"浙江常升"）、浙江东阳美拉传媒有限公司（以下简称"东阳美拉"）和浙江东阳浩瀚影视娱乐公司（以下简称"东阳浩瀚"）四家公司，并分别与四家公司签署了对赌协议。这一系列的并购使得华谊兄弟产生了高额商誉。从协议签订到最终实现，时间长达五年。对赌结束后，对赌承诺业绩的实现与否也水落石出。从华谊兄弟的系列"豪赌"事件出发，如何看待并购中的对赌及其产生的经济后果，值得大家进一步地思考与讨论。

一、案例背景

从2009年国务院常务会议审议通过《文化产业振兴规划》开始，国家加大了对文化传媒行业的投入力度，为文化传媒行业的发展提供了良好的政策土壤。在国内经济不断向好、国家扶持政策持续出台、国民收入倍增、消费观念持续向文化享受和服务追求转变的背景下，影视行业的发展如火如荼。影视行业所提供的影视产品成为人们茶余饭后的谈资，人们的文化生活也有赖于影视业的支撑。此外，我国资本市场日趋完善，影视行业的一批新兴企业很快就在并购中崭露头角。

华谊兄弟的并购始于2013年。在2013年7起交易额超过1亿元的并购中，华谊兄弟就占到了三个席位。后续几年，该公司一直以并购来谋求发展的空间，并购方式和对象不断调整，每起并购案都为企业绩效带来显著的变化。对赌协议是华谊兄弟的主要并购方式，利用对赌协议，华谊兄弟前后并购了银汉科技、浙江常升、东阳美拉、东阳浩瀚等多家公司。

二、交易各方简介

(一) 合并方

1. 华谊兄弟简介

华谊兄弟于1994年由王中军、王中磊兄弟两人在上海成立,注册资本金500万元,是中国著名的一家综合性娱乐公司。在公司成立初期阶段,华谊兄弟主要以广告业务来拓宽市场,凭借投资导演冯小刚执导的系列贺岁片大火以后,华谊兄弟在1998年正式进军电影产业,从事影视作品开发、制作及发行等业务,发展迅猛,名利双收。2005年,华谊兄弟全面进入影视传媒产业,涉及领域包括运营电影、电视剧、艺人经纪服务、唱片、娱乐营销等,成立了华谊兄弟传媒集团。2009年,华谊兄弟通过IPO(证券代码:SZ300027)登陆资本市场,成为第一家在深圳证券交易所创业板上市的传媒类上市公司,享有"中国影视娱乐第一股"的美称。

华谊兄弟拥有超前于同行的战略布局,大胆创新、开拓市场,成为影视业公认的中国娱乐行业引导者。2010年,华谊兄弟开启了连续并购战略的第一步,实施多元化战略,收购涉及多个领域的公司。

2. 主要业务与产品

华谊兄弟主要投资经营影视娱乐、品牌授权与实景娱乐、互联网娱乐以及产业投资四大联动板块。一是影视娱乐板块,包括电影、电视剧、艺人经纪服务和影院投资管理运营等业务;二是品牌授权与实景娱乐板块,依托"华谊兄弟"的品牌价值,开展电影城、电影世界、电影小镇、文化城等业务;三是互联网娱乐板块,包括游戏、新媒体、粉丝社区等业务;四是产业投资板块。四大业务板块布局明确,产业链完整、娱乐资源丰富。2014年,阿里巴巴、腾讯和中国平安三大巨头公司投资华谊兄弟,成为华谊兄弟突破行业边界限制的强大后盾。

华谊兄弟在影视圈积累了广泛而深厚的人脉,与冯小刚、成龙、徐克等实力派导演都有深度而稳定的合作,自1994年创立以来,已创造许多票房奇迹,也获得了众多国内和国际电影大奖,并陆续评选出了百余部受到观众喜爱的优秀影片,其中包括曾占据国内领先票房的《手机》《天下无贼》《宝贝计划》《集结号》《功夫之王》《风声》《唐山大地震》《狄仁杰之通天帝国》《画皮2》《十二生肖》《私人订制》《老炮儿》《我不是潘金莲》《罗曼蒂克消亡史》等影片,总票房超过150亿元,在国内影视行业遥遥领先。

(二) 被合并方

1. 银汉科技

银汉科技由刘泳在2001年创办,注册资本为1111万元,主要从事移动网络游戏的研发及运营服务,是中国最早专注于提供移动增值服务和移动网络游戏开发与运营服务的企业之一。移动网络游戏是指以智能手机或平板电脑等终端设备为载体,通过移动互联网接入游戏服务器并支持多人同时在线互动的游戏。移动网络游戏市场主要参与者为研发商、发行商、平台商以及游戏玩家,其他参与者包括内容资源提供商、支付渠道服务商、游戏媒体等。并购前该公司股东持股比例如表1-1所示①。

表1-1 2013年并购前银汉科技各股东持股比例

序号	股东名称	出资额(万元)	持股比例
1	刘长菊	401.444 4	36.13%
2	刘泳	253.555 6	22.82%
3	腾讯计算机②	166.666 7	15.00%
4	摩奇创意③	141.666 7	12.75%
5	黄飞	47.222 2	4.25%
6	苏龙德	47.222 2	4.25%
7	钟林	33.333 3	3.00%
8	邝小翚	20.000 0	1.80%
合计		1 111.111 1	100%

截至并购前的评估基准日,银汉科技研发并已上线运营的手机网络游戏主要有《时空猎人》《梦回西游》《幻想西游》以及《西游Online》等。银汉科技系列游戏的注册用户逾亿人,拥有数千万的活跃用户。

2. 浙江常升

浙江常升于2013年05月23日成立,法定代表人是张国立,注册资本为1 000万元,由南京弘立星恒文化传播有限公司(以下简称"弘立星恒")和南京嘉木文化传播有限公司(以下简称"嘉木文化")分别持有其90%和10%的股权。该公司经营范围包括制作、复制、发行专题、专栏、综艺、动画片、广播剧、电视剧;影视广告制作、代理、发布;影视服装道具及其器材租赁;组织文化艺术交流活动(不含演出);企业形象策划;会展会务与摄影摄像服务;影视制作技术及文化信息咨询;艺人经纪(不含演出经纪)等。

并购前该公司股东持股比例如表1-2所示。

---

① 数据来自巨潮资讯网中华谊兄弟公告《拟进行股权收购所涉及的广州银汉科技有限公司股东部分权益价值评估报告》。
② 腾讯计算机系统有限公司(简称"腾讯计算机")。
③ 摩奇创意(北京)科技有限公司(简称"摩奇创意")。

表 1-2　2013 年并购前浙江常升各股东持股比例

序号	股东名称	持股比例
1	弘立星恒	90%
2	嘉木文化	10%
	合计	100%

3. 东阳美拉

东阳美拉成立于 2015 年 9 月 2 日,注册资本为人民币 500 万元。该公司法定代表人为冯小刚和陆国强。公司经营范围包括影视剧项目的投资、制作,影视剧本创作、策划、交易,新人导演技巧训练等。并购前,该公司总资产为 1.36 万元,总负债为 1.91 万元,相关所有者权益为 -0.55 万元。并购实施前,东阳美拉控股股东冯小刚完成的电影类项目有电影《非诚勿扰》系列和《手机》等。并购前该公司股东持股比例如表 1-3 所示。

表 1-3　2015 年并购前东阳美拉各股东持股比例

序号	股东名称	持股比例
1	冯小刚	99%
2	陆国强	1%
	合计	100%

4. 东阳浩瀚

东阳浩瀚于 2015 年 10 月 21 日注册成立,注册资本为人民币 1 000 万元,主要从事电影电视的投资、制作和发行,艺人衍生品业务的开发和经营等业务。该公司的股东艺人或艺人经纪管理人(以下统称"艺人股东"),共持有东阳浩瀚 85% 的股份,天津睿德星际文化信息咨询合伙企业(有限合伙)(以下简称"睿德星际")持有剩下 15% 的股份。并购前该公司股东持股比例如表 1-4 所示。

表 1-4　2015 年并购前东阳浩瀚各股东持股比例

序号	股东名称	持股比例
1	艺人股东	85%
2	睿德星际	15%
	合计	100%

三、交易概述

(一)并购概述

1. 并购银汉科技

2013 年 7 月,华谊兄弟与银汉科技全体股东签署了《发行股份及支付现金购买资产协议》。根据协议,华谊兄弟向刘长菊、摩奇创意、腾讯计算机发行股份及支付现金购买其持有的银汉科技 50.88%的股权。上述股权估值为 67 200 万元,多方协商确定股权交易价格为 67 161.60 万元,向银汉售股股东发行约 760.69 万股,并支付现金约 44 774.40 万元。银汉科技并购前后的股权结构如图 1-1 所示。

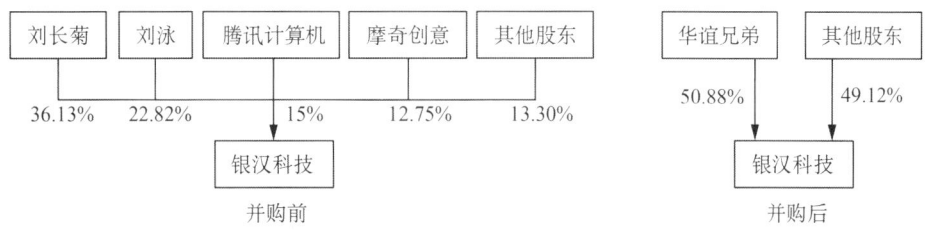

图 1-1 银汉科技并购前后的股权结构

2. 并购浙江常升

2013 年 9 月,华谊兄弟发布公告,称其全资子公司浙江华谊兄弟影业投资有限公司(以下简称"浙江华谊")与弘立星恒、张国立、嘉木文化、浙江常升签署《投资合作协议》,弘立星恒将其持有的浙江常升 60%的股权转让给浙江华谊,嘉木文化将其持有的浙江常升 10%的股权转让给浙江华谊。浙江华谊受让弘立星恒和嘉木文化合计持有的浙江常升 70%的股权,股权转让价款为人民币 2.52 亿元。其中,浙江华谊受让的弘立星持有的浙江常升 60%的股权对应的股权转让价款为人民币 2.16 亿元;浙江华谊受让的嘉木文化持有的浙江常升 10%的股权对应的股权转让价款为人民币 3 600 万元。浙江常升并购前后的股权结构如图 1-2 所示。

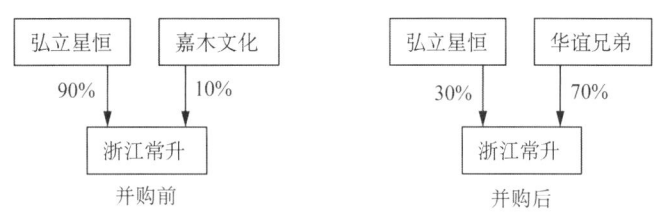

图 1-2 浙江常升并购前后的股权结构

3. 并购东阳美拉

2015 年 11 月华谊兄弟发布公告,称以人民币 10.5 亿元的股权转让价款收购东阳美拉的股东冯小刚和陆国强合计持有的目标公司 70%的股权,本次股权转让完成后,华谊兄弟持有东阳美拉 70%的股权。依据签署的《股权转让协议》,老股东冯小刚同意将其持有的目标公司 69%的股权、老股东陆国强同意将其持有的目标公司 1%的股权转让给华谊兄弟,本次股权转让完成之后,华谊兄弟持有目标公司 70%的股权,冯小刚持有目标公司 30%的股权。并购前后的股权结构如图 1-3 所示。

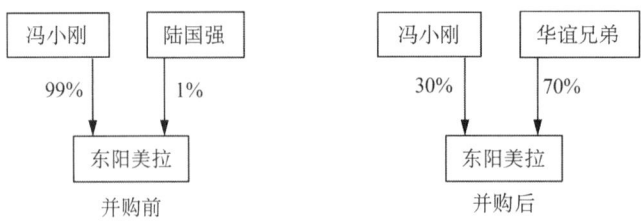

图 1-3 东阳美拉并购前后的股权结构

4. 并购东阳浩瀚

2015 年 12 月华谊兄弟发布公告,披露其以人民币 7.56 亿元的股权转让价款收购东阳浩瀚的股东艺人或艺人经纪管理人合计持有的目标公司 70% 的股权,收购完成后,华谊兄弟持有东阳浩瀚 70% 的股权,艺人股东仍合计持有被并公司 15% 的股权。并购前后的股权结构如图 1-4 所示。

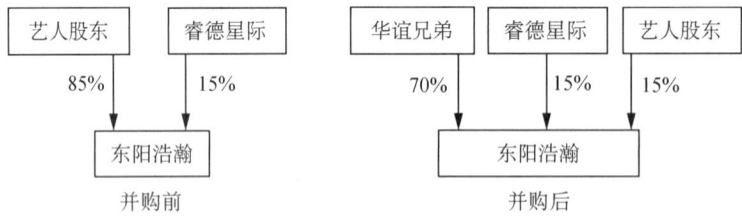

图 1-4 东阳浩瀚并购前后的股权结构

具体内容如表 1-5 所示,表中数据均来源于华谊兄弟公司年报和公告。

表 1-5 华谊兄弟四次并购交易基本情况

年度	目标公司	经营范围	方式	所占股权	合并(亿元)对价	估值依据
2013 年	银汉科技	移动网络游戏的研发及运营服务	股权转让	50.88%	6.72	评估基准日 2013 年 6 月 30 日评估值:132 697.13 万元人民币。评估方法是资产基础法与收益法
2013 年	浙江常升	制作、复制、发行;专题、专栏、综艺、动画片、广播剧、电视剧;影视广告制作、代理、发布;影视服装道具及其器材租赁;组织文化艺术交流活动(不含演出);企业形象策划;会展会务与摄影摄像服务;影视制作技术及文化信息咨询;艺人经纪(不含演出经纪)	股权转让	70%	2.52	根据目标公司 2013 年预计税后净利润的 12 倍确定其公司估值,即按人民币 3.6 亿元计算。评估方法为收益法

(续表)

年度	目标公司	经营范围	方式	所占股权	合并(亿元)对价	估值依据
2015年	东阳美拉	制作、复制、发行；专题、专栏、综艺、动画片、广播剧、电视剧；影视文化信息咨询；影视剧本创作、策划、交易；艺人经纪；制作、代理、发布；电子和数字媒体广告及影视广告；实景娱乐、演出	股权转让	70%	10.5	根据目标公司2016年度经审计税后净利润的15倍(为人民币15亿元)为公司估值基础。评估方法是资产基础法与收益法
2015年	东阳浩瀚	制作、复制、发行；专题、专栏、综艺、动画片、广播剧、电视剧；影视文化信息咨询；影视剧本创作、策划、交易；艺人经纪；制作、代理、发布；电子和数字媒体广告及影视广告；摄制电影(单片)等	股权转让	70%	7.56	根据目标公司2015年度经审计税后净利润的12倍(为人民币10.8亿元)为公司的估值基础。评估方法是资产基础法与收益法

(二) 高溢价并购动因

1. 完善公司 IP 产业链

与其他商品不同，作为影视业主要产出的文化产品风险通常比较大，利润不稳定，另外，影视传媒产业的环节颇多，且过于分散，规模普遍较小，业务经营模式也较为单一，而且产业链单个的环节利润率有限。随着行业的不断发展，为增强抵抗风险的能力，企业通过整合上下游业务、打造自身产业链，来获取稳定的现金流并提高企业获利能力。在这种情况下，企业通常选择并购业务上互补的公司来完善产业链，实现协同效应。

华谊兄弟上市之初，主要从事电影与电视剧的制作、发行及衍生业务，艺人经纪服务及相关服务业务，虽然该企业的业务范围涉及多个领域，但这些业务并没有形成较为完善的产业链。为了逐步完善以影视为主的原创 IP 驱动全娱乐的产业链，华谊兄弟选择了并购。一方面，华谊兄弟将浙江常升电影、电视剧的编辑与制作业务、银汉科技的游戏和移动增值等业务，吸收合并为自身的业务并进行规模拓展，试图打造上下游产业链；另一方面，华谊兄弟将东阳美拉与东阳浩瀚拥有的以导演和艺人 IP 为导向的影视剧制作、综艺及各方面的业务发展纳入麾下，充分发挥优秀艺人的品牌效应，以充实和完善并购方的产业版图。

2. 获取影视业优质资源

对于影视作品而言，内容是其核心竞争力的重要体现。内容的制作依靠的是优秀的创作以及著名导演、演员的参与。华谊兄弟通过并购的方式获取这些极其重要的资源。

从增加影视作品版权、引进优秀艺人和绑定知名导演三方面入手,而东阳美拉和东阳浩瀚在并购前,持有较多影视作品以及艺人股东,包括知名导演冯小刚。

3. 取得资本市场投资收益

随着我国资本市场资源功能配置的健全与效率的提高,影视企业基本完成了市场化转型。上市公司利用资本市场资金可以使企业迅速扩大规模,通过并购重组完成产业链的整合,同时调整产业结构,促进企业发展。在资本市场为我国影视产业提供巨大的发展机遇形势下,企业借此谋求未来的长远发展。

(三) 被并方于购买日的可辨认净资产

四家被并购公司的可辨认净资产的公允价值与账面价值,具体如表1-6和表1-7所示。

表1-6 浙江常升与银汉科技于购买日可辨认净资产的公允价值与账面价值

单位:万元

项目	浙江常升		银汉科技	
	公允价值	账面价值	公允价值	账面价值
资产				
货币资金	1 248 517	1 248 517	13 356 988	13 356 988
应收款项			195 245 022	195 245 022
预付款项	8 760 000	8 760 000	982 810	982 810
其他应收款			1 879 209	1 879 209
其他流动资产			121 764 289	121 764 289
固定资产			11 598 388	11 598 388
无形资产			1 379 990	1 379 990
长期待摊费用			521 942	521 942
递延所得税资产			1 591 172	1 591 172
负债				
应付款项			12 063 575	12 063 575
预收账款			22 845 608	22 845 608
应付职工薪酬			15 501 857	15 501 857
应交税费			28 844 781	28 844 781
其他应付款			771 906	771 906
其他流动负债			1 116 841	1 116 841
递延所得税负债				
净资产	10 008 517	10 008 517	267 175 241	267 175 241

(续表)

项目	浙江常升		银汉科技	
	公允价值	账面价值	公允价值	账面价值
减:少数股东权益	3 002 555	3 002 555	131 236 478	131 236 478
取得的净资产	7 005 962	7 005 962	135 938 763	135 938 763
货币资金	1 248 517	1 248 517	13 356 988	13 356 988

表1-7 东阳美拉与东阳浩瀚于购买日可辨认净资产的公允价值与账面价值

单位:万元

项目	东阳美拉		东阳浩瀚	
	公允价值	账面价值	公允价值	账面价值
资产				
货币资金	9 997 532	9 997 532	5 000 054	5 000 054
预付款项			7 500	7 500
其他应收款			5 000	5 000
负债				
其他应付款	20 608	20 608	19 358	19 358
净资产	9 976 924	9 976 924	4 993 196	4 993 196
减:少数股东权益	2 993 077	2 993 077	1 497 959	1 497 959
取得的净资产	6 983 847	6 983 847	3 495 237	3 495 237

四、对赌协议

(一) 银汉科技

1. 对赌协议设计

业绩承诺:华谊兄弟与银汉科技售股股东于2013年7月19日签署了《盈利预测补偿协议》,银汉科技售股股东刘长菊、摩奇创意、腾讯计算机在协议中对华谊兄弟有此承诺。对赌协议涵盖时间为2013年至2015年,银汉科技承诺每年实现扣除非经常性损益后归属于银汉科技母公司利润分别不低于11 000万元、14 300万元、18 590万元。如果此次交易于2013年12月31日之后完成,业绩承诺期随之顺延。业绩承诺期顺延之后,银汉科技2016年度承诺实现的扣除非经常性损益后归属于银汉科技母公司的净利润不低于18 565.11万元。

德正信在对银汉科技评估出具的《资产评估报告》中采用收益法,预测了银汉科技的净利润和银汉科技售股股东承诺的银汉科技净利润水平,如表1-8所示。

表 1-8　银汉科技净利润水平预测与承诺数　　　　　　　　　　　　　　单位:万元

项目	2013 年	2014 年	2015 年	2016 年
《资产评估报告》收益法预测数	10 978.69	14 299.61	18 018.67	18 565.11①
银汉科技利润承诺数	11 000.00	14 300.00	18 590.00	

支付方式:华谊兄弟通过发行股份与支付现金的方式完成股权购买,股权交易价格为 67 161.60 万元,华谊兄弟向银汉科技售股股东发行约 760.69 万股,支付现金约 44 774.40 万元。

未完成业绩承诺的补偿:若在业绩承诺期内,银汉科技当年实际实现的净利润低于对应年度的银汉科技利润承诺,或者是业绩承诺期届满后的减值额大于已补偿金额②,则银汉科技售股股东将优先以股份进行补偿,不足部分以现金补偿的方式履行业绩补偿承诺。具体数额按下列计算公式计算。

1) 股份补偿数额

$$当年应补偿的股份数 = \frac{\frac{当年银汉科技利润承诺数 - 当年实际利润}{当年银汉科技利润承诺数} \times 收购对价 \times \frac{1}{3}}{发行价格}$$

在计算任一会计年度的当年应补偿股份数时,若当年应补偿股份数小于零,则按零取值,已经补偿的股份不冲回。每个银汉科技售股股东应补偿股份数按照其本次交易取得股份对价占比进行分配。

2) 现金补偿金额

现金补偿条款还包括如下内容:在业绩承诺期内,银汉科技售股股东每一会计年度以本次交易认购的目标股份和现金对华谊兄弟进行补偿的上限不超过收购对价的三分之一;银汉科技售股股东用于补偿的股份数不超过其在本次交易中实际获得的股份(期间如华谊兄弟发生送红股、转增、缩股等事宜,股份数额依据深交所相关规定调整),银汉科技售股股东用于补偿的现金数额不超过其在本次交易中实收及应收的现金总额。

若依上述公式计算出的"当年应补偿股份数"大于"当年可补偿股份数"(当年可补偿股份数 = 目标股份数量 - 已补偿股份数),银汉科技售股股东以现金方式进行额外补偿,每个银汉科技售股股东应补偿现金数额按照其交易取得的现金对价占比进行分配。具体补偿金额计算方式如下:

---

① 注:如本次交易于 2013 年 12 月 31 日之后完成,银汉科技售股股东方承诺 2016 年度银汉科技实现净利润将不低于 18 565.11 万元。
② 已补偿金额 = 业绩承诺期内已补偿股份总额 × 发行价格 - 预测年度内已补偿现金总数。

$$当年应补偿现金数 = \frac{当年银汉科技利润承诺数 - 当年实际净利润}{当年银汉科技利润承诺数} \times \frac{1}{3} \times 收购对价 -$$
当年可补偿股份数 × 发行价格

3) 补偿股份分红收益退还事宜

如公司在上述期间内有现金分红的,补偿股份在补偿实施时累计获得的分红收益(以税前金额为准),应随之无偿赠予公司。同时,如公司在本次交易完成日至公司收到协议约定的全部股份补偿或现金补偿之日之间存在资本公积转增、送红股、缩股等行为,相关应补偿股份数依据深交所有关规定进行调整。

2. 对赌协议履行情况

业绩完成情况:2014年度,根据瑞华会计师事务所出具的专项审核报告,银汉科技2014年1月1日至2014年12月31日期间实现净利润36 225.37万元。银汉科技自2014年5月16日纳入公司合并范围,其自2014年5月17日至2014年12月31日实现的扣除非经常性损益后归属于银汉科技母公司的净利润为23 502.44万元。如表1-9所示,2014年度和2015年度银汉科技均实现业绩承诺。但2016年度,银汉科技实现的扣除非经常性损益后归属于银汉科技母公司的净利润仅为11 789.33万元,完成率为63.5%,未完成业绩承诺。

表1-9 银汉科技业绩承诺完成情况 单位:万元

项目	2013年	2014年	2015年	2016年
利润承诺数	11 000.00	14 300.00	18 590.00	18 565.11
利润实现数①		23 502.44	24 334.67	11 789.33

注:银汉科技自2014年5月16日纳入华谊兄弟的合并范围,根据双方协议,银汉科技售股股东承诺2016年度银汉科技实现净利润将不低于18 565.11万元。

补偿执行情况:由于2016年未完成业绩承诺,银汉科技售股股东刘长菊、摩奇创意、腾讯计算机根据持股比例,分别以每股1元的价格转让股份给华谊兄弟,并且该股份不再具有法律效果。与此同时,根据当时签署的盈利补偿预案,将股利分红收回,具体数量与金额如表1-10所示。

表1-10 银汉科技补偿执行情况

银汉售股股东	应补偿股份数量(股)	应退还的现金分红收益(元)
刘长菊	5 593 429	559 263.30
摩奇创意	2 290 915	229 058.98

---

① 银汉科技在各年实现的扣除非经常性损益后归属于银汉科技母公司的净利润数据分别来自瑞华会计师事务所(特殊普通合伙)出具的瑞华核字〔2015〕44040025号、〔2016〕44040029号、〔2017〕44040011号等各年度的关于盈利预测实现情况的专项审核报告。

(续表)

银汉售股股东	应补偿股份数量(股)	应退还的现金分红收益(元)
腾讯计算机	3 296 131	329 566.27
合计	11 180 475	1 117 888.55

注:(1)根据华谊兄弟2017年年度报告披露显示,华谊兄弟按照《盈利预测补偿协议》中约定补偿条款确认了应补偿股份11 180 475股,并按发行日股价将其计入营业外收入81 673 368.88元。

(2)银汉科技售股股东应退还补偿股份现金分红收益,因为银汉科技分别于2015年4月29日实施了2014年年度权益分派方案以及2016年5月3日实施了2015年年度权益分派方案,按照相关协议与规定①,银汉售股股东需退还现金分红收益。

(二) 浙江常升

1. 对赌协议设计

业绩承诺:弘立星恒向华谊兄弟保证,业绩承诺涵盖期间为2013—2017年,期限为5年,其中2013年度承诺的净利润目标为浙江常升经审计的税后净利润不低于人民币3 000万元,其余几年的税后净利润目标将在2013年承诺的净利润目标基础上按10%比例增长。

支付方式:华谊兄弟以现金方式将2.52亿元交易对价支付给浙江常升,占标的资产总对价的100%。

未完成业绩承诺的补偿:在业绩承诺期内的某个年度浙江常升经过审计的税后净利润低于当年的净利润目标,则弘立星恒及张国立同意以现金方式向浙江华谊补足,以保证浙江华谊当年从浙江常升取得的利润分红与从弘立星恒及张国立取得的现金补偿之和不低于"当年浙江常升预期应完成的净利润目标×70%"。

2. 对赌协议履行情况

业绩完成情况:浙江常升在业绩承诺的五年期间,前三年勉强完成了对赌协议中的业绩,自第四年起,未完成业绩承诺,对赌协议失败,浙江常升业绩承诺完成情况如表1-11所示。

表1-11 浙江常升业绩承诺完成情况 单位:万元

项目	2013年	2014年	2015年	2016年	2017年
利润承诺数	3 000.00	3 300.00	3 630.00	3 993.00	4 392.30
利润实现数	3 000.00	3 430.23	3 779.50	2 500.00	3 875.60

补偿执行情况:浙江常升2016年未完成业绩承诺1 492.87万元,2017年未完成业绩承

---

① 文件依据:《盈利预测补偿协议》相关约定以及银汉科技2014年年度股东大会审议通过的《2014年度利润分配预案》及2015年年度股东大会审议通过的《2015年度利润分配及资本公积金转增股本预案》等相关规定。

诺 516.70 万元,完成率分别为 62.61% 和 88.24%,均分别以现金方式向华谊兄弟补足。

(三) 东阳美拉

1. 对赌协议设计情况

业绩承诺:老股东作出的业绩承诺期限为 5 年,自标的股权转让完成之日起至 2020 年 12 月 31 日止,其中 2016 年度是指标的股权转让完成之日起至 2016 年 12 月 31 日止。2016 年度承诺的业绩目标为目标公司当年经审计的税后净利润不低于 1 亿元,自 2017 年度起,每个年度的业绩目标为在上一个年度承诺的净利润目标基础上增长 15%。若老股东未能完成某个年度的"业绩目标",则老股东同意于该年度的审计报告出具之日起 30 个工作日内,以现金的方式(或目标公司认可的其他方式)补足目标公司未完成的该年度业绩目标之差额部分。

根据冯小刚与华谊兄弟于 2009 年 9 月 8 日签署《合作协议》,冯小刚在合作期限内为华谊兄弟拍摄五部电影作品。截至本协议签署之日,冯小刚在《合作协议》项下已为公司拍摄三部电影作品,尚剩余两部电影作品未拍摄。自协议签署之日起,冯小刚为华谊兄弟拍摄的电影作品《我不是潘金莲》视为冯小刚为华谊兄弟拍摄完成的第四部电影作品。剩余一部电影作品按如下方式执行:自冯小刚将其作为导演参与的某一部电影项下其享有的收益分红权无偿转让并支付给华谊兄弟之日起,即视为冯小刚履行完毕《合作协议》项下最后一部电影作品的拍摄义务。

支付方式:华谊兄弟一次性支付股权转让价款人民币 10.5 亿元。

未完成业绩承诺的补偿:老股东在业绩承诺期内未能完成某个年度的"业绩目标",则老股东同意于该年度的审计报告出具之日起 30 个工作日内,以现金的方式(或目标公司认可的其他方式)补足目标公司未完成的该年度业绩目标之差额部分。

2. 对赌协议履行情况

业绩完成情况:华谊兄弟并没有专门就东阳美拉的历年业绩完成情况进行披露,只能从华谊兄弟的年报及相关资料中零星获悉,东阳美拉在 2018 年与 2020 年均没有完成承诺业绩。2020 年度承诺的业绩目标为经审计的税后净利润不低于人民币 17 490.06 万元,但 2020 年受到新型冠状病毒感染的影响,东阳美拉未能完成业绩目标,按照业绩目标与实现的业绩差额,应补偿金额为 16 804.29 万元[①]。

补偿执行情况:①东阳美拉于 2018 年补偿金额约 4 774.81 万元[②]。②2021 年 5 月 24 日,老股东已根据协议约定,以现金的方式按期支付 16 804.29 万元,完成业绩补偿。

---

① 华谊兄弟关于浙江东阳美拉传媒有限公司 2020 年度业绩承诺补偿完成的公告。
② 华谊兄弟 2018 年年度报告。

(四) 东阳浩瀚

1. 对赌协议设计情况

业绩承诺：所有艺人股东承诺，业绩承诺期限为5年，自标的股权转让完成之日起至2019年12月31日止。2015年度承诺的业绩目标为艺人股东为东阳浩瀚实现的当年经审计的税后净利润不低于人民币9 000万元，自2016年度起，艺人股东承诺每个年度的业绩目标为在上一个年度承诺的净利润目标基础上增长15%。

支付方式：华谊兄弟分别向艺人股东一次性支付全部股权转让价款，共计人民币7.56亿元。

未完成业绩承诺的补偿：若艺人股东未能完成某个年度的"业绩目标"，则艺人股东同意于该年度的审计报告出具之日起30个工作日内，以现金方式（或目标公司认可的其他方式）补足目标公司未完成的该年度业绩目标之差额部分。

2. 对赌协议完成情况

业绩完成情况：华谊兄弟并没有专门就东阳浩瀚的历年承诺业绩完成情况进行披露，只能从其年报及相关资料中获悉，华谊兄弟的年报及相关资料显示，东阳浩瀚未完成2019年度业绩要求。

补偿执行情况：东阳浩瀚少数股东未完成2019年度业绩要求，根据《股权转让协议》约定的业绩承诺补缴差额66 605 208.83元[①]。

五、商誉及其减值

华谊兄弟于2017年6月12日召开的第三届董事会第59次会议及2017年6月28日召开的2017年第四次临时股东大会审议通过了《关于公司出让"银汉"部分股权的议案》，将其持有的控股子公司广州银汉科技有限公司（以下简称"广州银汉"）25.88%的股权转让给林芝家兴信息科技有限公司和自然人冷美华，转让价款合计人民币6.47亿元。本次股权转让完成后，该公司持有广州银汉25%的股权。广州银汉及其全资子公司银汉互娱（天津）科技有限公司自2017年6月30日起不再纳入合并范围。

华谊兄弟与北京爱奇艺科技有限公司、上海云锋新呈投资中心（有限合伙）等于2019年12月9日签订"股权转让协议"，将华谊兄弟在浙江东阳浩瀚影视娱乐有限公司17.64%的股权，以人民币20 000 002元的价格转让给北京爱奇艺科技有限公司和上海云锋新呈投资中心（有限合伙）。本次股权转让完成后，华谊兄弟持有浙江东阳浩瀚影视娱乐有限公司48.13%的股权，不再将东阳浩瀚及其子公司纳入2019年12月31日的合并

---

① 华谊兄弟2019年年度报告披露显示。

范围。

并购过程中,华谊兄弟产生了巨额商誉,华谊兄弟的合并成本及商誉如表1-12所示。合并成本减去合并中取得的被购买方于购买日可辨认净资产公允价值份额的差额确认为商誉。

表1-12 华谊兄弟的合并成本及商誉　　　　　　　　　　　　　　　　　　单位:元

项目	浙江常升	银汉科技	东阳浩瀚	东阳美拉
合并成本:				
支付的现金	252 000 000	313 420 794	756 000 000	1 050 000 000
发行权益性证券的公允价值		223 872 010		
其他		134 323 198		
合并成本合计	252 000 000	671 616 002	756 000 000	1 050 000 000
减:取得可辨认净资产的公允价值	7 005 962	135 938 763	6 983 846	3 495 237
商誉	244 994 038	535 677 239	749 016 153	1 046 504 763

而并购完成后,华谊兄弟在其后持续经营过程中,其并购商誉也发生了减值,表1-13列示了华谊兄弟并购四家公司所产生的商誉减值及其账面价值,表1-14列示了华谊兄弟从2013年并购开始到2021年的商誉及其减值情况。2017年与2019年华谊兄弟分别转让银汉科技与东阳浩瀚部分股权,也将相关商誉一并处置。

表1-13 华谊兄弟对四家公司的商誉账面价值及减值情况表　　　　　　　单位:元

年份	项目	银汉科技	浙江常升	东阳美拉	东阳浩瀚
2013年	账面价值		244 994 038		
2014年	账面价值	535 677 239			
2015年	账面价值			1 046 504 763	749 016 153
2017年	减值准备计提				
	账面价值	−535 677 239			
2018年	减值准备计提		241 914 038	302 175 266	
	账面价值		3 080 000	744 329 497	
2019年	减值准备计提		3 080 000	359 739 256	
	账面价值		—	384 590 241	−749 016 153
2020年	减值准备计提			186 202 891	
	账面价值			198 387 350	
2021年	减值准备计提			31 709 700	
	账面价值			166 677 650	

表 1-14 华谊兄弟 2013—2021 年商誉账面原值及其减值情况表

单位：元

年度	年初数	本年增加	本年减少	减值准备（本期增加）	减值准备（期末余额）	年末数	年末资产总额
2013	23 351 204	320 874 855	—		9 343 719	362 913 497	7 212 350 494
2014	362 913 497	1 132 493 007	9 343 719		—	1 486 062 785	9 818 641 563
2015	1 486 062 785	2 084 185 968	—		—	3 570 248 752	17 893 979 297
2016	3 570 248 752		—		—	3 570 248 752	19 852 631 104
2017	3 570 248 752	12 222 410	535 677 239			3 046 793 924	20 154 662 724
2018	3 046 793 924	22 605 927		973 124 142	973 124 142	3 069 399 851	18 361 214 793
2019	3 069 399 851		1 331 142 477	598 687 875	1 142 777 179	1 738 257 374	10 830 053 590
2020	1 738 257 374			186 202 891	1 328 980 070	1 738 257 374	9 602 346 304
2021	1 738 257 374		75 880 817	40 642 531	1 369 622 601	1 662 376 557	7 094 224 006

思考题

1. 华谊兄弟的以上并购交易都涉及对赌,你了解对赌吗?对赌协议有什么特点和作用?说说你的认识。
2. 从被并购企业背景、并购目的、并购股份、对赌标的、业绩承诺项目、对赌期限、对赌结果和补偿方式等多方面对华谊兄弟以上并购交易进行比较分析。
3. 结合上述资料以及华谊兄弟的各种公开资料,你认为华谊兄弟的对赌协议是成功了还是失败了?为什么?
4. 根据以上分析,你认为企业并购中如何运用对赌协议,才能使之合理有效地发挥作用?
5. 对于华谊兄弟的四起并购交易,你认为是同一控制下的合并还是非同一控制下的合并?理由是什么?从并购后的法律结果来看,这些交易又可以分类为何种交易?
6. 华谊兄弟以上并购交易都产生了商誉,请对这些商誉的大小、占比,对并购双方利润、资产规模等产生的财务影响等多方面进行分析。
7. 并购几年后,华谊兄弟发生了商誉减值,你如何看待这起现象?

参考文献

[1] 华谊兄弟.发行股份及支付现金购买资产并募集配套资金预案[EB/OL].(2013-07-24)[2024-10-12].http://www.cninfo.com.cn/new/disclosure/detail?plate=szse&orgId=9900008488&stockCode=300027&announcementId=62864801&announcementTime=2013-07-24.

[2] 华谊兄弟.拟进行股权收购所涉及的广州银汉科技有限公司股东部分权益价值评估报告[EB/OL].(2013-09-03)[2024-10-12].http://www.cninfo.com.cn/new/disclosure/detail?plate=szse&orgId=9900008488&stockCode=300027&announcementId=63046563&announcementTime=2013-09-03%2017:59.

[3] 华谊兄弟.关于广州银汉科技有限公司2016年度业绩承诺未完成股份补偿方案的公告[EB/OL].(2017-04-08)[2024-10-12].http://www.cninfo.com.cn/new/disclosure/detail?plate=szse&orgId=9900008488&stockCode=300027&announcementId=1203261799&announcementTime=2017-04-08.

[4] 华谊兄弟.关于投资控股浙江常升影视制作有限公司的公告[EB/OL].(2013-09-02)[2024-10-12].http://www.cninfo.com.cn/new/disclosure/detail?plate=szse&orgId=9900008488&stockCode=300027&announcementId=63041774&announcementTime=2013-09-02%2019:14.

[5] 华谊兄弟.关于投资浙江常升影视制作有限公司项目的说明[EB/OL].(2013-09-10)[2024-10-12].http://www.cninfo.com.cn/new/disclosure/detail?plate=szse&orgId=9900008488&stockCode=300027&announcementId=63067857&announcementTime=2013-09-10.

[6] 华谊兄弟.关于投资控股浙江东阳浩瀚影视娱乐有限公司的公告[EB/OL].(2015-10-23)[2024-10-12].http://www.cninfo.com.cn/new/disclosure/detail?plate=szse&orgId=9900008488&stockCode=300027&announcementId=1201716104&announcementTime=2015-10-23.

[7] 华谊兄弟.关于投资控股浙江东阳美拉传媒有限公司的公告[EB/OL].(2015-11-19)[2024-10-12].http://www.cninfo.com.cn/new/disclosure/detail?plate=szse&orgId=9900008488&stockCo

de＝300027&announcementId＝1201779039&announcementTime＝2015-11-19%2017：05．

［8］华谊兄弟.关于浙江东阳美拉传媒有限公司2020年度业绩承诺补偿完成的公告［EB/OL］.(2021-05-24)［2024－10－12］.http：//www.cninfo.com.cn/new/disclosure/detail?plate＝szse&orgId＝9900008488&stockCode＝300027&announcementId＝1210071461&announcementTime＝2021-05-24%2020：04．

［9］华谊兄弟.2013年年度报告—2021年年度报告［EB/OL］.(2022－04－30)［2024－10－12］.http：//www.cninfo.com.cn/new/disclosure/stock?stockCode＝300027&orgId＝9900008488♯latestAnnouncement.

案例二　美的与小天鹅的热情拥抱：换股吸收合并

> 无锡小天鹅股份有限公司（以下简称"小天鹅"）是知名家电企业，在洗衣机领域具有较高行业地位。美的集团股份有限公司（以下简称"美的集团"）作为中国家电行业的巨头之一，经营范围广泛，与小天鹅有着颇深的渊源。2019年，美的集团以发行新股的方式换股吸收合并小天鹅股份有限公司A、B股所有股份。美的集团原本已是小天鹅的控股股东，此次换股吸收合并后，小天鹅退出资本市场。本案例将描述这一吸收合并事件，以供进一步地思考与讨论同一控制下的换股吸收合并。

一、案例背景

2013年1月，工业和信息化部发布《关于加快推进重点行业企业兼并重组的指导意见》；2014年3月，国务院印发《国务院关于进一步优化企业兼并重组市场环境的意见》（国发〔2014〕14号）；2015年1月，财政部与国家税务总局联合发布了《关于促进企业重组有关企业所得税处理问题的通知》和《关于非货币性资产投资企业所得税政策问题的通知》，这些政策的发布和实施进一步鼓励了企业兼并重组，支持企业利用资本市场开展兼并重组，优化了企业发展环境，促进了行业整合和产业升级。国务院出台一系列中长期发展战略规划，鼓励家电企业通过参股控股、兼并重组、协作联盟等方式做大做强。

家电行业的智能化风潮在进入2017年后愈演愈烈，无论是传统的黑电、白电还是近年来发展迅猛的厨电，均不同程度地加入了智能化元素，传统家电制造业未来发展趋势是向智能化制造转型。《2018年中国家电行业半年度报告》显示，2018年上半年，家电行业内销市场分化明显，家电行业竞争加剧，小天鹅处于家电行业细分市场的洗衣机领域，是洗衣机行业的创新标杆。2019年以后，洗衣机市场已趋近于饱和状态，海尔、小天鹅和西门子等公司分别占据着国内洗衣机市场份额的前几名。

在激烈的家电行业竞争中，市场集中度不断上升，强者恒强的趋势明显。如果要进一步提升美的集团的行业优势,增强美的集团的研发创新能力,在行业竞争加剧和工业4.0的大背景下,促进美的集团向"智慧家居+智能制造"转型,巩固美的集团在家电行业的领先地位,那么,就要选择与小天鹅的全面结合。这将有助于实现双方优质资源的共享,美的在高端家电市场上的空白可以由小天鹅的中高端产品弥补,提高竞争优势和市场占比。

二、交易各方简介

(一) 美的集团

美的集团于2013年9月18日在深圳证券交易所上市,证券代码为SZ000333。美的集团以电风扇起家,1980年开始进入家电行业,1981年注册"美的"品牌,家电内销是美的集团的基础业务。在本次并购发生前,美的集团是一家集暖通空调、消费电器、机器人与自动化系统、智能供应链(物流)于一体的科技集团。随着集团业务的进一步发展,美的集团的自我定位也在变化,例如,该企业在其2021年的年报中就将自己定位为"一家覆盖智能家居事业群、工业技术事业群、楼宇科技事业部、机器人与自动化事业部和数字化创新业务"五大业务板块的全球化科技集团。同时,美的集团开展全球运营,截至2018年年底,美的集团海外生产基地遍布15个国家,海外员工约3.3万人,全球设立销售运营机构24个,业务涉及200多个国家和地区;截至2021年年底,美的集团在全球拥有约200家子公司、35个研发中心和35个主要生产基地,员工超过16万人,业务覆盖200多个国家和地区。其中,在海外设有20个研发中心和18个主要生产基地,遍布十多个国家,海外员工约3万人,结算货币达22种。美的还是全球领先机器人智能自动化公司德国库卡集团最主要股东(约95%)。

1. 主要业务与产品

直至并购前,美的集团的主要业务主要分布在暖通空调、消费电器、机器人及自动化系统、智能供应链(物流)四个方面,如图2-1所示。暖通空调业务以家用空调、中央空调、供暖及通风系统为核心;消费电器业务以厨房家电、冰箱、洗衣机及各类小家电为核心;机器人及自动化系统业务以库卡集团、安川机器人合资公司等为核心;智能供应链(物流)业务以安得智联为集成解决方案服务平台。

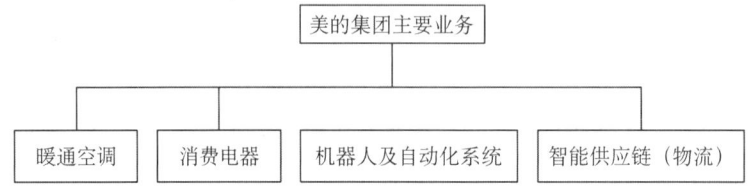

图 2-1 本次并购前美的集团主要业务示意图

美的集团各主要产品品类皆占据全球家电行业龙头,成为全产业链、全产品线的家电及暖通空调系统企业。同时,美的集团的压缩机、电控、磁控管等核心部件研发制造技术为行业领先,该公司以此为支撑,结合强大的物流及服务能力,形成了包括关键部件与整机研发在内的制造和销售为一体的完整产业链。一方面,这让美的集团能够提供全面且具竞争力的产品组合,另一方面,这也让美的集团在品牌效应、规模议价、用户需求挖掘及研发投入多方面实现内部协同效应。面对家电智能化发展趋势,家电间的兼容、配合及互动变得越发重要,拥有全品类的家电产品线的美的集团在构建统一、兼容的智慧家居平台,向用户提供一体化的家庭解决方案方面已具备一定的领先优势。

2. 发展历程

美的集团于1968年创立,已有50多年的发展历史。1980年,美的集团以生产电风扇为主业,正式进入家电行业。1981年注册"美的"品牌。1985年开始探索家电新品,尝试空调领域。1993年,美的集团旗下公司"美的电器"在A股上市。2004年通过开展一系列并购,优化企业在冰箱、中央空调及洗衣机等白色家电行业的布局。2013年美的集团换股吸收合并美的电器,在深交所成功实现整体上市,成为当时我国规模最大、品种最多的家电上市企业,其产品及服务已覆盖全球,是当今中国家电领域的领导品牌。1968—2022年,美的集团的主要发展历程如表2-1所示。

表2-1 美的集团发展历程简表

时间	主要事件
1968年	何享健集资创业,成立美的
1980年	美的生产电风扇,进入家电行业
1985年	美的开始制造空调
1998年	美的收购东芝①、万家乐②,进入空调压缩机领域
2002年	美的成立冰箱公司
2004年	与东芝开利签署合作协议,先后收购荣事达、华凌制冷产业,实力全面提升
2008年	控股小天鹅,为做强做大沐洗产业搭建新的平台
2013年	美的集团发行股份吸收合并美的电器,9月18日在深交所挂牌整体上市
2014年	打造美的创新中心
2015年	美的成为首家获取标普、惠誉、穆迪三大国际信用评级的中国家电企业

---

① 东芝创立于1875年7月,是日本大型半导体制造商,全球知名的综合机电制造商和解决方案提供者,世界大型综合电子电器企业集团。东芝集团原名东京芝浦电气株式会社,在1939年东京电器与芝浦制作所正式合并成为现在的东芝,新名字分别为两家公司的开头字。

② 万家乐,即广东万家乐股份有限公司,成立于1992年10月,并于1994年1月在深圳证券交易所挂牌上市。该公司曾是中国最大、最早的专业从事研发、生产、销售燃气热水器、燃气灶具、壁挂炉等产品的企业之一。

(续表)

时间	主要事件
2016年	收购东芝家电(TLSC),收购瑞典老牌家电巨头品牌 Eureka 吸尘器,收购意大利中央空调企业 Clivet
2017年	收购世界四大机器人公司之一德国库卡(KUKA)集团和以色列高创公司(品牌 Servotronix),与伊莱克斯成立合资公司
2018年	收购 Miraco International Trading Company 等公司;美的集团拟以发行 A 股方式,换股吸收合并小天鹅,小天鹅将终止上市并注销法人资格
2021年	通过全资子公司全面收购公司控股的德国法兰克福交易所上市公司德国库卡的股权并私有化
2022年	全面收购德国库卡集团,通过其全资境外子公司间接合计持有德国库卡集团100%股权;美的宣布收购武汉天腾动力,进军绿色两轮出行市场

3. 股权结构

美的集团的控股股东为美的控股,实际控制人为何享健,截至 2018 年 9 月 30 日,实际控制人美的集团的股权控制关系如图 2-2 所示。

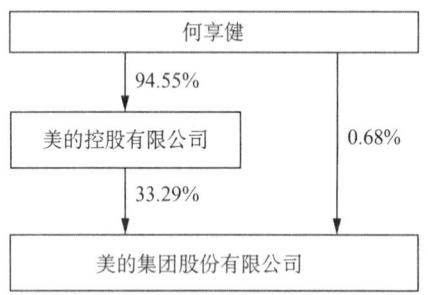

图 2-2 美的集团股权控制关系图

(二) 小天鹅

小天鹅是中国领先的高端洗衣机品牌。20 世纪 90 年代是小天鹅最为鼎盛的时期,小天鹅牌洗衣机一度随着公司在央视打出的"全心全意小天鹅"广告语而销往全国。小天鹅是我国唯一从始至今专注于洗衣机业务的企业。小天鹅生产的洗衣机种类主要有洗衣机和干衣机两种,细分为全自动洗衣机、滚筒洗衣机、双缸洗衣机和干衣机,干衣机是 2010 年开始研发的新项目。小天鹅一直坚持自我研发,多年来积累下很多领先技术,尤其是在智能洗衣机技术、多功能变频技术等方面领先全球,是全球极少数的全品类洗衣机和干衣机的制造商之一,是全球第三大洗衣机制造商。

2008 年美的集团以接近 17 亿元的价格买入小天鹅 24%的股权,随后将旗下洗衣机业务移至小天鹅平台,双方关联交易逐渐增多。2013 年以来,小天鹅的业绩一直保持稳健增长的趋势。2017 年,小天鹅实现营业收入 213.85 亿元,是 2008 年 42.93 亿元营收的近5倍;实现净利润15.06亿元,超过2008年净利润4 003.83万元37倍。2018年半年报显示,小天鹅实现营业收入120.57亿元,净利润9.02亿元。

1. 主要业务与产品

小天鹅的主营业务是家用洗衣机及干衣机的生产与销售业务。生产方面,小天鹅在江苏省无锡市和安徽省合肥市有两大生产基地,总占地面积超过1 200亩,年产能超过2 400万台,拥有一流的生产设备和富有经验的制造团队。研发方面,小天鹅注重投入,拥有超过900人的研发团队、一个国家级企业技术中心和两个国家认定实验室,技术研发体系完整。销售方面,小天鹅产品在国内市场和海外160多个国家和地区均有销售,其中外销收入占比约为20%。小天鹅内销采用"代理+直营"的营销模式,线上和线下渠道同步发展。小天鹅外销以OEM/ODM为主,同时注重对自有品牌的发展。小天鹅实行"小天鹅""美的"双品牌战略,直到2024年,两个品牌业务均保持较好较快增长。

面对复杂多变的国际形势和家电制造业整体成本上升的不利局面,小天鹅继续紧紧围绕"产品领先、效率驱动、全球经营"的战略主轴,专注洗衣机及干衣机主业,聚焦用户需求,深化国内市场转型,积极拓展海外市场,推动全价值链卓越运营,取得了较好的经营业绩。2017年,小天鹅实现营业收入同比增长30.91%;归属于母公司股东的净利润为15.06亿元,同比增长28.20%;整体毛利率25.26%。2017年小天鹅收入的增长,来自产品销量增长及价格提升。产品销量增长依然来自结构优化,从产品结构来看,滚筒洗衣机持续保持快速增长,干衣机产品增长较快;从渠道结构来看,内销电商持续高速增长,外销欧洲及北美等区域增长良好,自有品牌实现快速增长。2017年,小天鹅销量同比增长18.37%,增幅高于行业平均水平。

尽管如此,小天鹅集团后续的发展策略与战略规划也出现了一些错误决策,如大力研发洗碗机却遭遇挫折,导致其发展受到阻碍;另一方面,以海尔集团为首的其他家电品牌集团加入家电市场的竞争中,以其高质量、多种类的多项家用电器遏制了主营洗衣机业务的小天鹅的发展。伴随着其他品牌集团实力的持续增强,小天鹅的短板日益显著,发展陷入困境。

2. 发展历程

小天鹅前身是国有企业无锡陶瓷厂,成立于1958年5月,主要从事陶瓷产品生产加工。1978年生产出中国第一台全自动洗衣机。1979年8月,无锡陶瓷厂更名为无锡洗衣机厂,主要从事洗衣机生产。同月,与无锡第二机床电器厂合并。

1986年10月,经无锡市计划委员会锡计综〔1986〕第189号文批准,以无锡洗衣机厂为核心,成立了无锡市小天鹅电器工业公司,"小天鹅"的品牌正式成立。

1993年11月,经江苏省经济体制改革委员会苏体改生〔1993〕253号文批准,在无锡市小天鹅电器工业公司的基础上,通过定向募集方式设立无锡小天鹅股份有限公司。

1996年7月,经江苏省人民政府〔1996〕52号文批准,并由国务院证监委发〔1996〕

14号文和深圳市证券管理办公室深证办函〔1996〕4号文批准,小天鹅向社会公开发行7 000万股B股股票并转为社会公众公司。本次发行共募集资金折合人民币31 000万元,并于1996年7月正式在深交所挂牌交易,发行后总股本为24 425.32万股,股票简称"小天鹅B",股票代码为SZ200418。

1997年3月,经中国证监会证监发字〔1997〕54号文和证监发字〔1997〕55号文批准,小天鹅采用"上网定价"发行方式,公开发行6 000万股人民币普通股,在深交所挂牌上市。

2006年7月20日至8月7日,小天鹅股东会议审议通过并实施了公司股权分置改革方案,小天鹅的非流通股股东向全体流通A股股东支付每10股流通股支付2.5股股票,共计支付1 800万股。方案实施完毕后,小天鹅有限售条件的流通股份占总股本的40.48%,无限售条件的流通股占总股本的59.52%。江苏小天鹅集团有限公司持有小天鹅总股本的23.21%。

2007年6月,江苏小天鹅集团有限公司将小天鹅总股本的24.01%划转至无锡市国联发展(集团)有限公司,以抵偿其债务。至此,无锡市国联发展(集团)有限公司成为小天鹅第一大股东。

2008年4月,小天鹅控股股东无锡市国联发展(集团)有限公司将其持有的小天鹅A股87 673 341股(占小天鹅总股本的24.01%)全部转让于美的电器。在该次收购之前,美的电器通过境外全资子公司TITONI INVESTMENTS DEVELOPMENT LTD(以下简称"TITONI")于2007年3月至5月在二级市场购入18 000 006股小天鹅B股(占当时小天鹅总股本的4.93%)。本次股权转让完成后,美的电器直接持有小天鹅A股87 673 341股(占小天鹅总股本的24.01%),为小天鹅第一大股东。同时,美的电器通过境外全资子公司TITONI间接持有小天鹅B股18 000 006股(占小天鹅总股本的4.93%)。上述收购完成后,美的电器合计持有小天鹅股份105 673 347股,占小天鹅总股本的28.94%。

2010年12月,小天鹅向美的电器非公开发行84 832 004股A股股票收购美的电器持有的荣事达洗衣设备69.74%的股权。交易完成后,美的电器合计持有小天鹅247 193 729股股份,约占小天鹅总股本的39.08%。

2013年9月,经中国证监会《关于核准美的集团股份有限公司发行股份吸收合并广东美的电器股份有限公司的批复》(证监许可〔2013〕1014号)核准,美的集团向美的电器全体股东发行股份换股吸收合并美的电器,该次吸收合并完成后,美的电器及TITONI持有的小天鹅39.08%股权由美的集团承继。美的集团换股吸收合并美的电器,小天鹅控股股东变更为美的集团。

2014年7月,美的集团发布《无锡小天鹅股份有限公司要约收购报告书》,自2014年7月3日起向除美的集团及TITONI以外的小天鹅全体流通股股东发出部分要约,按10.45元/股的价格收购其所持有的小天鹅A股股份,按10.05港元/股的价格收购其所持有的小天鹅 B 股股份，预计收购数量为 126 497 553 股，占小天鹅总股本的 20%。本次收购完成后，美的集团直接和间接持有小天鹅 333 153 059 股股份（美的集团持有 238 948 117 股 A 股，TITONI 持有 94 204 942 股 B 股），占小天鹅总股本的 52.67%，美的集团仍为小天鹅的控股股东。表 2-2 为小天鹅历史沿革。

表 2-2 小天鹅历史沿革

时间	主要事件
1958 年	小天鹅前身无锡陶瓷厂成立
1978 年	无锡陶瓷厂更名无锡洗衣机厂
1986 年	成立无锡市小天鹅电器工业公司
1993 年	设立无锡小天鹅股份有限公司
1996 年	公开发行 B 股股票，于深交所挂牌交易，成为社会公众公司
1997 年	在深交所挂牌交易，发行 A 股股票
2006 年	股权分置改革完毕，江苏小天鹅集团有限公司持股小天鹅 23.21%
2007 年	无锡市国联发展（集团）有限公司成为小天鹅第一大股东。美的电器通过境外全资子公司 TITONI 于 2007 年 3 月至 5 月在二级市场购入小天鹅 B 股（占当时小天鹅总股本的 4.93%）
2008 年	国联发展（集团）有限公司将其持有的小天鹅 24.01% 的股权转让给美的电器，美的电器成为小天鹅第一大股东，直接与间接持股合计占小天鹅总股本的 28.94%
2010 年	小天鹅向美的电器收购其持有的荣事达洗衣设备 69.74% 的股权，美的约占小天鹅总股本上升至 39.08%
2013 年	小天鹅控股股东变更为美的集团
2014 年	美的集团向除美的集团及 TITONI 以外的小天鹅全体流通股股东发出部分要约，收购完成后，直接和间接持有小天鹅总股本的 52.67%
2018 年	美的集团拟以发行 A 股方式，换股吸收合并小天鹅。小天鹅终止上市并注销法人资格
2019 年	2019 年 2 月 20 日，美的集团吸收合并小天鹅获证监会无条件通过，次日，美的集团、小天鹅 A 股股票复牌

3. 股权结构

截至本次合并前，美的集团直接及通过 TITONI 间接持有小天鹅 52.67% 的股份，是小天鹅的控股股东。何享健先生通过美的集团及 TITONI 间接持有小天鹅 52.67% 的股份，是小天鹅的实际控制人。截至 2018 年 9 月 30 日，实际控制人何享健对小天鹅的股权结构图如图 2-3 所示。

三、交易概述

美的集团和小天鹅的渊源最早可以追溯到 2007 年，为提升自身核心实力，美的集团

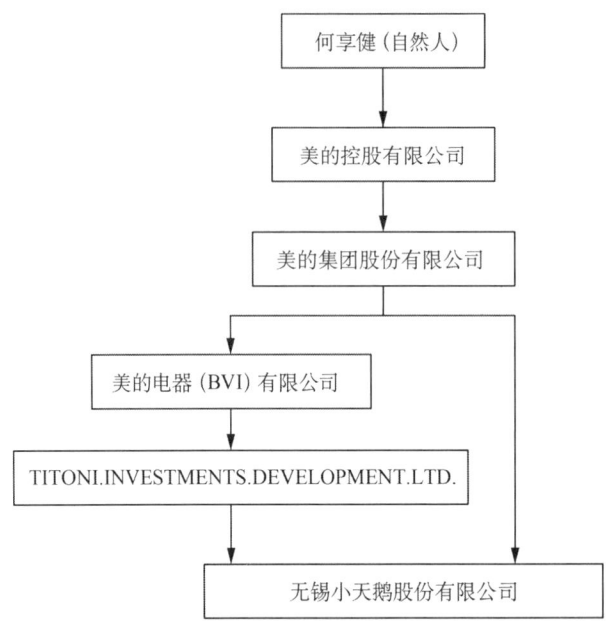

图 2-3　2018 年 9 月 30 日小天鹅的股权结构

通过旗下子公司购入小天鹅 B 股股票,并在后续不断增持其股票,到 2014 年,美的集团对小天鹅的持股比例已经高达 52.67%,美的集团已获得对小天鹅的绝对控制。然而在 2019 年,美的集团又通过换股吸收合并完全并入了小天鹅,注销了小天鹅这个有价值的"壳资源",这一投资举动令人费解。

(一) 合并特点

此次换股合并交易具有以下几方面特点:

(1) 此次重组是中国资本市场首例 A 股上市公司换股吸收合并 A + B 股上市公司的重组项目,交易规模达到 143.83 亿元,居 2019 年国内消费行业重组交易规模前列。

(2) 此次重组创新性地解决了 B 股历史遗留问题。通过本次交易,美的集团换股吸收合并了小天鹅的 A + B 股股份,并同步完成小天鹅 A + B 股退市。

(3) 此次重组进一步稳固了美的集团 A 股市值最大的家电公司的地位。被合并方小天鹅本次新进入上市范围资产市值约为 370 亿元,合并完成后,美的集团市值高达 3 700 亿元。本次重组涉及大量的外资股东以及知名外资机构,换股过程及换股比例具有很大的借鉴意义。

(二) 并购过程

2018 年 9 月 9 日,美的集团和小天鹅停牌并宣布企业将重组。

2018 年 9 月 10 日,美的集团和小天鹅在深交所主板正式停牌。停牌前,美的集团的市值高达近 2 700 亿元,小天鹅市值约为 300 亿元,美的集团和小天鹅的市值合计近 3 000 亿元。

2018 年 10 月 23 日,美的集团和小天鹅联合发布公告。公告称美的集团即将以 A 股并 A+B 股的方式吸收合并小天鹅。在对市场进行全面分析考虑后,初步拟定的换股比例如下:小天鹅 A 股的换股比例为 1:1.211 0,这意味着 1 股小天鹅 A 股股票就可以换得 1.211 0 股美的集团的股票;小天鹅 B 股换股比例为 1:1.000 7,这代表着 1 股小天鹅 B 股股票就可以换得 1.000 7 股美的集团股票。

2018 年 12 月 21 日,美的集团和小天鹅股东大会均审议通过此次换股合并方案,双方达成一致。

2019 年 2 月 11 日,美的集团发布《发行 A 股股份换股吸收合并无锡小天鹅股份有限公司暨关联交易报告书》。

2019 年 3 月 12 日,中国证券监督管理委员会核发了《关于核准美的集团股份有限公司吸收合并无锡小天鹅股份有限公司的批复》,美的集团的此次换股合并已经通过核准,可以根据事先拟定好的方案发行 342 130 784 股 A 股股份吸收合并无锡小天鹅。

2019 年 3 月 14 日,美的集团发布《发行 A 股股份换股吸收合并无锡小天鹅股份有限公司暨关联交易报告书(修订稿)》。

2019 年 5 月 8 日,美的集团向双方异议股东就本次换股吸收合并相关事宜分别提供收购请求权和现金选择权。

2019 年 5 月 29 日,小天鹅 B(200418,SZ)退市。

2019 年 6 月 18 日,美的集团发布了公司发行 A 股股份换股合并小天鹅的 A+B 股暨关联交易实施情况暨新增股份上市公告书。

2019 年 6 月 21 日,小天鹅 A(000418,SZ)终止上市,美的集团发行 A 股于深交所主板上市流通,并发布小天鹅 A、B 股终止上市的公告。

(三) 合并结果

美的集团发行 A 股,实现了对小天鹅的吸收合并。除了美的集团及 TITON,美的集团向剩余的所有换股股东发行美的集团 A 股票,交换股东所持有的小天鹅 A 股股票及小天鹅 B 股股票。美的集团及 TITONI 所持有的小天鹅 A 股及 B 股股票不参与换股小天鹅原有股东而自动成为美的集团新股东。完成合并交易后,新增发的美的股份于深交所主板流通。小天鹅终止上市并注销法人资格。美的集团或者全资子公司承继及承接小天鹅的全部资产、负债、业务、人员及其他一切权利与义务。

新增股份上市后,美的集团的总股本增加至 69.32 亿股。在此次换股吸收合并中,小天鹅 A 股的最终换股价格为 46.91 元/股,小天鹅 B 股的换股价格确定为 38.07 元/股,美的集团最终所定下的股票发行价格为 40.74 元/股。由此,调整后的小天鹅 A 股股票的换股比例为 1∶1.151 448 21,小天鹅 B 股股票的换股比例为 1∶0.934 462 44。

四、换股方案

(一) 换股价格

美的集团的换股价格为定价基准日前 20 个交易日的交易均价,即 42.04 元/股。若美的集团自定价基准日起至换股实施日(包括首尾两日)发生派送现金股利、股票股利、资本公积金转增股本、配股等除权除息事项,则上述换股价格将作相应调整。

小天鹅 A 股的换股价格以定价基准日前 20 个交易日交易均价 46.28 元/股为基础,并在此基础上给予 10%的溢价率确定,即 50.91 元/股。

采用 B 股停牌前一个交易日即 2018 年 9 月 7 日中国人民银行公布的人民币兑换港币的中间价(1 港币＝0.869 0 人民币)进行折算。小天鹅 B 股的换股价格以定价基准日前 20 个交易日交易均价 37.24 港元/股为基础,并在此基础上给予30%的溢价率确定,即 48.41 港元/股,折合人民币 42.07 元/股。若小天鹅 A 股和 B 股自定价基准日起至换股实施日(包括首尾两日)发生派送现金股利、股票股利、资本公积金转增股本、配股等除权除息事项,则上述换股价格将作相应调整。

(二) 换股比例

每 1 股小天鹅 A 股或 B 股股票可以换得美的集团股票数＝小天鹅 A 股或 B 股的换股价格÷美的集团的换股价格(计算结果按四舍五入保留四位小数)。根据上述公式,美的集团与小天鹅 A 的换股比例为 1∶1.211 0,即每 1 股小天鹅 A 股股票可以换得 1.211 0 股美的集团股票;美的集团与小天鹅 B 的换股比例为 1∶1.000 7,即每 1 股小天鹅 B 股股票可以换得 1.000 7 股美的集团股票。

若合并双方任何一方自定价基准日起至换股实施日(包括首尾两日)发生派送现金股利、股票股利、资本公积金转增股本、配股等除权除息事项,则换股比例将作相应调整。

(三) 美的集团换股发行的股份数量

以小天鹅的 A 股股本为 441 451 892 股,B 股股本为 191 035 872 股为基数,剔除美的 TITON 持有的小天鹅股份,参与此次换股的小天鹅 A 股为 202 503 775 股、B 股为 96 830 930 股,美的集团因此次换股吸收合并将发行的股份数量合计为 342 130 784 股,将全部用于换股吸收合并小天鹅。

(四) 小天鹅异议股东现金选择权

为充分保护小天鹅全体股东特别是中小股东的权益,本次换股吸收合并将由美的集团向小天鹅异议股东提供现金选择权。在此情况下,小天鹅异议股东不得再向小天鹅或其他无异议的股东主张现金选择权。

五、并购前小天鹅财务会计信息

小天鹅 2016 年度、2017 年度及截至 2018 年 8 月 31 日的 8 个月期间财务报表由普华永道审计,并出具了审计报告,小天鹅这 3 个时间点的合并资产负债表如表 2-3 所示。

表 2-3 小天鹅合并资产负债情况 单位:万元

项目	2018 年 8 月 31 日	2017 年 12 月 31 日	2016 年 12 月 31 日
货币资金	144 423.92	158 826.45	427 207.72
以公允价值计量且其变动计入当期损益的金融资产	—	527.02	—
应收票据及应收账款	261 637.55	301 991.72	276 326.37
预付款项	8 394.05	8 434.68	13 151.38
其他应收款	22 636.62	10 816.84	5 044.97
存货	85 246.58	198 076.62	172 483.79
其他流动资产	1 302 917.58	1 277 824.07	838 572.43
流动资产合计	**1 825 256.30**	**1 956 497.40**	**1 732 786.66**
其他债权投资	20.00	20.00	20.00
投资性房地产	5 912.78	6 169.58	6 485.49
固定资产	108 081.68	102 966.84	97 085.93
在建工程	4 033.14	3 797.23	—
无形资产	18 368.69	18 704.53	19 228.35
长期待摊费用	2 623.29	2 238.20	438.77
递延所得税资产	39 501.66	40 715.15	29 987.90
其他非流动资产	4 460.13	2 733.19	2 565.58
非流动资产合计	**183 001.36**	**177 344.72**	**155 812.02**
资产总计	**2 008 257.66**	**2 133 842.12**	**1 888 598.68**
短期借款	—	8 139.37	18 381.31
以公允价值计量且其变动计入当期损益的金融负债	728.84	—	—
应付票据及应付账款	699 205.92	663 283.03	595 563.95
预收款项	79 729.27	306 581.58	301 434.78

(续表)

项目	2018年8月31日	2017年12月31日	2016年12月31日
应付职工薪酬	28 656.78	34 948.38	28 859.22
应交税费	43 775.10	63 801.75	41 223.80
其他应付款	18 217.83	22 811.76	20 707.71
其他流动负债	242 626.94	210 770.06	184 441.32
流动负债合计	**1 112 940.66**	**1 310 335.94**	**1 190 612.07**
长期应付职工薪酬	922.07	1 202.16	1 610.13
预计负债	215.80	225.31	172.73
递延收益	294.70	248.91	294.23
非流动负债合计	**1 432.56**	**1 676.38**	**2 077.10**
负债合计	**1 114 373.23**	**1 312 012.32**	**1 192 689.18**
股本	63 248.78	63 248.78	63 248.78
资本公积	130 850.59	125 294.75	119 149.01
其他综合收益	1 211.28	4 049.64	7 075.75
盈余公积	33 259.47	33 259.47	33 259.47
未分配利润	535 152.37	478 856.44	375 651.77
归属于母公司股东权益合计	763 722.49	704 709.08	598 384.79
少数股东权益	130 161.94	117 120.72	97 524.72
股东权益合计	**893 884.44**	**821 829.80**	**695 909.51**
负债和股东权益总计	**2 008 257.66**	**2 133 842.12**	**1 888 598.68**

思考题

1. 根据企业会计准则的相关规定,如何看待2019年美的集团对小天鹅的吸收合并?请说明原因。进一步思考,为什么会发生此次重组?
2. 此次交易在进行账务处理时,应当选用哪种计量基础?为什么?
3. 如果你是美的集团的会计师,对此次换股吸收合并,账务应当做何种处理?
4. 如果你是小天鹅的会计师,对于小天鹅的退市注销,账务应当做何种处理?
5. 根据小天鹅的历史沿革,用图表形式来描述美的对小天鹅的股权变动渊源。
6. 根据合并过程,简明扼要(可列表)地阐述美的集团换股合并小天鹅的主要条款。(可从参与对象、合并方式、合并对价、初始换股价格与比例、调整后换股价格与比例、异议股东保护机制、增发新股数量等多方面归纳整理。)
7. 根据案例内容,自行查找资料,从市场竞争、业务整合、关联交易等多方面分析美的集团换股吸收合并小天鹅的动因。
8. 美的集团的此次并购会产生什么样的经济后果?

参考文献

[1] 美的集团.发行 A 股股份换股吸收合并无锡小天鹅股份有限公司暨关联交易报告书(修订稿)[EB/OL].(2019-03-14)[2024-10-12].http://www.cninfo.com.cn/new/disclosure/detail?plate=szse&orgId=9900005965&stockCode=000333&announcementId=1205897690&announcementTime=2019-03-14.

[2] 美的集团.关于公司发行 A 股股份换股吸收合并无锡小天鹅股份有限公司暨关联交易事项获得中国证监会核准批复的公告[EB/OL].(2019-03-13)[2024-10-12].http://www.cninfo.com.cn/new/disclosure/detail?plate=szse&orgId=9900005965&stockCode=000333&announcementId=1205895586&announcementTime=2019-03-13.

[3] 美的集团.2018 年年度报告[EB/OL].(2019-04-20)[2024-10-12].http://www.cninfo.com.cn/new/disclosure/detail?plate=szse&orgId=9900005965&stockCode=000333&announcementId=1206062041&announcementTime=2019-04-20.

[4] 美的集团.2016 年年度报告[EB/OL].(2017-03-31)[2024-10-12].http://www.cninfo.com.cn/new/disclosure/detail?plate=szse&orgId=9900005965&stockCode=000333&announcementId=1203240657&announcementTime=2017-03-31.

[5] 李治燕,周莹.换股合并下上市公司股票发行价格与换股比例探析[J].财会通讯,2022(02):126-130.

案例三 云南白药的混改尾声:反向并购

2018年云南白药集团股份有限公司(以下简称"云南白药")通过向控股股东云南白药控股有限公司(以下简称"白药控股")的三家股东,即云南省国有资产监督管理委员会(以下简称"云南省国资委")、新华都实业集团股份有限公司(以下简称"新华都")及江苏鱼跃科技发展有限公司(以下简称"江苏鱼跃")发行股份的方式对白药控股实施吸收合并,力图完成混合所有制改革。白药控股原本是云南白药的控股股东,但在此次合并完成后,白药控股持有的云南白药被注销。本案例描述这一吸收合并事件,以供进一步思考与讨论。

一、案例背景

(一) 深化国有企业改革的总体要求

中共中央、国务院发布的《关于深化国有企业改革的指导意见》的总体指导思想表明,需要从战略高度认识新时代深化国有企业改革的中心地位,扎实推进国有企业改革,尤其要抓好混合所有制改革,坚持"两个毫不动摇",实现各种所有制资本取长补短、相互促进、共同发展的具体要求,提高运营效率,进一步激活体制机制,放大改革成果,提升上市公司的市场竞争力和企业价值。国家发展改革委、财政部等八部委公开发布的《关于深化混合所有制改革试点若干政策的意见》亦明确支持各地省属国有企业在集团公司层面开展混改并鼓励推进企业员工持股。

(二) 大力发展医药健康产业的国家战略部署

中共中央、国务院发布的《"健康中国2030"规划纲要》、国务院发布的《"十三五"国家战略性新兴产业发展规划》、国务院办公厅发布的《关于进一步改革完善药品生产流通使用政策的若干意见》等系列文件指出:要以体制机制改革创新为动力,加快关键环节改革步伐,形成一批具有较强创新能力和国际竞争力的大型企业;提升药物创新能力和质量疗效,促进医药产业结构性调整,提高产业集中度;发展中医药健康服务,加速特色创新中药研发,进一步推动中药产品标准化发展,打造具备全产业链能力的跨国公司和国际知名的中国品牌,培育一批具有国际竞争力的大型企业集团。

(三) 云南白药面临转型发展的重要战略机遇

随着生物技术、人工智能与大数据等尖端技术的发展融合,医药健康产业正面临颠覆性的变革与重构。面对以国际资本和民营经济为代表的多样化的竞争对手,云南白药必须主动适应国际化、现代化的竞争态势。云南省委、省政府下发的《关于着力推进重点产业发展的若干意见》和《云南省生物医药和大健康产业发展规划》中已明确表明将生物医药和大健康产业作为重点发展的八大产业之首,借助既有的品牌和产品优势,重点支持云南白药做大做强,进一步发挥对云南省生物医药产业的培育和引领作用。推动深化改革,有助于云南白药切实抓住医药行业跨越变革的窗口期,培育区域经济新的增长极。

(四) 化解未来潜在的同业竞争风险

白药控股作为持股型企业,主要通过云南白药开展药品制造、研发、流通以及中药资源和健康护理等相关业务。白药控股及其控制的其他企业所从事的业务与云南白药的业务之间不存在同业竞争。但未来若白药控股与云南白药两个平台继续独立发展,在以"药"为核心的战略发展定位指引下,白药控股若将混合所有制改革引入的增量资金直接用于医药产业投资,将与云南白药发展战略高度重合,面临潜在的同业竞争的风险,且难以有效整合优势资源形成发展合力。

二、交易各方简介

(一) 云南白药

云南白药创立于1902年,是云南省实力最强、品牌最优的大型医药企业集团。1999年,云南白药创新改造公司营销系统,夯实产品市场,连续七年快速发展,各项经济指标在2006年跃居中药行业之首。2010年该公司开始推行"新白药,大健康"的产业战略,坚持内生性增长和外延式扩展并举的发展思路。截至2018年年底,该公司多款产品占据国内市场同类产品销量榜首位置,打通产业链之间的壁垒,不断向"大健康"领域进军,形成药品、健康品、中药资源和医药物流四大板块相互支撑共同发展的经济生态圈。

1. 主要业务与产品

云南白药专注于医药研发、药品制造、日化护理、养生保健、药材贸易、批发零售、医药物流等业务领域,产品以云南白药系列、三七系列和云南民族特色药品系列为主。云南白药经营范围广泛,涉及化学原料药、化学药制剂、中成药、中药材、生物制品、保健食品、化妆品及饮料的研制、生产及销售;医疗器械(二类、医用敷料类、一次性使用医疗卫生用品)等产品,集团足迹遍及中国内地及港澳地区、东南亚等地。

2018年,上市公司实现营业收入为267.08亿元,较上年同期增长9.84%;归属于上市公司股东的净利润为33.07亿元,较上年同期增长5.14%;各项主要经营指标健康、平稳增长。

2. 发展历程

云南白药的前身是云南白药厂。1971年6月1日,云南白药厂是在昆明制药厂第五车间的基础上宣告成立的全民所有制企业。

1993年12月,云南白药在深圳证券交易所挂牌上市,公司总股本为8 000万股,证券代码为SZ000538,股票简称为"云白药A",是云南省首家上市公司。

2006年4月,云南白药发布股权分置改革议案。

2008年8月,云南白药非公开发行股票,以27.87元/股的价格向平安人寿定向发行5 000万股人民币普通股(A股)股票。

2016年,云南白药开始混合所有制改革。

3. 股权结构

截至2018年12月31日,云南白药控股股东为白药控股,无实际控制人。云南白药的股权结构如图3-1所示。

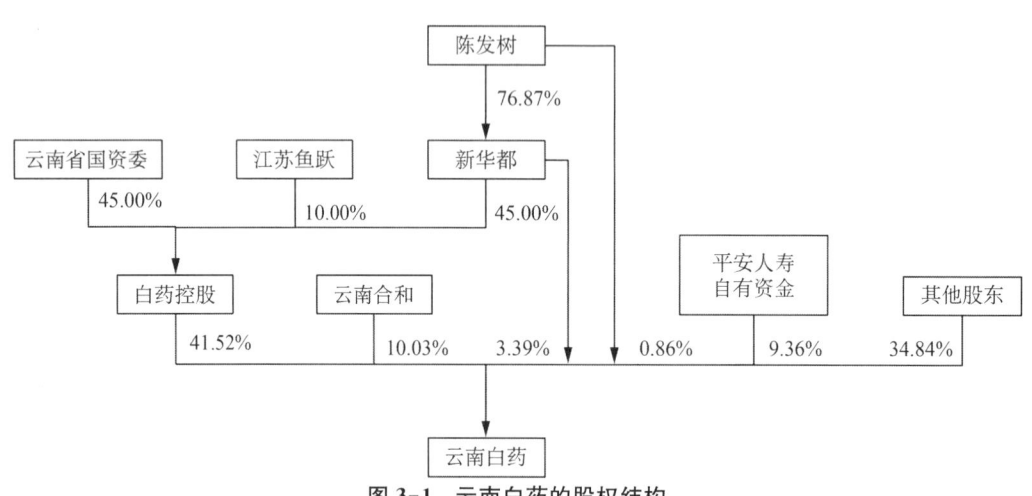

图3-1 云南白药的股权结构

注:陈发树除直接持有新华都76.87%股权以外,还通过其100%持有的厦门新华都投资管理咨询有限公司间接持有新华都16.82%的股权。

(二) 白药控股

白药控股于2000年6月5日在云南省工商行政管理局登记成立,注册资本为

312 194.732万元,主要经营范围有植物药原料基地的开发和经营,药品生产、销售、研发,医药产业投资,生物资源的开发和利用。

1. 主要业务与产品

白药控股是持股型公司,不从事具体的生产经营业务,主要通过上市公司开展相关业务,即通过上市公司开展自制工业品(包括云南白药系列产品、天然特色药物产品、健康产品、中药资源系列产品)的研发、生产和销售以及医药商业(药品批发零售)业务,同时通过相关子公司开展茶叶、健康养生等产业,围绕"大健康"产业开展业务。该公司以事业部的形式,按照产品系列及服务划分了药品、健康产品、中药资源和医药商业四大业务板块,在公司"新白药,大健康"的战略统筹和专业管理下,事业部于各自业务领域内开展产、供、销运营活动。

药品事业部涵盖16个剂型共计370余个品种,以云南白药系列(如云南白药气雾剂、云南白药膏、云南白药创可贴等)为主,专注于止血镇痛、消肿化瘀,还涉及补益气血、伤风感冒、心脑血管、妇科、儿童等领域的天然特色药物。

健康产品事业部着力构建全方位个人护理产品平台,主要产品为牙膏,功效为口腔护理和保健。2017年云南白药牙膏市场占有率位居全国第二位、民族品牌第一位;洗发水、卫生巾、面膜等其他个人护理产品培育情况良好。

中药资源事业部将战略药材保障体系建设、药材中间产品开发和营养保健产品开发进行有机结合,已完成中药资源全产业链布局,其中豹七三七已成为云南高品质的代表。

医药商业事业部基本实现了云南县级以上及部分发达乡镇医院全覆盖,同时积极布局线下零售药店、药房托管、网上售药等线上线下渠道,协同发展业务。

除上市公司外,白药控股还直接持有两家一级子公司,分别为天颐茶品和云南白药控股投资。其中,天颐茶品及下属子公司主要从事品牌茶叶的生产及销售、与茶产业相关的餐饮及庄园体验服务。云南白药控股投资有限公司为持股型公司,主要通过下属子公司大理置业、征武科技开展相关业务。其中,大理置业主要从事大理健康养生创意园项目的开发、建设及销售业务;征武科技于2018年5月成立,主要从事生物科技、医疗科技领域内的技术咨询、技术转让、技术开发、技术服务等业务。

2. 发展历程

白药控股的前身是云南省医药总公司。

1996年6月至9月,云南省人民政府发布《关于组建云南医药集团、成立云南医药集团有限公司总体方案的批复》(云政发〔1996〕68号),设立云南省医药总公司改制为国有独资的云南医药集团有限公司。云南医药集团有限公司将作为授权范围内的国有资本的投资主体,行使国有资本出资者的权利,承担相应的国有资本保值增值责任。

2004年9月,云南省国资委与中国医药集团有限公司(以下简称"中国医药")签署了《云南医药集团有限公司改制重组协议》,约定以云南医药集团2004年6月30日经评估核准的净资产为基础,向中国医药转让部分权益。同年11月重组事项完成后,云南医药的注册资本为15亿元,云南省国资委和中国医药分别持有其50%的股权。

2006年3月至6月,云南省国资委与中国医药签署了《中国医药工业有限公司所持云药集团股权转让协议》。中国医药将其持有的云南医药集团50%股权转让给云南省国资委,转让价款为7.5亿元。

2009年4月,"云南医药集团有限公司"名称变更为"云南白药控股有限公司"。

2016年12月至2017年3月,新华都单方向白药控股增资,增资后,云南省国资委和新华都分别持有白药控股50%股权。

2017年6月,白药控股、云南省国资委、新华都及江苏鱼跃签署了《关于云南白药控股有限公司增资协议》,增资完成后,云南省国资委、新华都和江苏鱼跃分别持有白药控股45%、45%和10%股权。

2018年10月至2019年3月,白药控股定向回购新华都持有的白药控股部分股权,并在白药控股层面进行减资。其中,新华都对白药控股的出资额减少,云南省国资委和江苏鱼跃对白药控股的出资额保持不变。交易完成后,云南省国资委、新华都和江苏鱼跃分别持有白药控股48.0469%、41.2760%和10.6771%股权。

3. 股权结构

云南省国资委、新华都、江苏鱼跃分别持有白药控股48.0469%、41.2760%、10.6771%的股权,白药控股不存在控股股东及实际控制人,其股权结构如图3-2所示。

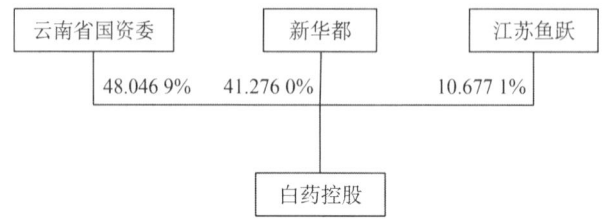

图3-2 白药控股的股权结构

(三) 云南省国资委

云南省国资委于2004年2月28日正式挂牌成立,是云南省政府直属正厅级特设机构,代表云南省政府对企业国有资产进行监管。在吸收合并前,云南省国资委为白药控股的并列第一大股东。

(四) 新华都

新华都的前身为"福建省华都百货有限公司",于1996年5月成立,股东为厦门市华都百货有限公司与陈志勇,分别持股94.2%和5.8%。

1997年6月,公司名称变更为"福建省华都集团有限公司"。

1997年7月,陈发树认缴出资3 776.6万元,陈志勇认缴出资503.4万元。增资后,福建省华都集团有限公司的股东及其出资比例分别为:陈发树66.72%,厦门市华都百货有限公司22.97%,陈志勇10.31%。

1997年12月,福建省华都集团有限公司股份制改造,更名为福建华都集团股份有限公司,前三位股东及其持股比例分别为:陈发树71.20%,厦门市华都百货有限公司11.95%,福建省华都集团有限公司工会11.23%。

1998年4月,公司名称变更为"新华都实业集团股份有限公司"。

2000年6月,完成增资,新华都前三名股东和出资比例分别为:陈发树73.56%,新华都实业集团股份有限公司工会10.07%,厦门市华都百货有限公司9.14%。

2007年6月,新华都实业集团股份有限公司工会将其持有新华都股份全部转让。股权转让后,股东和出资比例分别为:陈发树75.87%,厦门市华都百货有限公司16.82%,陈志勇4.09%。

2009年5月,发起人"厦门市华都百货有限公司"名称变更为"厦门新华都投资管理咨询有限公司"。

2013年10月,新华都的股东发生股权转让,前三名股东和出资比例分别为:陈发树76.87%,厦门新华都投资管理咨询有限公司16.82%,陈志勇4.09%。

《吸收合并云南白药控股有限公司暨关联交易报告书》发布前,新华都股权结构如图3-3所示。

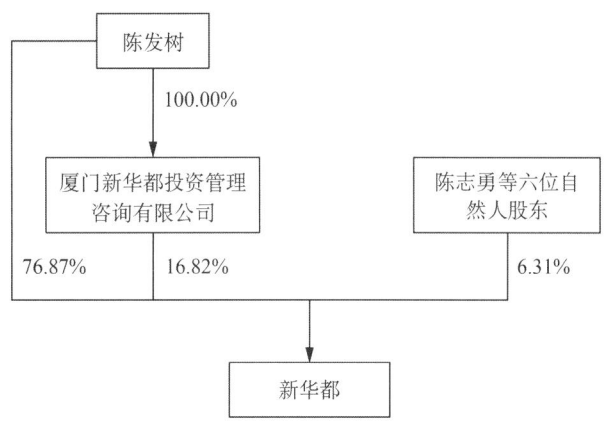

图3-3 新华都的股权结构

(五)江苏鱼跃

江苏鱼跃于2007年1月成立,股东为吴光明和吴群,主要从事高科技材料和医疗设备等项目的投资和股权管理业务,是江苏鱼跃医疗设备股份有限公司(股票代码:

SZ002223）和北京万东医疗科技股份有限公司（股票代码：SZ600055）两家上市公司的第一大股东。本次交易前，江苏鱼跃股权结构如图3-4所示。

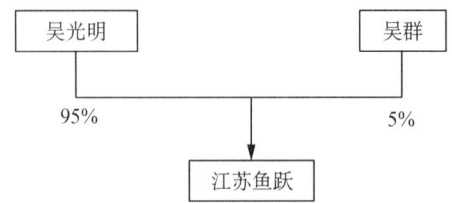

图3-4 江苏鱼跃的股权结构

三、交易概述

（一）并购目的

白药控股自2016年启动混合所有制改革以来，已形成云南省国资委、新华都及江苏鱼跃分别占45%、45%、10%的股权结构，实现了体制机制的市场化转变。本次交易作为白药控股整体改革部署的进一步深化，旨在通过上市公司吸收合并白药控股，整合优势资源、缩减管理层级、避免潜在同业竞争、提升上市公司核心竞争力，是对当前国企改革政策的积极践行。本次吸收合并秉承白药控股混合所有制改革的基本原则和目标，交易完成后，云南省国资委和新华都及其一致行动人并列成为上市公司第一大股东，通过各种所有制资本的取长补短、相互促进，共同推动云南白药的可持续健康发展。同时，云南省国资委、新华都和江苏鱼跃将延续白药控股混合所有制改革时关于股权锁定期的承诺，维持上市公司股权结构的长期稳定。

（二）基本情况

根据云南白药公司年报和公告整理，此次吸收合并的基本情况如表3-1所示。

表3-1 吸收合并基本情况表

吸收合并方	被吸收合并方	吸收合并交易对方	开始时间	完成时间	合并动机	股权取得方式
云南白药	白药控股	云南省国资委	2018年10月	2019年7月	整合优势资源、缩减管理层级、避免潜在同业竞争、提升上市公司核心竞争力	股份支付本次吸收合并的全部对价
		新华都				
		江苏鱼跃				

（三）并购方案及过程

此次交易由白药控股层面定向减资和吸收合并两个部分组成。

一是白药控股层面定向减资。为了实现此次交易完成后云南省国资委与新华都及其一致行动人所持有上市公司的股份数量一致,白药控股定向回购新华都实业持有的白药控股部分股权并在白药控股层面进行减资。

二是吸收合并。云南白药通过向控股股东白药控股的三家股东云南省国资委、新华都及江苏鱼跃发行股份的方式对白药控股实施吸收合并。云南白药为吸收合并方,白药控股为被吸收合并方。本次吸收合并完成后,云南白药为存续方,将承继及承接白药控股的全部资产、负债、合同及其他一切权利与义务,白药控股将注销法人资格,白药控股持有的上市公司股份将被注销,云南省国资委、新华都及江苏鱼跃将成为上市公司的股东。

此次吸收合并与白药控股定向减资交易互为条件,若其中任何一项交易因任何原因终止或不能实施,则另一项交易将终止实施。

合并相关重要事件如表 3-2 所示。

表 3-2 此次吸收合并重要事件一览表

时间	事件及主要内容
2018 年 10 月 31 日	审议通过《关于云南白药集团股份有限公司吸收合并云南白药控股有限公司暨关联交易符合上市公司重大资产重组相关法律规定的议案》。初步预计吸收合并对价为 508.13 亿元,测算云南白药向交易对方合计新发行股份共计 665 620 240 股 A 股股份,以支付本次吸收合并的全部对价,不涉及现金支付
2018 年 11 月 2 日	发布吸收合并暨关联交易预案
2018 年 12 月 13 日	发布关于股东权益变动的提示性公告,本次交易不会导致公司实际控制人发生变化。本次交易前,云南白药控股股东为白药控股,无实际控制人。本次交易完成后,云南白药无控股股东,无实际控制人
2018 年 12 月 13 日	审议通过《关于云南白药集团股份有限公司吸收合并云南白药控股有限公司的方案的议案》
2019 年 2 月 28 日	开市起停牌
2019 年 3 月 1 日	开市起复牌
2019 年 4 月 24 日	云南白药发行股份吸收合并白药控股获得中国证券监督管理委员会〔2019〕770 号文核准
2019 年 6 月 1 日	本次吸收合并项下白药控股的资产交割手续已经概括履行完毕
2019 年 7 月 3 日	本次获批核准上市后的新增股份发行价格为 76.34 元/股。交易结束后,白药控股持有的云南白药所有股票被注销

(四) 股权变动

合并完成后,白药控股注销法人资格,白药控股持有的上市公司股份被注销,交易前后股权变动情况如表 3-3 所示。

表 3-3　本次交易前后云南白药股东持股情况表

股东名称	本次交易前		本次交易后(不考虑现金选择权)	
	持股数量(股)	持股比例	持股数量(股)	持股比例
白药控股	432 426 597	41.52%	—	—
云南省国资委	—	—	321 160 222	25.14%
新华都及其一致行动人	45 259 186	4.35%	321 160 222	25.14%
江苏鱼跃	—	—	71 368 938	5.59%
其他股东	563 713 935	54.13%	563 713 935	44.13%
总股本	**1 041 399 718**	**100.00%**	**1 277 403 317**	**100.00%**

这是云南白药改革总体部署的进一步深化,旨在实现白药控股和上市公司两级主体的合并,以缩减管理层级、提高运营效率,为上市公司健康发展扫除障碍,使公司治理机制更为扁平化、组织架构进一步精简,充分激发公司运营的活力和内生动力。

四、换股方案

此次发行股份种类为人民币普通股 A 股,每股面值为 1.00 元,发行方式为非公开发行,发行对象为云南省国资委、新华都及江苏鱼跃,上市地点为深交所。

本次交易发行股份的定价基准日为云南白药审议本次吸收合并方案的首次董事会决议公告日。本次交易每股发行价格确定为 76.34 元,为定价基准日前 20 个交易日公司股票交易均价。交易均价的计算公式为:

$$交易均价 = \frac{定价基准日前 20 个交易日公司股票交易总额}{定价基准日前 20 个交易日公司股票交易总量}$$

本次交易中,白药控股 100% 股权扣除其定向减资影响后的评估值为 5 102 796.13 万元,按照发行价格 76.34 元/股计算,合计发行股份数量为 668 430 196 股。本次交易后,白药控股持有的云南白药 432 426 597 股股票被注销,因此本次交易后实际新增股份数量为 236 003 599 股。

自定价基准日至发行完成日期间,若云南白药发生派息、送股、资本公积转增股本等除权、除息行为,将按照中国证监会及深交所的相关规则对上述发行数量作相应调整。此次吸收合并的最终股份发行数量以中国证监会核准的数额为准。

同时,为保护云南白药全体股东的利益,本次吸收合并将赋予云南白药除白药控股以及新华都及其一致行动人以外的全体股东现金选择权,有权行使现金选择权的股东可以向本次吸收合并的现金选择权提供方提出收购其持有云南白药股份的要求。本次吸收合并现金选择权的行权价格为 63.21 元/股,为本次吸收合并定价基准日前 1 个交易日公司股票收盘价的90%。如果在定价基准日至现金选择权实施日期间发生除权、除息的事项,则现金选择权价格将作相应调整。

五、并购前白药控股财务信息

并购前,白药控股编制的合并资产负债表信息如表3-4所示。

表3-4 本次交易前白药控股的合并资产负债表　　　　　　单元:万元

项目	2018年12月31日	2017年12月31日	2016年12月31日
流动资产:			
货币资金	671 428.04	1 356 577.12	385 434.74
以公允价值计量且变动计入当期损益的金融资产	2 227 831.43	778 910.38	200 346.86
应收票据及应收账款	502 764.38	652 357.08	734 076.67
预付款项	60 615.56	42 010.27	47 022.10
其他应收款	32 826.50	500 514.91	337 443.67
存货	1 103 074.01	943 650.96	759 359.64
其他流动资产	306 361.75	880 855.79	446 330.62
流动资产合计	4 904 901.68	5 154 876.51	2 910 014.30
非流动资产:			
其他金融资产	84 391.01	65 917.35	69 672.73
长期应收款	15 541.07	25 513.98	—
长期股权投资	30 827.53	17 157.03	
投资性房地产	81.94	97.49	752.95
固定资产	179 619.86	179 901.88	183 770.78
在建工程	61 432.23	17 199.12	15 626.39
生产性生物资产	184.79	201.98	219.17
无形资产	36 869.93	46 859.10	38 609.83
商誉	8 267.92	14 736.59	14 736.59
长期待摊费用	5 820.44	1 331.98	1 488.99
递延所得税资产	67 706.93	23 321.80	20 571.12
其他非流动资产	4 067.42	5 872.44	1 828.48
非流动资产合计	494 811.06	398 110.75	347 277.01
资产总计	5 399 712.74	5 552 987.26	3 257 291.31

(续表)

项目	2018年12月31日	2017年12月31日	2016年12月31日
流动负债：			
短期借款	—	—	57 000.00
应付票据及应付账款	567 843.16	460 041.74	438 065.87
预收款项	103 896.37	111 096.59	110 348.73
应付职工薪酬	22 227.05	17 072.26	15 340.93
应交税费	47 692.40	28 437.41	35 238.80
其他应付款	142 509.55	669 587.08	146 438.64
一年内到期的非流动负债	409 898.87	—	1 000.00
其他流动负债	—	—	299 948.63
流动负债合计	**1 294 067.40**	**1 286 235.09**	**1 103 381.60**
非流动负债：			
长期借款	360.00	360.00	720.00
应付债券	—	409 548.79	409 155.44
长期应付款	68 563.75	67 937.70	68 965.34
长期应付职工薪酬	741.02	1 190.66	1 475.66
递延收益	24 687.07	22 017.83	18 927.86
递延所得税负债	5 662.43	9 221.03	10 440.38
其他非流动负债	193.16	193.16	193.16
非流动负债合计	**100 207.43**	**510 469.18**	**509 877.84**
负债合计	**1 394 274.83**	**1 796 704.26**	**1 613 259.44**
所有者权益：			
实收资本（或股本）	333 333.33	333 333.33	150 000.00
资本公积	1 736 758.91	1 736 758.91	59 374.96
其他综合收益	3 185.83	16 288.12	19 885.08
盈余公积	7 529.29	—	—
一般风险准备	55.93	1 940.43	3 659.88
未分配利润	733 419.79	583 055.31	478 485.83
归属于母公司所有者权益合计	2 814 283.08	2 671 376.11	711 405.75
少数股东权益	1 191 154.83	1 084 906.89	932 626.12
所有者权益合计	**4 005 437.91**	**3 756 283.00**	**1 644 031.87**
负债和所有者权益总计	**5 399 712.74**	**5 552 987.26**	**3 257 291.31**

思考题

1. 本案例的合并方与被合并方分别是哪些公司?
2. 本案例是同一控制下的企业合并,还是非同一控制下的企业合并?为什么?
3. 什么是反向购买?案例中的合并与常见的一般合并有何区别?
4. 如果你是云南白药的会计师,你认为,应该采用何种计量基础,为什么?
5. 针对本次合并,合并方与被合并方应当作何会计处理?
6. 何为重大资产重组?何为关联交易?本次交易是否构成重大资产重组,是否是关联交易,是否是重组上市?请说明原因。
7. 本次交易之前,新华都与江苏鱼跃已经入主白药控股,云南白药通过这种形式完成了混合所有制的改革,请结合其他资料,试探究云南白药混改的动因、对象、控制权转让、定价以及混改后的绩效等问题。
8. 根据合并过程,简明扼要(可列表)阐述本次换股吸收合并的主要条款。(参考:可从参与对象、合并方式、合并对价、初始换股价格与比例、调整后换股价格与比例、异议股东保护机制、增发新股数量等多方面归纳整理)
9. 本案例的换股吸收合并与美的集团对小天鹅的换股吸收合并有何异同之处。

参考文献

[1] 云南白药.吸收合并云南白药控股有限公司暨关联交易报告书(修订稿)[EB/OL].(2019-04-25)[2024-10-12].http://www.cninfo.com.cn/new/disclosure/detail?plate=szse&orgId=gssz0000538&stockCode=000538&announcementId=1206087601&announcementTime=2019-04-25.

[2] 云南白药.吸收合并云南白药控股有限公司暨关联交易之实施情况暨新增股份上市公告书[EB/OL].(2019-07-02)[2024-10-12].http://www.cninfo.com.cn/new/disclosure/detail?plate=szse&orgId=gssz0000538&stockCode=000538&announcementId=1206412075&announcementTime=2019-07-02.

[3] 沈红波,张金清,张广婷.国有企业混合所有制改革中的控制权安排——基于云南白药混改的案例研究[J].管理世界,2019(10):206-217.

[4] 云南白药.吸收合并云南白药控股有限公司暨关联交易报告书[EB/OL].(2018-12-13)[2024-10-12].http://www.cninfo.com.cn/new/disclosure/detail?plate=szse&orgId=gssz0000538&stockCode=000538&announcementId=1205666788&announcementTime=2018-12-13.

案例四　云南世博的系列并购：多次股权转让

> 云南世博旅游控股集团有限公司（以下简称"云南世博集团"）是云南省资产规模较大、产业链较完整、投融资能力和可持续发展能力较强的综合性旅游服务企业。云南世博集团依托云南丰富的旅游资源和面向南亚、东南亚的区位优势，以昆明为核心，在丽江、保山、红河、德宏、楚雄、大理、西双版纳等具有资源优势和市场前景的州市进行战略布局，通过项目带动、资本推动、创新驱动，投资建设和打造新昆明世博园旅游区、丽江老君山国家公园、世界恐龙谷旅游区等一批重大文旅项目，形成世博旅游和云南旅游等一批知名品牌。本案例描述了云南世博集团及其关联企业的两起并购交易，以便更好地分析同一控制下的企业合并与非同一控制下的企业合并。

一、案例背景

（一）旅游业的发展前景

我国旅游行业经过多年的发展，投资和消费市场已日趋成熟，旅游产品日益丰富。我国居民的旅游消费需求不再满足于单纯的观光旅游，对文化旅游、休闲度假旅游等新型旅游方式的消费需求日趋强烈。随着国家社会经济的持续发展，人均可支配收入的不断提升，以及带薪休假、法定节假日等制度的进一步落实，我国居民的旅游消费能力与意愿不断增强，促进了旅游市场的快速发展，旅游业已成为我国经济发展的支柱性产业之一。同时，随着旅游业在城市经济发展中的地位逐步提高、作用逐步增强，旅游业对城市经济的拉动性、社会就业的带动力及对文化与环境的促进作用日益显现。

（二）旅游业发展规划的要求

2022年1月20日，国务院印发了《"十四五"旅游业发展规划》（以下简称《规划》）。《规划》指出，旅游业作为国民经济战略性支柱产业的重要地位，是促进经济结构优化的重要推动力。旅游成为践行"绿水青山就是金山银山"理念的一种实效，是助力乡村振兴的主要方式之一。《规划》明确了坚持创新驱动发展，加快推进以数字化、网络化、智能化为特征的智慧旅游，深化"互联网+旅游"，扩大新技术场景应用；完善旅游产品供给体系，加快旅游业供给侧结构性改革，推动"旅游+"和"+旅游"，形成多产业融合发展新局面等。同时，《云南省国民经济和社会发展第十四个五年规划和二〇三五年远景目标纲要》指出，云南要实施文化产业数字化战略，构建现代文化和旅游产业体系；大力实施全域旅游发展战略和文化旅游融合发展行动计划，提高旅游产品供给质量和旅游服务质量；推进旅游文化要素全面数字化，推进已有融合发展业态提质升级，打造兼顾文化和旅游特色的新业态、新主体、新模式；建设民族文化强省，树牢云南旅游品牌。

（三）云南旅游的发展目标

根据政策导向及企业发展战略，"十四五"期间，为顺应旅游行业发展新趋势，云南旅游在已经形成的战略格局基础上将深度夯实"全域旅游综合服务商"的战略目标，利用公司在云南省内已有的资源或渠道优势，依托文旅科技在文化创意与科技创新方面的核心能力，通过整合文化、科技、科普、生物多样性等要素，积极探索打造"科技+科普"产业，形成以文旅科技、科普活动、农业旅游、互联网等为主的新兴业务组合，做到文化、科技、科普、农旅多要素的有效链接和相互转换，实现"科技升级文旅，文旅赋能产业"的生态链布局。与此同时，挖掘价值产业，形成公司发展的新动能。

二、交易各方简介

（一）云南世博集团

云南世博集团是为筹办中国1999年昆明世界园艺博览会而由云南省人民政府批准设立的国有企业，前身名为"云南省园艺博览集团有限公司"。1999年昆明举办世界园艺博览会后，昆明世博园改制进行企业化运作，为盘活大型国际活动公益性资产和实现可持续发展，通过实施资产重组、结构调整、深化改革等一系列措施，确立了以旅游文化、会务展览、景观房地产、投资管理、园林园艺为主的产业体系。

云南世博集团1999年筹办昆明世博会，后续建设永久世博园，开发建设世博生态城，规划发展世博新区，设立昆明世博园股份公司规范运作并成功上市，重组公益性资产昆明国际会展中心并实现其企业化运作。2009年5月，云南世博集团和云南旅游产业集团有限公司整合重组后，成立国有独资企业云南世博旅游控股集团有限公司。

云南世博集团注册资本为59.25亿元，业务包括景区、酒店、旅行社、旅游交通、旅游地产、园林园艺、教育、投资融资、旅游科技等板块，涵盖了吃、住、行、游、购、娱六大传统旅游要素。该集团拥有上市公司云南旅游股份有限公司（股票代码 SZ002059）股份，是云南省资产规模较大、产业链较完整、投融资能力和可持续发展能力较强的综合性旅游服务企业。

(二) 云南旅游

云南旅游股份有限公司(以下简称"云南旅游")是云南省内大型、知名旅游企业,所处行业为旅游业,公司注册资本为3.12亿元,股票代码为SZ002059。2000年12月,云南旅游由云南世博集团、云南红塔集团有限公司和云南铜业(集团)有限公司共同组建,于2006年8月在深圳证券交易所上市。2010年9月,公司更名为"云南旅游股份有限公司"。

1. 主要业务与产品

云南旅游从事景区景点的投资、经营及管理,物业租赁,园林园艺产品展示,旅游房地产投资,生物产品开发及利用,旅游商贸,旅游商品设计、开发、销售,旅游服务(景区导游礼仪服务、园区旅游交通服务、摄影摄像服务和照相业务),餐饮经营服务,婚庆服务,会议及会务接待,度假村开发经营,广告经营、会展、旅游咨询,文化产品开发,旅游商品开发,进出口业务。云南旅游围绕"全域旅游综合服务商"的战略定位,涵盖旅游文化科技、文旅综合体运营、旅游综合服务三大板块主营业务。

2021年云南旅游实现营业收入141 784万元,同比下降21.76%;实现利润总额-35 081万元,同比下降322%;实现净利润为-35 367万元,同比下降393%;归属于母公司股东的净利润为-32 565万元,同比下降304%。报告期内,该公司与江南园林有限公司原股东股权纠纷案件影响归属于上市公司股东的净利润预计约2.78亿元。

2. 发展历程

云南旅游由昆明世博园股份有限公司改名而来,控股股东为云南世博集团。

2000年12月,云南省园艺博览集团有限公司(即云南世博集团)以其世博园内经评估确认后的主要经营性资产和其持有的云南世博文化传播有限公司65%的股权作为主出资投入发行人,联合云南红塔实业有限责任公司、昆明樱花实业股份有限公司、云南铜业(集团)有限公司、云南世博广告有限公司和北京周林频谱总公司五家公司共同发起,五家公司均以现金人民币出资,共投入资本金24 242.42万元,分别持有12.38%、10.31%、8.25%、6.19%、2.06%的股份,共同发起设立组建了昆明世博园股份有限公司(以下简称"世博股份"),注册资本为16 000万元。

2002年,云南旅游、云南世博集团与烟草兴云共同设立云南世博兴云房地产有限公司(以下简称"世博兴云"),分别持有世博兴云20%、42%和38%的股权。

2003年,云南旅游向云南世博集团收购其持有的云南世博阳光有限公司40%股权。

2004年,云南旅游向云南世博集团收购其持有的世博兴云10%的股权。

2004年,云南旅游出售云南世博文化传播有限公司88.33%的股权。

2006年,世博股份于深圳证券交易所中小企业板挂牌交易,首次公开发行股票上市。

2007年,云南旅游向云南世博集团和关联方云南世博投资有限公司购买其持有的云南世博园艺有限公司98%和2%股权。

2010年,云南旅游于2010年8月变更公司名称,由昆明世博园股份有限公司(世博股份)变更为云南旅游股份有限公司(云南旅游)。同时,云南旅游向云南世博集团发行股份购买世博集团持有的云南世博出租汽车有限公司100%的股权和公司租用的办公楼房产及附属设施。

2012年,云南旅游以现金收购云南世博集团控股子公司丽江国旅49.53%的全部股权①。

2013年,云南旅游通过发行股份购买资产方式取得云南世博集团持有的云南世博出租汽车有限公司、云南旅游汽车有限公司、云南世博花园酒店有限公司、云南旅游酒店管理有限公司100%的股权。而此次发行股份募集配套资金,导致母公司对云南旅游的持股比例增加至57.37%。

2014年,云南旅游以发行股份及支付现金并用的方式购买江南园林有限公司80%股权。同时,云南旅游子公司云南旅游汽车有限公司收购了云南大航物流有限公司100%股权以及云南高快速递有限公司100%的股权。

2015年,云南旅游所持有的云南高快物流有限公司本年末持股比例降低为19%。

2016年,云南旅游收购云南世博旅游文化投资有限公司(母公司为云南世博集团)100%股权。云南旅游还独家出资设立了云南世博欢喜谷婚礼产业有限公司,其子公司世博花园酒店有限公司与其他股东共同出资设立云南世博花园物业服务有限公司,世博花园酒店持股61%;子公司云南旅游汽车有限公司独家出资设立了大理云旅旅游汽车有限公司及丽江云旅旅游汽车有限公司。

2017年,云南旅游独家出资设立了云南旅游股权投资基金管理有限公司,并与其他股东共同出资设立云南世博兴泰投资发展有限公司,该公司持股60%。

2018年,云南旅游收购云南世博集团持有的云南省国际旅行社有限公司51%股权。同时将控股子公司世博兴云(持股55%)的全部股权转让给华侨城西部投资有限公司,将四个孙公司云南佳园物业管理有限公司(持股100%)、云南世博行地产营销策划有限公司(持股51%)、昆明佳园幼儿教育有限责任公司(持股60%)、昆明润泽餐饮管理有限公司(持股100%)也一并转让。此外,云南旅游还将控股子公司云南世博兴泰投资发展有限公司(持股60%)的全部股权转让给世博集团的全资子公司云南云旅房地产开发有限公司。

2019年,云南旅游收购云南世博投资有限公司②及自然人王铼根合计持有的云南世

---

① 云南世博集团拥有云南省丽江中国国际旅行社有限责任公司第二大股东昆明中国国际旅行社有限公司(拥有云南省丽江中国国际旅行社有限责任公司40%的股份)33.33%的股份,云南世博集团与该公司为一致行动人。
② 收购前,云南世博投资有限公司持股比例为51%。

界恐龙谷旅游股份有限公司(以下简称"恐龙谷")63.25%股权;收购云南世博旅游文化产业有限公司持有的云南世博国际旅行社有限公司100%股权;向华侨城集团及李坚、文红光、贾宝罗三名自然人股东以发行股份及支付现金购买资产的方式购买其所持深圳华侨城文化旅游科技集团有限公司100%股权。

同年,云南旅游处置全资子公司云南世博花园酒店有限公司100%股权,收取全部价款400 000 000元①,清算注销全资子公司云南旅游股权投资基金管理有限公司。

2020年与2021年无重大资产重组,无股权变动情况。

(三) 世博投资

云南世博投资有限公司(以下简称"世博投资")为有限责任公司,于2001年4月在云南省注册成立,注册资本为6 000万元人民币,控股股东为云南世博集团,持股比例为100%。

世博投资经营范围为投资管理,主要涉及房地产、旅游、园林园艺、酒店、广告、交通建设、高新技术、生物制品、药业等;国内外贸易(不含管理商品);投资顾问、投资咨询(不含金融、期货、房地产);企业市场调研服务,房屋租赁,机电产品(含国产汽车,不含小轿车)等。

(四) 恐龙谷

1. 主营业务

恐龙谷成立于2005年3月,属娱乐业,其主营业务为经营恐龙文化主题公园,运营各类相关体验游乐产品。恐龙谷具体经营范围涉及:公园经营;实业投资;旅游纪念品开发、销售;大型游乐设施的运营使用;酒店经营;国内外贸易,物资供销,货物及技术进出口;农产品、农副产品的收购及销售;影视产业开发;企业管理咨询;旅游娱乐服务;会议展览服务;广告服务;文化体育服务;餐饮住宿服务;居民日常服务;文教、工艺品类产品(不含象牙制品)销售;食品、饮料、酒类产品销售;卷烟零售等。

2. 发展历程

恐龙谷发展历程如下:

2005年成立,初名为"侏罗纪世界投资有限责任公司",由金时代控股集团有限公司(以下简称"金时代")出资4 620万元(持股比例70%)、绍兴中国轻纺城建设开发有限公司出资990万元(持股比例15%)②、自然人鲁新潮出资990万元(持股比例15%),三方共同以现金出资6 600万元。

---

① 处置价款与已转让子公司账面净资产的差异254 315 186.21元确认为投资收益。
② 金时代控股集团有限公司和绍兴中国轻纺城建设开发有限的实际控制人均为自然人王铼根,所以当时公司实际控制人为王铼根。

2007年3月,鲁新潮将其持有该公司全部出资额中的990万元,转让给金时代。

2010年4月,云南世界恐龙谷假村开发有限公司(以下简称"恐龙谷度假村")成立,注册资本为2 000万元,股东为金时代与绍兴中国轻纺城建设开发有限公司,出资比例分别为85%和15%。

2013年3月,金时代与绍兴中国轻纺城建设开发有限公司将恐龙谷度假村平价转让给该公司。

2013年11月,控股股东金时代将其持有的有限公司5 610万元出资额中的2 376万元出资额转让给世博投资,股东绍兴中国轻纺城建设开发有限公司将其在原有限公司中的全部股权转让给世博投资。转让后,金时代与世博投资出资额分别为3 234万元(持股49%)和3 366万元(持股51%)。

2013年12月,公司增加注册资本4 400万元,其中,原股东世博投资出资2 244万元,原股东金时代出资2 156万元。至此,公司注册资本为人民币11 000万元,实收资本为人民币6 600万元。其中,世博投资认缴出资额为人民币5 610万元,金时代认缴出资额为人民币5 390万元,双方持股比例不变。

2014年8月,金时代将其持有的恐龙谷公司的49%股权以5 390万元出资额按人民币5 390万元转让给自然人王铼根。股权变更后公司股权结构为:世博投资出资5 610万元(持股比例51%)、王铼根出资5 390万元(持股比例49%),控股股东为世博投资。

2014年11月,公司变更为股份有限公司,名称由"侏罗纪世界投资有限责任公司"变更为"云南世界恐龙谷旅游股份有限公司"。

2014年11月18日,该公司成立股份公司并召开创立大会暨2014年度首次股东大会,审议通过了股份公司《公司章程》等公司内部管理制度,并选举公司董事、监事,组成公司第一届董事会、监事会等。

2015年4月,恐龙谷股票在全国中小企业股份转让系统挂牌,并纳入非上市公众公司监管。

(五) 华侨城

华侨城(云南)投资有限公司(以下简称"华侨城云南公司")为华侨城集团全资子公司,主营业务为投资管理。华侨城云南公司经营范围包括:项目投资及对所投资的项目进行管理;电子商务;中草药、茶的种植及技术开发;国内贸易、物资供销;货物及技术进出口业务;旅行社业务;组织文化艺术交流活动;旅游文化演出开发及经营;园林绿化工程;货物运输等。

华侨城集团控股华侨城云南公司100%的股权,是国务院国资委直接管理的大型中央企业,实际控制人为国务院国资委。华侨城集团的经营范围为:纺织品、轻工业品等商品的出口和办理经特区主管部门批准的特区内自用一类商品、机械设备、轻工业品等商品

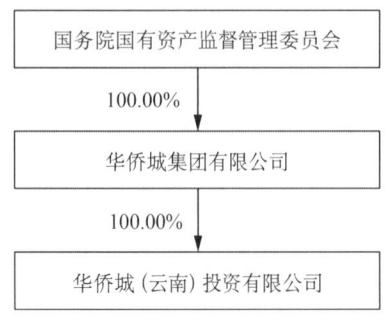

图 4-1 华侨城云南公司的股权结构

的进口(按经贸部〔92〕外经贸管体审证字第 A19024 号文经营),开展补偿贸易,向旅游及相关文化产业(包括演艺、娱乐及其服务等)、工业、房产、商贸、包装、装潢、印刷行业投资等。该公司还从事出口商品转内销和进口商品的内销业务,旅游、仓库出租、文化艺术、捐赠汽车保税仓,会议展览服务(涉及许可证管理的项目,须取得相关的许可证后方可经营)以及汽车(含小轿车)销售。华侨城云南公司股权结构如图 4-1 所示。

三、两项交易

(一)云南旅游收购恐龙谷

1. 交易概述

为进一步拓展旅游综合体运营板块业务,强化核心业务,壮大规模并丰富业务结构,恐龙谷公司与其旅游文化科技及旅游综合服务板块业务联动,发挥协同效应,以进一步夯实公司业务、提升业绩,云南旅游发起了此次并购。

根据 2019 年 8 月 31 日的审计评估基准日当天对恐龙谷股东全部权益的评估价值,云南旅游收购世博投资持有的恐龙谷 51% 股权,交易价格为 210 702 216 元,收购王铄根持有恐龙谷 12.25% 股权,股权交易价格为 46 550 000 元。收购完成后,云南旅游持有恐龙谷 63.25% 股权,王铄根持有恐龙谷 36.75% 股权。

2. 主要过程

根据公司年报和公告整理,表 4-1 和表 4-2 分别为此次交易过程中主要事件、交易前后股东持股比例情况。

表 4-1 合并过程主要事件一览表

时间	事件	方案、主要内容
2019 年 10 月 17 日	披露关联交易筹划	云南旅游拟收购世博投资及王铄根合计持有的恐龙谷公司 63.25% 股权。支付方式为现金支付;交易定价依据为以评估值作价基础,双方协商定价
2019 年 11 月 7 日	第七届董事会第四次会议	审议通过《云南旅游股份有限公司关于收购云南世界恐龙谷旅游股份有限公司股权暨关联交易的议案》,独立董事认可并发表独立意见
2019 年 11 月 8 日	对标的公司进行审计评估	以 2019 年 8 月 31 日为评估基准日,亚超评估公司对世博投资持有的恐龙谷公司 51% 股权及王铄根持有的恐龙谷公司 12.25% 股权价值采用资产基础法和收益法进行了评估,最终选取收益法评估结果作为本次评估的评估结论。截至评估基准日,恐龙谷公司净资产账面价值

(续表)

时间	事件	方案、主要内容
2019年11月8日	对标的公司进行审计评估	为18 428.91万元,评估价值为41 314.16万元,增值额为22 885.25万元,增值率为124.18%,标的股权的交易价格为257 252 216.00元
2019年11月25日	2019年第二次临时股东大会	审议通过《公司关于收购云南世界恐龙谷旅游股份有限公司股权暨关联交易的提案》
2019年12月29日	完成合并	—

表4-2 收购前后股东持股比例情况

股东名称	收购前持股比例	收购后持股比例
云南世博投资有限公司	51%	0
王铼根	49%	36.75%
云南旅游股份有限公司	0	63.25%
合计	100%	100%

(二) 云南世博集团的增资扩股

1. 交易背景与目的

为全面贯彻中共中央、国务院关于《深化国有企业改革的指导意见》,积极推进中共云南省委、云南省政府关于云南省旅游文化产业发展战略和华侨城集团关于"一省多点""加快云南优质旅游资源储备"的战略方针,促进央企与地方企业围绕重点产业开展合作,推动云南省旅游文化产业实现更大规模、更高层次、更高水平的发展,在此背景下,云南省国资委、云南世博集团和华侨城集团于2016年6月14日签署了《云南省国有资产监督管理委员会、云南世博旅游控股集团有限公司、华侨城集团公司战略合作框架协议》。2016年12月2日,云南省国资委、华侨城集团、华侨城云南公司与云南世博集团签署了《关于云南世博旅游控股集团有限公司之增资扩股协议》。

通过本次增资,云南世博集团可依托华侨城集团在理念、资金、品牌、模式、经验等方面的优势,提升发展质量,成为云南省文化旅游产业发展的排头兵和主力军,云南旅游的盈利能力和抗风险能力也将得到明显提高,中小股东的利益将得到充分保障。

2. 交易概述

华侨城集团通过全资子公司华侨城云南公司参与对云南世博集团的增资,增资完成后,华侨城云南公司成为持有云南世博集团51%股份的控股股东,通过云南世博集团间接控制云南旅游已发行股份的49.52%而触发全面要约收购义务。截至《董事会关于华侨城(云南)投资有限公司要约收购事宜致全体股东报告书》签署日,华侨城云南公司未直接或间接持有云南旅游任何股份。根据《中华人民共和国证券法》和《上市公司收购管理办法》，华侨城云南公司应当向云南旅游除云南世博集团之外的其他所有持有上市流通普通股(A股)的股东发出全面要约。此次要约收购不以终止云南旅游上市地位为目的。

此次要约收购支付方式为现金，要约收购价格为9.05元/股，要约收购期限为30个自然日，即2017年4月5日至2017年5月4日。

截至2017年5月11日，此次要约收购股份的过户手续已办理完毕。华侨城云南公司直接持有云南旅游0.000 014%的股份，通过云南世博集团间接控制云南旅游49.519 385%的股份，合计控制云南旅游49.519 398%的股份。

思考题

1. 从成立以来，云南旅游发生了多次并购，根据以上资料，试以云南旅游为控股股东，画出其股权结构图，分析云南旅游的产业布局，并选择案例交易以外的其中一两次并购交易，探讨云南旅游的并购动机与后果。
2. 2013年至2014年，恐龙谷公司的股东之间发生了多次股权转让，针对这些转让，投资方与被投资方应该各做何种账务处理？
3. 结合案例资料，按照合并后主体的法律形式来看，判断云南旅游收购恐龙谷属于何种合并类型，并讨论该项收购属于同一控制下的企业合并，还是非同一控制下的企业合并，并说明理由。
4. 云南旅游收购恐龙谷该项交易中，合并对价的支付方式是什么？交易完成后，合并方与被合并方应当分别作何会计处理？
5. 根据上述资料判断，云南旅游的实际控制人是否发生变化？说明依据。
6. 上述资料中频繁出现了投资公司，什么是投资公司？现行会计准则如何界定投资公司？在确定合并范围时，对投资公司有什么样的规定？
7. 云南世博集团及其上市公司的相关并购是否取得了预想中的效果，请自行结合其他资料对此进行分析(相关财务数据可查阅巨潮资讯网)。

参考文献

[1] 云南旅游.首次公开发行股票招股说明书[EB/OL].(2006-07-26)[2024-10-12]. http://www.cninfo.com.cn/new/disclosure/detail?plate=szs&orgId=9900000241&stockCode=002059&announcementId=17793463&announcementTime=2006-07-26%2006:45.
[2] 云南旅游.2007年年度报告[EB/OL].(2008-03-15)[2024-10-12]. http://www.cninfo.com.cn/new/disclosure/detail?plate=szs&orgId=9900000241&stockCode=002059&announcementId=38017912&announcementTime=2008-03-15%2006:30.
[3] 云南旅游.2013年年度报告[EB/OL].(2014-03-29)[2024-10-12]. http://www.cninfo.com.cn/new/disclosure/detail?plate=szs&orgId=9900000241&stockCode=002059&announcementId=637

48807&announcementTime=2014-03-29.

[4] 云南旅游.关于关联交易处于筹划阶段的提示性公告[EB/OL].(2019-10-17)[2024-10-12]. http://www.cninfo.com.cn/new/disclosure/detail?plate=szse&orgId=9900000241&stockCode=002059&announcementId=1206989817&announcementTime=2019-10-17%2008:02.

[5] 云南旅游.关于收购云南世界恐龙谷旅游股份有限公司股权暨关联交易的公告[EB/OL].(2019-11-08)[2024-10-12]. http://www.cninfo.com.cn/new/disclosure/detail?orgId=9900000241&announcementId=1207074435&announcementTime=2019-11-08.

[6] 恐龙谷.主办券商推荐报告[EB/OL].(2015-04-29)[2024-10-12]. http://www.cninfo.com.cn/new/disclosure/detail?orgId=gfbj0832421&announcementId=1200956802&announcementTime=2015-04-29.

[7] 恐龙谷.法律意见书[EB/OL].(2015-04-29)[2024-10-12]. http://www.cninfo.com.cn/new/disclosure/detail?orgId=gfbj0832421&announcementId=1200956803&announcementTime=2015-04-29.

[8] 恐龙谷.公开转让说明书[EB/OL].(2015-05-19)[2024-10-12]. http://www.cninfo.com.cn/new/disclosure/detail?orgId=gfbj0832421&announcementId=1201039014&announcementTime=2015-05-19.

[9] 云南旅游.关于华侨城(云南)投资有限公司要约收购公司股份的第三次提示性公告[EB/OL].(2017-04-27)[2024-10-12]. http://www.cninfo.com.cn/new/disclosure/detail?plate=szse&orgId=9900000241&stockCode=002059&announcementId=1203402130&announcementTime=2017-04-27.

案例五　双汇发展的吸收合并：要约收购

> 在二十多年的发展过程中,双汇系企业从国内走向国际,从最初的小小肉联厂发展为中国规模最大的肉类加工企业之一,其中经历了多次并购。2019年,河南双汇投资发展股份有限公司(以下简称"双汇发展")再次发起了并购,通过这次资本运作,双汇发展又出现了什么样的变化呢?本案例详细描述了双汇及其关联企业的发展历程和主要并购事件,勾勒出其重大发展轨迹,以供进一步地思考与讨论双汇系企业在国际化发展中的并购得失。

一、案例背景

（一）肉类优势企业整合势在必行

中国是世界上猪肉消费量最大的国家,也是人均猪肉消费量最大的国家。而中国肉业领域集中度低,大企业少,小企业多,行业集中度低已成为制约肉类行业整体实力提升的关键因素之一。小企业投入少、管理不完善,生产过程、检验检疫环节及环保治污等方面难免存在不足之处,不利于国内环保治理体系的需要。2018年以来,全国多地区出现非洲猪瘟疫情,农业农村部提出"规模养殖、集中屠宰、冷链运输、冰鲜上市"的总体思路,坚决关闭不符合设定条件的生猪屠宰企业,压缩落后产能,严厉打击私屠滥宰等违法行为。在此背景下,优势企业通过对行业的整合来提升产业集中度已成为行业发展的方向。

（二）肉业消费需求结构发生变化

猪肉是我国肉类消费的核心,在我国肉类消费中占比约三分之二。近年来,中国经济持续向消费和服务驱动型经济转型,消费升级的趋势已逐步形成,消费者对肉制品也提出了更高的要求。消费升级带来对肉制品在品质、健康、营养等方面更高的要求,消费需求也在逐渐分层,小众化、个性化、便利化需求增加;同时,消费者品牌意识逐渐加强,肉制品行业的品牌塑造和品牌体系完善日趋重要。

此外,消费升级还带来渠道的变化和升级,随着餐饮、电商、新零售等渠道占比提高,对肉制品行业、企业在信息管理、市场网络和服务升级方面的要求日益提升。在消费升级的大背景下,肉制品行业参与者需保持对产品的持续创新,保持对品牌体系的持续塑造,不断提升在物流、信息化管理等方面的综合实力,打造更具竞争力的肉业相关产业链,以应对市场的变化以及日益激烈的竞争环境。

二、交易各方简介

(一) 双汇发展

1. 主要业务及产品

双汇发展成立于1998年,位于河南省漯河市,注册资本为346 466万元,前身是漯河市肉联厂。该公司在深交所发行股票上市,股票代码是SZ000895。双汇发展属于肉制品加工行业,从最初设立到现在,发展态势良好,在肉制品行业中位居第一,实力强大,品牌影响力也非常大,是中国最大的肉类供应商。该公司主要围绕"农"字开展生产活动,现已形成一套产业。在国内,其加工厂和销售点遍布,从饲养、生产到销售,已经形成了一整套经营模式。目前双汇发展已成为中国规模最大的肉类加工企业,是地方纳税大户,其良好运行为地方经济发展提供了动力。

根据公司年报,截至2018年12月31日,双汇发展的主要财务数据为:资产总额为2 234 791.43万元,负债总额为834 869.27万元,净资产为1 399 922.16万元,营业收入为4 876 740.34万元,净利润为507 640.43万元。

2. 主要发展历程

1998年12月,由河南省漯河市双汇实业集团有限责任公司(以下简称"双汇集团")独家发起,投入该公司净资产共18 869.32万元(不含商标权),以此为基数,按65.186%的比例折为12 300万股国家股,由漯河市国有资产管理局持有。双方在1998年5月签订了《商标使用许可合同》,原本由双汇集团有限公司拥有的"双汇"商标无偿投入该公司。双汇投资在深圳证券交易所挂牌交易①,股票交易代码SZ000895。总股本17 300万股,可流通股本5 000万股,其中,向社会公众公开发行股票4 000万股②,向公司内部职工和证券投资基金分别配售500万股普通股股票③。

2007年,该公司实施了股权分置改革。香港罗特克斯有限公司(Rotary Vortex Limited,简称"罗特克斯")履行完毕对双汇的全面要约收购义务,直接持股比例21.187%。

---

① 招股说明书上,该公司名为:河南双汇实业股份有限公司。
② 普通股每股面值为1.00元人民币。
③ 按国家规定于公司股票上市之日半年后上市流通。

2010年11月,因实际控制人发生变化,罗特克斯成为要约收购义务的实施主体,双汇发展进行重大资产重组,重组方案包括资产置换和发行股票购买资产方案以及换股吸收合并方案。双汇集团、罗特克斯分别将其持有的与本公司主业相近或配套产业的子公司股权注入该公司。该项重大资产重组工作于2012年7月全部完成后,双汇集团、罗特克斯与社会公众的持股比例分别变为60.24%、13.02%和26.74%。此次重组方案如表5-1所示。

表5-1 重组方案类型

类型	内容
(1)资产置换和发行股票购买资产方案	双汇发展拟以置出资产与双汇集团的置入资产进行置换,向双汇集团非公开发行A股股票作为受让双汇集团置入资产价格超过双汇发展拟置出资产部分的对价;双汇发展向罗特克斯非公开发行A股股票作为罗特克斯认股资产的对价
(2)股吸收合并方案	双汇发展以换股方式吸收合并广东双汇有限公司、内蒙古双汇有限公司、双汇牧业有限公司、华懋化工包装有限公司和双汇新材料有限公司,双汇发展为吸并方及存续方。双汇发展拟向被吸并方换股时在工商局登记注册的全体股东(双汇发展除外)即双汇集团和罗特克斯增发A股股票,届时双汇集团和罗特克斯将其所持有的被吸并方股权按照吸收合并协议的约定全部转换成双汇发展股票。本次换股吸收合并完成后,被吸并方将注销法人资格,其全部资产、负债、权益、业务和人员将并入双汇发展
上述(1)和(2)项为本次重大资产重组不可分割的组成部分并互为前提条件。《重组协议》具体包括《资产置换及发行股份购买资产协议》《股份认购暨资产收购协议》《吸收合并协议》以及《盈利预测补偿协议》	

根据《资产置换及发行股份购买资产协议》,双汇集团将德州双汇等22家子公司相应股权置入双汇发展,双汇发展置出其持有的双汇物流85%的股权。置入资产交易值高于置出资产的部分,由双汇发展向双汇集团非公开发行479 440 819股A股股份进行支付。

根据《股份认购暨资产收购协议》,罗特克斯以其持有的上海双汇大昌有限公司13.96%的股权和漯河双汇保鲜包装有限公司30%的股权认购双汇发展发行的14 853 505股A股股份。

根据《吸收合并协议》,广东双汇、内蒙古双汇、双汇牧业、华懋化工包装以及双汇新材料分别与双汇发展签订吸收合并协议。

(二)双汇集团

河南省漯河市双汇实业集团有限责任公司(以下简称"双汇集团")于1994年8月29日成立,其注册资本为190 000万元人民币,属于屠宰及肉制品加工行业。

1. 主要业务及产品

双汇集团的主要经营范围有:批发兼零售预包装食品;食品用塑料包装容器工具等制

品(凭工业品生产许可证核定范围经营)的生产、销售;软件的开发、销售;能源动力产品的生产、销售(转供电、热蒸汽,仅供集团内部公司);从事货物和技术进出口业务(国家限定公司经营或禁止进出口的货物和技术除外);从事活畜、活禽和食用农产品(禽肉、鸡肉、猪肉、牛肉、羊肉等生鲜肉和面粉)、玉米、大豆、水产品及机械设备、仪器仪表、化工产品(不含危险化学品、易制毒化学品及监控类化学品)的零售、批发、佣金代理等进出口分销业务;食品添加剂、猪肠衣、医药中间体(肝素钠粗品)的采购、销售;采购国内产品出口及相关配套业务。分公司凭许可证经营以下项目:粮食制品、饮料(外商投资限制类、禁止类除外)、饲料、食品机械的加工。

2. 主要发展历程

双汇集团公司是 1994 年 8 月 24 日经河南省漯河市人民政府漯政〔1994〕49 号文批准,以漯河市肉类联合加工厂和漯河罐头食品股份有限公司以各自管理的国有资产出资组建起来的国有独资公司,注册资本为 23 260 万元。到 2001 年为止,漯河市国有资产管理局持有其 100%的股权。

2006 年 8 月,经国务院国资委批准,漯河市国资委将其所持双汇集团 100%的国有产权整体转让给罗特克斯,投资总额为 167 436 万元人民币,注册资本为 55 812 万元,罗特克斯出资 100%。

2009 年 12 月,双汇集团的投资总额增加至 235 000 万元,注册资本变更为 12 亿元。

2010 年 5 月,罗特克斯以其持有的连邦化学有限公司、弘毅新材料有限公司、天润彩印有限公司、卓智新型科技有限公司 100%的股权,天瑞生化有限公司、华丰世纪投资集团有限公司和双汇彩印包装有限公司 75%的股权,以及阜新汇福食品有限公司 29%的股权向双汇集团增资;增资完成后,双汇集团投资总额增加至 265 000 万元,注册资本变更为 150 000 万元。

2011 年 8 月,经河南省商务厅批准,双汇集团投资总额增加至 430 000 万元,注册资本保持不变。

2010 年至 2012 年,根据重大资产重组方案,双汇发展与双汇集团进行资产置换,并分别向双汇集团和罗特克斯非公开发行 A 股股票。双汇集团将德州双汇等 22 家子公司相应股权置入双汇发展,最终,双汇集团对双汇发展的持股比例变为 60.24%。

(三) 罗特克斯

罗特克斯是一家专门为参与双汇集团股权转让项目而于 2006 年 2 月在香港注册成立的项目公司,从事进出口贸易、投资和控股公司的业务。高盛策略投资(亚洲)有限责任公司(以下简称"高盛策略投资")持有 51%的股权,鼎晖 Shine 有限公司(以下简称"鼎晖 Shine")持有其 49%股权。

2006年5月,罗特克斯受让漯河国资委拥有的双汇集团100%国有股权①,同时与漯河海宇投资有限公司签署《股份转让合同》。根据该合同,罗特克斯将收购漯河海宇投资有限公司持有的双汇发展25%股份。

2007年6月,罗特克斯完成对双汇发展要约收购,双汇集团持有双汇发展35.715%的股份,罗特克斯通过受让漯河海宇投资有限公司的股份及通过本次要约收购而持有双汇发展25.000 6%的股份。

2007年10月,高盛策略投资将持有的5%的罗特克斯股份转让给鼎晖Shine持有。鼎晖Shine在罗特克斯中的股份比例由49%变更为54%,高盛策略投资在罗特克斯中的股份比例由51%变更为46%。同日,高盛策略投资和鼎晖Shine将各自所持的罗特克斯股权全部转让给格罗林克(Glorious Link)。

2010年至2012年,罗特克斯将其持有的上海双汇大昌有限公司13.96%的股权及漯河双汇保鲜包装有限公司30%的股权注入双汇发展。该项重大资产重组工作完成后,罗特克斯对双汇发展的持股比例变为13.02%。

(四) 其他各方

1. 高盛策略投资

高盛策略投资于2005年12月8日在美国特拉华州注册成立,其100%的股权由高盛集团有限公司(Goldman Sachs Group, Inc.)间接拥有。高盛集团有限公司依据美国特拉华州法律注册成立,是一家在纽约证券交易所上市的上市公司,主要进行对外投资及所有法律允许的其他经营活动。

2010年,双汇国际股权变更后,高盛策略投资持有双汇国际5.18%的股权。

2. 鼎晖Shine

鼎晖Shine于2006年2月27日在英属维尔京群岛注册成立,鼎晖中国成长基金Ⅱ拥有鼎晖Shine 100%的股权②。鼎晖中国成长基金Ⅱ在开曼群岛注册成立,其组织形式是有限责任合伙。无限合伙人是鼎晖中国成长基金控股有限公司,全面负责该基金的管理,对该基金有完全的经营管理权。鼎晖中国成长基金Ⅱ的有限合伙人持有该基金99.7%的股权,有限合伙人由国际著名的机构投资人组成,包括斯坦福大学管理公司、世界银行集团下属的国际金融公司、新加坡政府投资公司、德国投资与开发有限公司、韩国发展银行、荷兰国家投资银行、AXA保险管理的私募基金等。有限合伙人不参与该基金的任何经营管理和投资决策,对该基金仅承担出资承诺,即在该基金要求有限合伙人按照

---

① 《股东持股变动报告书》中披露,以罗特克斯于北交所中标价格作为本次股权转让价格。罗特克斯受让转让标的需向信息披露义务人甲支付的转让价款为相当于20.1亿元的外汇资金。

② China Shine Group Limited、CDH Shine Limited、CDH Sunshine Limited、CDH Shine Ⅱ Limited、CDH Shine Ⅲ Limited、CDH Shine Ⅳ Limited合称为"鼎晖投资"。

其承诺的出资额缴付认购资金时,有限合伙人有义务履行其出资承诺。

鼎晖中国成长基金Ⅱ的普通合伙人为鼎晖中国成长基金控股有限公司("鼎晖基金控股公司"),持有该基金0.3%的股权。鼎晖基金控股公司于开曼群岛注册成立,其股东为新加坡政府成立的Prowell Ventures Pte. Ltd.、瑞士苏黎世金融服务集团成立的CZI Ⅱ GP Holdings, L. P.和鼎晖业务团队的部分成员成立的China Diamond Holdings, L. P.。以上三个股东各自委派一名董事组成鼎晖基金控股公司的董事会,并通过该董事会作出对作为该基金普通合伙人的鼎晖基金控股公司所作出的所有行为享有完全的经营管理权及投资决策权的决定。

3. 兴泰集团

兴泰集团有限公司(Rise Grand Group Ltd.,以下简称"兴泰集团")于2007年7月成立,主要从事股权投资和管理,是双汇发展及其关联企业相关员工合计263人通过信托方式在英属维尔京群岛设立的双汇员工持股公司,故双汇发展董事、监事、高级管理人员与兴泰集团存在关联关系。兴泰集团的全资子公司雄域投资有限公司(Heroic Zone Investments Limited,以下简称"Heroic Zone"或"雄域投资")作为股东,直接持有双汇国际控股有限公司(Shuang hui International Holdings Limited,以下简称"双汇国际")30.23%股份。

2010年11月,兴泰集团相关股权变更如下:①解散Shine B Holding I Limited,其股东按照在双汇国际的实际权益转为在双汇国际直接持股,以及一项为期3年的员工奖励计划①。②行使表决权。双汇国际的股东运昌控股有限公司(Chang Yun Holdings Limited,也简称:Chang Yun或运昌公司),是双汇国际股东决定设立的对双汇管理团队实施股权激励计划的一家境外公司。其受让Shine D Holding Limited持有的双汇国际1.05%的股权,随后双汇国际向运昌公司新发行相当于双汇国际5%的股份,上述转让及发行完成后运昌公司持有双汇国际6%的股份(运昌公司受让的双汇国际1.05%的股份在双汇国际新发行股份后被摊薄至1%)。因此,运昌公司将根据Heroic Zone不时地指示行使其持有的双汇国际6%股份所对应的表决权。③Heroic Zone取得控制权。根据双汇国际的股东会决议和修订后的双汇国际章程,在双汇国际股东会以投票方式表决普通决议(指过半数股东投票通过的决议)时,Heroic Zone及Chang Yun应就其所持每股股份投2票,其他股东就其所持每股股份投1票,即Heroic Zone及Chang Yun拥有双汇国际股东会的股份所对应的表决权比例达到53.19%。在双汇国际董事会以投票方式表决董事普通决议(指过半数董事投票通过的决议)时,Heroic Zone任命的董事每人拥有

---

① 双汇国际的股东决定以该运昌公司持有的双汇国际6%的股份对双汇管理团队实施一项为期3年员工奖励计划,其具体方案为:双汇国际就员工奖励计划设立了信托,作为该信托的成立人有权指示运昌公司按其要求行事。运昌公司持有的双汇国际6%的股份作为奖励股份,将根据经双汇国际董事会制定的员工奖励计划于2011年至2013年年度结束后双汇国际经营目标预算的考核结果授予双汇集团和双汇发展的高级管理人员及双汇国际董事长不时决定的其他合格员工("被授予员工"),每年合计最高可授予2%。

2票表决权,其他董事拥有1票表决权,即Heroic Zone在双汇国际董事会表决权比例超过半数。通过修改双汇国际公司章程,在双汇国际董事会和股东会层面作出若干表决机制的安排,Heroic Zone取得对双汇国际的控制权。

由此,兴泰集团通过对Heroic Zone、双汇国际、Glorious Link International Corporation而间接拥有罗特克斯的控制权,间接支配双汇发展合计超过30%的股权,成为其实际控制人。高盛集团和鼎晖投资不再通过罗特克斯对双汇发展实施共同控制,由此触发兴泰集团对双汇发展的全面要约收购。兴泰集团为本次要约收购的义务人。根据双汇国际全体股东决议,双汇国际与兴泰集团就本次要约收购签署《一致行动协议》,双汇国际作为本次要约收购的一致行动人,已与兴泰集团共同授权双汇国际间接拥有的全资子公司罗特克斯作为要约收购的实施主体,罗特克斯同意作为履行本次要约收购义务的实施主体。兴泰集团于2011年12月履行完毕全面要约收购义务。

2014年8月,万洲国际有限公司(原名为双汇国际控股有限公司,简称"万洲国际")在香港联交所上市,兴泰集团有限公司通过雄域投资持有其21.72%的股权。

截至2019年8月,双汇发展发布收购报告书,兴泰集团控制的核心企业为万洲国际。万洲国际是注册于开曼群岛的有限公司,成立日期为2006年3月2日,证券代码为0288.HK,是全球最大的猪肉食品企业,在猪肉产业链的主要环节均占据全球领先地位。万洲国际持有Glorious Link 100%股权。

三、交易概述

2019年,双汇发展向双汇集团发行股份购买其资产,同年新股上市,兼并完成。

(一) 交易目的

1. 进一步聚焦肉业主业

本次交易完成后,双汇发展完成对双汇集团的吸收合并,双汇发展将成为万洲国际在中国境内唯一的肉业平台。本次交易一方面将更有利于提升双汇发展在行业中的地位,增强在产业升级和整合中的竞争力及话语权;另一方面也将有利于双汇发展进一步整合体系内优势资源。未来双汇发展将聚焦肉业主业,通过对产业链的整合强化领先优势,通过对产品的持续创新优化引领产业的转型升级,打造具备核心竞争力的肉业产业上市平台。

2. 更好地落实上市公司未来发展战略

本次注入的资产均为肉业相关资产,本次交易完成后,双汇发展的业务结构将更加完善。一是调味料业务的注入将更好地发挥肉制品业务与调味料业务之间的协同效应,有利于实现双汇发展产品结构升级,增强产品创新优化的能力,以创新促转型。二是软件开发业务的注入将为双汇发展信息智能化提供技术支持,有利于促进工业信息化、大数据平台建设以及扩大渠道网络;有利于支持双汇发展在生产、管理以及市场开拓方面的全面升级。三是财务公司将成为双汇发展全资子公司,有利于双汇发展利用金融服务为下属企业日常经营及战略发展提供支持;有利于使各业务板块资源配置更加合理,提升资金使用效率,并在后续发展过程中以金融服务为依托,为上下游企业提供支持,带动整个产业链的发展,在扩大规模同时保持经营的稳定,并提升自身盈利水平。

双汇发展将以本次重组为契机,发挥产业链核心的优势带动行业创新转型,利用信息化服务提升全产业链的信息化、智能化水平,利用金融服务提升公司自身以及全产业链的运营效率,打造更具优势的肉业相关产业链,更好地落实上市公司"调结构、扩网络、促转型、上规模"的发展战略。

3. 优化上市公司治理结构

通过本次交易,双汇发展在肉业领域的治理机制将更为高效,进一步精简组织架构,进一步激发公司的运营活力和内生动力。同时,这也将更好地避免双汇发展与控股股东、实际控制人之间在中国境内的同业竞争,减少双汇发展与双汇集团在调味料业务、软件开发等方面的关联交易,有助于降低双汇发展整体关联交易的规模,进一步优化上市公司的治理结构。

(二) 基本情况

2019 年 1 月,双汇发展上午开市即停牌,筹划此次发行股份购买资产事项,以避免对公司股价造成重大影响。后陆续召开董事会、监事会审议议案。2019 年 7 月根据中国证监会上市公司并购重组审核委员会会议审议结果,吸收合并双汇集团暨关联交易事项获得有条件通过。2019 年 9 月,新增股份获得批准并公开上市。

1. 收购方式及对价

本次交易为双汇发展通过向罗特克斯发行股份的方式对双汇集团实施吸收合并。双汇发展为吸收合并方,双汇集团为被吸收合并方。本次吸收合并完成后,双汇发展为存续方,将承继及承接双汇集团的全部资产、负债、人员、业务、合同及其他一切权利与义务。双汇集团将注销法人资格,双汇集团持有的上市公司股份将被注销,罗特克斯将成为上市公司的控股股东。

本次吸收合并交易以 2018 年 12 月 31 日为评估基准日,双汇集团的评估值为 4 016 674.37 万元,考虑到评估基准日后双汇集团需向罗特克斯进行分红,分红金额为 107 556.60 万元,各方一致确认并同意,扣除利润分配后的对价为 3 909 117.77 万元。发行股份购买资产的市场参考价为定价基准日前 60 个交易日的双汇发展股票交易均价——22.59 元/股,后根据《吸收合并协议》的约定及《吸收合并协议之补充协议》确认的交易价格,并根据双汇发展第七届董事会第七次会议作出的分红方案进行相应调整后,发行价格调整为19.79元/股。本次交易中,双汇发展向罗特克斯发行A股股份的数量为1 975 299 530股,同时注销双汇集团持有的上市公司股份1 955 575 624股,因此本次交易后实际新增股份数量为19 723 906股。本次交易以A股股份支付本次吸收合并的全部对价,不涉及现金支付。

本次股份的发行方式为非公开发行,发行对象为罗特克斯。本次收购前,罗特克斯直接持有双汇发展461 427 834股股份,通过双汇集团间接持有双汇发展1 955 575 624股股份,罗特克斯直接及间接持有双汇发展合计2 417 003 458股股份,占双汇发展股份总数的73.25%。本次收购后,罗特克斯共计持有双汇发展2 436 727 364股股份,占双汇发展股份总数的73.41%。

2. 现金选择权

为保护双汇发展股东利益,减少本次吸收合并后存续方股价波动等不确定因素可能导致的投资损失,各方一致同意赋予双汇发展除双汇集团以及罗特克斯及其一致行动人以外的异议股东现金选择权,有权行使现金选择权的股东可以向本次吸收合并的现金选择权提供方提出收购其持有双汇发展股份的要求。本次吸收合并将由双汇发展(或双汇发展指定的第三方)担任现金选择权的提供方。

(三) 股权结构变化

本次交易前,罗特克斯直接持有双汇集团100%的股权,双汇集团直接持有上市公司59.27%股权,罗特克斯直接持有双汇发展13.98%股权。罗特克斯直接和间接持有双汇发展73.25%的股权。本次交易完成后,罗特克斯预计持有上市公司73.41%的股权。本次重组前后,罗特克斯直接和间接持有上市公司股权比例均超过50%,不影响上市公司的上市地位。

根据双汇发展公司年报和公告整理,在本次交易前后,公司股东的持股情况如表5-2所示。

表5-2 交易前后股权变动情况表

股东名称	本次吸收合并前		本次吸收合并后(不考虑现金选择权)	
	持股数量(股)	持股比例	持股数量(股)	持股比例
双汇集团	1 955 575 624	59.27%	—	0
罗特克斯	461 427 834	13.98%	2 436 191 938	73.41%
其他股东	882 554 826	26.75%	882 554 826	26.59%
合计	**3 299 558 284**	**100.00%**	**3 318 746 764**	**100.00%**

四、业绩承诺补偿

(一) 业绩承诺安排

1. 主要内容

本次吸收合并中,业绩承诺资产为双汇集团所持上海海樱卫生用品有限公司(以下简称"海樱公司")49.66%股权[①]。根据中国证监会相关规定,双汇发展与罗特克斯就海樱公司未来业绩实现情况进行业绩承诺。业绩补偿期为本次收购实施完毕后的三个会计年度,即2019年至2021年,扣除非经常性损益后归属于母公司股东的净利润[②](以下简称"净利润")金额分别不低于人民币3 065.48万元、3 352.46万元和3 713.65万元。

2. 补偿原则及方式

罗特克斯同意根据《专项审核报告》的结果承担相应补偿义务并按照《业绩承诺补偿协议》约定的补偿方式进行补偿。如果业绩承诺资产累积实现净利润数低于累积承诺净利润数,则罗特克斯须按照出资比例就不足部分向双汇发展进行补偿,并按照下列原则确定应当补偿股份的数量及期限:

补偿股份数量[③]的计算方式如下:

$$当期应补偿金额 = \frac{截至当期期末累积承诺净利润数 - 截至当期期末累积实现净利润数}{补偿期限内各年的预测净利润数总和} \times$$

$$业绩承诺资产评估值 - 累积已补偿金额$$

$$当期应当补偿股份数量 = \frac{当期应补偿金额}{双汇发展本次股份的发行价格}$$

补偿方式为:罗特克斯应首先以其通过本次吸收合并获得的双汇发展新增股份进行股份补偿,罗特克斯的股份补偿义务以业绩承诺资产的评估值除以本次股份发行价格后确定的股份数额为限。如果业绩补偿期内双汇发展发生除权、除息事项,或发生股份回购注销,则罗特克斯可用于补偿的股份数额相应调整。当期股份不足补偿的部分,应现金补偿。

(二) 承诺业绩履行情况

安永华明会计师事务所的审核报告显示[④],海樱公司在2021年度实现的扣除非经常

[①] 该公司股权采用未来收益法进行评估及定价。
[②] 指每个会计年度经审计的合并报表中扣除非经常性损益后归属于母公司股东的净利润。
[③] 依据上述计算公式计算的罗特克斯应补偿股份数精确至个位数为1股,如果计算结果存在小数的,应当舍去小数取整数并增加1股的方式进行处理。
在逐年计算补偿测算期间罗特克斯应补偿金额时,按照上述公式计算的当期补偿金额小于0时,按0取值,即已经补偿的金额不冲回。
[④] 安永华明会计师事务所(特殊普通合伙)出具的安永华明(2022)专字第61306196_R05号《关于2019年度发行股份购买资产业绩承诺之2021年度实现情况说明的审核报告》中对此作了报告。

性损益后的净利润为 4 135.79 万元,超过 2021 年度的业绩承诺金额,盈利预测完成率为 111.37%。2019—2021 年,海樱公司承诺业绩实现情况如表 5-3 所示。

表 5-3　海樱公司 2019—2021 年承诺业绩实现情况表　　　　单位:万元

业绩补充期间	业绩承诺金额	实现的扣除非经常性损益后的净利润
2019 年	3 065.48	3 451.79
2020 年	3 352.46	3 803.40
2021 年	3 713.65	4 135.79

五、本案例小知识

(一) 要约收购

要约收购是指收购方通过向目标公司的所有股东发出购买其所持公司股份的公告,并按照要约收购公告中所规定的收购价格、收购条件、收购期限及其他规定事项,收购目标公司股份的收购方式。即,表明收购方将以一定价格在某一有效期内买入全部或一定比例的目标公司股票。

(二) 我国要约收购制度概述

我国已逐步建立了较为完善的要约收购法律体系。即,以《公司法》和《证券法》等法律为首,同时包括《上市公司收购管理办法》及其配套的系列信息披露规则、《上市公司股东持股变动报告书》《要约收购报告书》《豁免要约收购申请文件》等部门规章,以及由上海证券交易所、深圳证券交易所以及中央证券登记结算公司等机构颁布的《上市公司要约收购业务指南》《关于对存在股票终止上市风险的公司加强风险警示等有关问题的通知》《上市公司收购登记结算业务指南》等自律性文件。

我国要约收购制度采取了富有中国特色的要约收购制度设计,在股权分置改革完成之前,允许在要约收购中针对挂牌上市交易股票和非上市股票采取两种不同价格进行分类要约。2007 年股权分置改革完成之后,要约收购的价格采取的是同一种价格。允许收购人采用自愿要约收购的方式,增持一定比例(不超过 30%)的上市公司股份。在达到 30%的强制要约门槛线时,发出强制要约,也允许全面要约和部分要约两种情形。另外,还规定了强制要约的豁免条件。

(三) 要约收购制度的具体内容

1. 要约收购的主体

上市公司收购的主体包括法人和自然人。

2. 强制要约收购的触发条件

通过证券交易，收购人持有一个上市公司的股份达到该公司已发行股份30%时，继续增持股份的，应当采取要约方式进行，发出全面要约或者部分要约。

3. 关于自愿收购要约的规定

持有、控制一个上市公司的股份低于该公司已发行股份的30%的收购人，以要约收购方式增持该上市公司股份的，其预定收购的股份比例不得低于5%，预定收购成后所持有、控制的股份比例不得超过30%；拟超过的，应当向该公司股东发出全面要约或者部分要约；符合一定条件的，可以向中国证监会申请豁免。

4. 要约收购的价格

收购人进行要约收购的，对同一种类股票的要约价格，不得低于要约收购提示性公告日前6个月内收购人取得该种股票所支付的最高价格。要约价格低于提示性公告日前30个交易日该种股票的每日加权平均价格的算术平均值的，收购人聘请的财务顾问应当就该种股票前6个月的交易情况进行分析，说明是否存在股价被操纵、收购人有未披露的一致行动人、收购人前6个月取得公司股份存在其他支付安排、要约价格不合理等情况。

5. 要约收购的支付

要约收购一般可以以现金、证券或者两者结合的方式支付对价。收购人以现金进行支付的，应将不少于收购总金额20%的履约保证金存放在证券登记结算机构指定的银行账户，并办理冻结手续。收购人以依法可以转让的证券进行支付的，应将其用以支付的全部证券交由证券登记结算机构保管（但是根据证券登记结算机构的业务规则不在保管范围内的除外）。

6. 要约收购的期限

收购要约的有效期不得少于30日，不得超过60日，但出现竞争要约的除外。

另外，还有一些重要的规定：采取要约收购方式的，收购人作出公告后至收购期限届满前，不得卖出被收购公司的股票，也不得采取要约规定以外的形式和超出要约的条件买入被收购公司的股票；收购要约期限届满前15日内，收购人不得变更收购要约，但是出现竞争要约的除外。凡变更要约条件的，自变更公告生效日起收购要约有效期不足15日的，应当延长至15日。

思考题

1. 在2019年的吸收合并中，双汇发展应当如何处理被并方的债务？
2. 双汇发展并购双汇集团合并对价的支付方式是什么？交易完成后，交易各方应采用何种计量基础，需分别作何会计处理？
3. 交易各方在其各自的发展过程中经历了多次并购，按照合并后主体的法律形式来区

4. 双汇发展前后经历了几次要约收购,试判断这几次要约收购是全面要约还是部分要约,两者有何区别?
5. 在思考题4的基础上,对这几次要约收购进行比较,可以从收购人基本情况与股权关系、收购目的、收购方式、收购结果、收购后对上市公司产生的影响等方面来进行比较。
6. 2019年双汇发展收购双汇集团的交易中,罗特克斯是否需要发出要约?结合《上市公司收购管理办法》简要说明判断依据,并谈谈你对要约收购的认识。
7. 案例中,罗特克斯的业绩承诺是否履行完毕,请说明原因。
8. 双汇发展并购双汇集团的目的是否实现,请说明依据。
9. 双汇发展并购双汇集团是反向并购吗?与云南白药对白药控股的并购有何异同?
10. 结合以上材料,完整画出2019年并购交易前后的股权结构图。

参考文献

[1] 双汇发展.河南双汇实业股份有限公司上市公告书[EB/OL].(1998-12-09)[2024-10-12].http://www.cninfo.com.cn/new/disclosure/detail?plate=szse&orgId=gssz0000895&stockCode=000895&announcementId=70433&announcementTime=1998-12-09.

[2] ST双汇.要约收购报告书摘要[EB/OL].(2007-02-08)[2024-10-12].http://www.cninfo.com.cn/new/disclosure/detail?plate=szse&orgId=gssz0000895&stockCode=000895&announcementId=20785989&announcementTime=2007-02-08%2006:30.

[3] 双汇发展.股东持股变动报告书[EB/OL].(2006-05-16)[2024-10-12].http://www.cninfo.com.cn/new/disclosure/detail?plate=szse&orgId=gssz0000895&stockCode=000895&announcementId=17087538&announcementTime=2006-05-16%2006:36.

[4] 双汇发展.发行股份购买资产及换股吸收合并暨关联交易实施情况报告书[EB/OL].(2012-07-30)[2024-10-12].http://www.cninfo.com.cn/new/disclosure/detail?plate=szse&orgId=gssz0000895&stockCode=000895&announcementId=61335473&announcementTime=2012-07-30%2006:30.

[5] 双汇发展.独立董事关于公司实际控制人变动的独立意见[EB/OL].(2010-11-29)[2024-10-12].http://www.cninfo.com.cn/new/disclosure/detail?plate=szse&orgId=gssz0000895&stockCode=000895&announcementId=58716049&announcementTime=2010-11-29%2006:30.

[6] 双汇发展.中国国际金融有限公司关于公司发行股份购买资产及换股吸收合并暨关联交易预案的独立财务顾问核查意见[EB/OL].(2010-11-29)[2024-10-12].http://www.cninfo.com.cn/new/disclosure/detail?plate=szse&orgId=gssz0000895&stockCode=000895&announcementId=58716053&announcementTime=2010-11-29%2006:30.

[7] 双汇发展.详式权益变动报告书[EB/OL].(2010-12-10)[2024-10-12].http://www.cninfo.com.cn/new/disclosure/detail?plate=szse&orgId=gssz0000895&stockCode=000895&announcementId=58766336&announcementTime=2010-12-10%2006:30.

[8] 双汇发展.股份变动暨新增股份上市公告书[EB/OL].(2012-07-30)[2024-10-12].http://www.cninfo.com.cn/new/disclosure/detail?plate=szse&orgId=gssz0000895&stockCode=000895&announcementId=61335476&announcementTime=2012-07-30%2006:30.

[9] 双汇发展.吸收合并河南省漯河市双汇实业集团有限责任公司暨关联交易之实施情况暨新增股份上市公告书[EB/OL].(2019-09-25)[2024-10-12].http://www.cninfo.com.cn/new/disclosure/detail?plate=szse&orgId=gssz0000895&stockCode=000895&announcementId=1206946432&announcementTime=2019-09-25.

[10] 双汇发展.安永华明会计师事务所关于河南双汇投资发展股份有限公司关于吸收合并河南省漯河市双汇实业集团有限责任公司暨关联交易之业绩承诺期届满减值测试报告之专项鉴证报告[EB/OL].(2022-05-07)[2024-10-12].http://www.cninfo.com.cn/new/disclosure/detail?plate=szse&orgId=gssz0000895&stockCode=000895&announcementId=1213289553&announcementTime=2022-05-07.

[11] 双汇发展.华泰联合证券有限责任公司关于河南双汇投资发展股份有限公司吸收合并河南省漯河市双汇实业集团有限责任公司暨关联交易之2021年度业绩承诺实现情况的核查意见[EB/OL].(2022-03-29)[2024-10-12].http://www.cninfo.com.cn/new/disclosure/detail?plate=szse&orgId=gssz0000895&stockCode=000895&announcementId=1212705244&announcementTime=2022-03-29.

案例六 苏宁易购:2019年的那些股权投资

> 近些年来,苏宁易购集团股份有限公司(以下简称"苏宁易购")在并购市场上进行了频繁的运作。以2019年度为例,苏宁易购及子公司合并了Kakogawa、万达百货、家乐福中国和6家资产管理公司等企业以及天天快递的物流业务,新设子公司79家,注销子公司13家,处置5家物流公司。以此为背景,本案例简要描述了苏宁易购在2019年发生的两项交易,从介绍交易各方出发,分析两次交易的内容和过程,以供进一步地思考与讨论苏宁易购在对外扩张中的并购得失。

一、案例背景

2018年中国实现国民经济持续平稳发展,国内生产总值同比增长6.6%,全国居民人均可支配收入比2017年名义增长8.7%,结构调整和转型升级持续推进,发展质量不断提高。2018年消费支出对经济增长的贡献率为76.2%,继续稳居经济增长的第一驱动力,供给侧结构性改革为持续促进消费提供了政策保障,消费规模逐步扩大,消费水平进一步提高,消费结构不断改善,消费升级态势持续。2018年我国社会消费品零售总额实现38.1万亿元,较2017年同比增长9%,增速较2017年同期略有下降,消费市场继续保持稳定、弱复苏态势。网购和农村市场保持较快增长,2018年,全国网上零售额同比增长23.9%,其中实物商品网上零售额同比增长25.4%;农村地区消费环境持续改善,消费潜力持续释放,2018年乡村市场消费品零售额比2017年增长10.1%。

从行业来看,2018年零售类消费市场呈现城乡市场结构继续优化,农村居民消费增速快于城镇;消费转型持续推进,升级态势明显;消费方式创新发展,线上线下加速融合。随着居民收入稳定增长、一系列减税降费和促消费政策逐步落地显效,实体零售继续回暖,新兴业态方兴未艾,消费转型升级态势将会延续,消费市场有望继续保持平稳较快增长。

从苏宁易购来看,该公司作为国内领先的智慧零售企业,将继续围绕场景互联网、智能供应链,坚定推进实施智慧零售战略,加快全渠道布局,尤其是低线市场以及社区市场布局,并强化数据运营,提升购物体验;进一步丰富商品品类,优化供应链,提升运作效率;加强物流基础设施建设,提升物流运营效率;金融业务强化科技建设,提升风控、产品创新能力。2018年公司实现营业收入同比增长30.35%,继续保持较快增速。

二、交易各方简介

(一) 苏宁易购

苏宁易购于1996年5月15日在江苏南京成立,其注册资本约合93亿元人民币,法定代表人为张近东。其主营类目众多,经营范围宽广。其股票代码为SZ002024,2004年在深交所发行上市,是首家IPO家电企业。2018年集团全年商品销售额3 367亿元,比2017年上涨了38.39%,为企业所有者创造了133.28亿元的净利润,比2017年上涨了216.38%。苏宁易购在2018年坚持实施网络和实体相结合的模式,并把重点放在配送、金融等板块的建设,开发新零售的实地场景体验模式和以顾客体验感为重点的服务体系。

1. 主要业务及产品

苏宁易购已构筑以供应链、渠道、用户、技术为核心的智慧零售生态圈,聚焦零售、物流、金融的业务发展。

零售业务方面,苏宁易购致力于构建全场景智慧零售生态系统,实现从线上到线下,从城市到乡镇的全覆盖,为用户搭建智慧零售场景,以满足在任何时间、地点与服务的需求。截至2018年12月31日公司拥有自营门店8 881家,苏宁易购零售云加盟店2 071家,迪亚天天便利店(加盟店)112家,覆盖中国以及日本市场,店面形态涵盖家电3C、母婴、超市、便利店等,线上苏宁易购通过商品品类丰富、营销工具的创新迭代、产业协同等一系列举措,实现线上业务规模快速发展,市场份额稳步提升。

物流业务方面,苏宁物流继续加大物流基础设施投入,进一步提升物流服务运作效率。截至2018年12月末,苏宁物流及天天快递拥有仓储及相关配套区域总面积为950万平方米,拥有快递网点27 444个,物流网络覆盖全国351个地级城市、2 858个区县城市。公司加快物流基地建设,推进物流自动化、智能化作业,提升物流仓储服务能力。物流服务能力建设方面,强化"半日达""次日达""准时达"这类标准化时效配送产品,构建即时物流服务体系,在中心仓、前置仓、门店仓全方位的仓储体系匹配即时自提、1小时达、半日达、次日达等服务产品,满足用户不同时效需求。

金融业务方面,苏宁金融不断强化O2O融合的特色,聚集核心业务和产品。新增绑卡会员数同比增长69%。供应链金融业务全年交易规模同比增长55%。推出跨境支付、消费金融平台、手机租赁、全保修产品等创新产品,总资产较年初增长116%。金融科技应用方面,成功落地企业知识图谱、区块链黑名单、企业风险预警系统,上线区块链+物联网动产质押系统、苏宁智投等前沿创新产品,加快转型金融科技公司。

2. 发展历程

从成立之初到并购之前,苏宁易购已走过近三十个年头,其发展轨迹见证了民营家电企业的成长。从小小的空调专卖店到高达1 995亿元资产规模的零售大亨,苏宁易购一步步走来,其简要发展历程如表6-1所示。

表6-1 苏宁易购发展历程表

期间	事件简介	具体内容
1990—1993年	"苏宁交家电"开张	1990年12月26日,张近东以"苏宁交家电"开启200平方米的空调专卖店
1994—1996年	空调经销高速发展	走出南京,在全国范围建立批发网络,销售额为行业第一
1996年	江苏苏宁交家电有限公司成立	5月15日,江苏苏宁交家电有限公司由南京苏宁实业总公司及自然人张近东等共同出资成立,注册资本为1 200 000元
1997—1999年	开启综合电器连经营序幕	根据行业的发展趋势,苏宁开始往综合电器经营进行转型
2000年	苏宁交家电(集团)有限公司	8月30日,经国家工商行政管理总局批准更名为苏宁交家电(集团)有限公司
2000—2002年	全面推进连锁零售	在全国范围内建立连锁网络,初步形成全国连锁零售发展的战略布局
2001年	苏宁电器连锁集团股份有限公司	6月28日,苏宁交家电(集团)有限公司以2000年12月31日经审计的净资产为基础,按1∶1比例折价,整体变更为苏宁电器连锁集团股份有限公司,股本总额为68 160 000元
2003—2005年	布局提速,全国覆盖	快速推进建设全国范围内一体化的物流服务和客服服务,成为家电零售行业最先完成对国内一级市场布局的企业
2004年	深交所挂牌上市	7月7日在深圳证券交易所挂牌上市,在二级市场成功发行人民币普通股2 500万股,面值为1.00元/股,发行价为16.33元/股,总股本为9 316万股,注册资本为9 316万元
2006—2009年	连锁开发模式创新	创新性地推出"购—并—建—租"连锁开发模式,综合电器零售稳定发展,成为中国最大的商业流通企业和排名第一的中国民营企业
2009年	提出全渠道经营新理念	首次在企业中提出了全品类经营管理和全渠道的经营新理念

(续表)

期间	事件简介	具体内容
2010—2012年	进军互联网进入新领域	电子商务平台苏宁易购正式上线,正式从线下成功转型为线上线下双结合。2012年底,苏宁易购拥有会员2 000多万人,当年销售额达到183.36亿元;同年收购红孩儿,进入母婴和化妆品领域
2013年	更名苏宁云商	推进线上线下融合的O2O模式落地,再次提出新的云商模式。更名为"苏宁云商集团股份有限公司",云商模式"电商+店商+零售服务商"新概念问世。该公司中文名称由"苏宁电器股份有限公司"变更为"苏宁云商集团股份有限公司"
2013—2015年	全公司互联网化阶段	着眼于产业生态布局,推进全公司互联网化
2016年至并购前	智慧新零售转型阶段	向智慧新零售模式转型迈进
2018年	苏宁易购集团股份有限公司	中文名称由"苏宁云商集团股份有限公司"变更为"苏宁易购集团股份有限公司",中文简称由"苏宁云商"变更为"苏宁易购"
2019年	合并情况	完成对家乐福中国等企业合并与天天快递物流的业务合并,苏宁便利超市等子公司与LAOX及其子公司不再纳入公司合并报表范围。新设惠州苏宁易购采购有限公司等子公司79家;注销湛江苏宁电器售后服务有限公司等子公司13家;处置宁波苏宁易达物流投资有限公司等5家物流公司
2020年	成立新公司	苏宁在合肥成立超市采购新公司,注册资本为500万元
2021年	股权转让	7月5日,苏宁易购公告称,公司控股股东、实控人张近东及其一致行动人苏宁控股集团,公司持股5%以上股东苏宁电器集团,西藏信托拟将所持公司合计数量占公司总股本16.96%的股份转让给新新零售基金二期,转让完成后,公司将处于无控股股东、无实控人状态
2022年	上线苏宁闪送入驻美团外卖	苏宁易购正式上线一项全新业务苏宁闪送,切入同城即时零售赛道。10月21日,苏宁易购宣布与美团达成战略合作,成为正式入驻美团平台的首家家电3C品类大型连锁品牌

3. 股权结构图

如图6-1所示,张近东先生持有苏宁控股集团有限公司51%的股权。此外,张康阳先生和南京润贤企业管理中心(有限合伙)分别持有苏宁控股集团有限公司39%和10%的股权,其中,张康阳先生系张近东先生的子女,张近东先生与苏宁控股集团有限公司构成一致行动人关系。

张近东先生持有苏宁电器集团有限公司50%股权,张近东先生与苏宁电器集团有限公司构成关联关系,不构成其实际控制人。

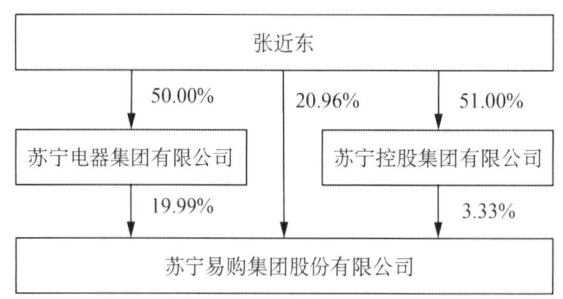

图 6-1　苏宁易购的股权结构

(二) 家乐福集团

家乐福集团(Carrefour S.A)成立于 1959 年,是大卖场业态的首创者,欧洲第一大零售商,世界第二大国际化零售连锁集团,《财富》世界 500 强企业。家乐福集团建立了全球性的采购网络,向不同国家和地区的供应商采购具有市场竞争力的商品,其业务遍及全球 30 多个国家和地区,运营超过 1.2 万家零售商店,旗下经营大型综合超市、超市、折扣店、便利店、会员制量贩店以及电子商务等。截至 2018 年 12 月 31 日,家乐福集团股本总额为 1 973 132 097.50 欧元,其 5% 以上股东包括 Galfa、Groupe Arnault、Peninsula Europe 等三位,分别持股 12.91%、8.60% 和 7.61%。

Carrefour Nederland B. V. 持有家乐福中国 100% 的股份。Carrefour Nederland B. V. 是家乐福集团注册于荷兰的全资子公司。

(三) 家乐福中国

家乐福中国(Carrefour China Holdings N. V.)于 1995 正式进入中国市场,是最早在中国开展业务的外资零售企业之一,主营大型综合超市业务。截至 2019 年 3 月,家乐福中国在国内拥有约 3 000 万会员,开设有 210 家大型综合超市、24 家便利店以及 6 大仓储配送中心,店面总建筑面积超过 400 万平方米,覆盖 22 个省份及 51 个大中型城市,营业收入近 300 亿元。家乐福中国的主要发展历程为如表 6-2 所示。

表 6-2　家乐福中国发展历程表

时间	内容
1995 年	家乐福中国在中国开设了第一家大卖场
1996 年	成功进入上海和深圳
1997 年	进入天津市场
1998 年	成功进入重庆、珠海、武汉、东莞
2000 年	配合迅速发展的需求,家乐福开设了五家大卖场

(续表)

时间	内容
2001年	家乐福中国积极声援2008年北京申奥
2002年	家乐福中国在20个城市开设了35家大卖场
2003年	家乐福在杭州开设了第40家分店,迪亚折扣店进入上海和北京
2004年	家乐福与首联集团建立合资企业,将冠军超市品牌引入北京,北京首家冠军超市于2004年4月29日开业
2005年	家乐福在中国重庆开设第60家分店
2006年	6月底起,家乐福停止冠军超市在北京的经营
2007年	家乐福在中国新增门店19家
2009年	新开门店18家,截至2010年1月家乐福中国门店总计157家
2010年	家乐福中国区总裁兼CEO罗国伟宣布已经成功收购河北保龙仓商业连锁经营有限公司
2015年5月	家乐福中国公司和微信支付在深圳共同宣布,基于O2O战略达成深度合作,将在北京、上海、沈阳、成都、杭州、武汉、重庆等城市逐步上线微信支付,覆盖家乐福全国237家门店
2018年12月	家乐福中国首款区块链产品——琯溪蜜柚上市
2019年6月	苏宁易购全资子公司苏宁国际出资48亿元收购家乐福中国80%股份

三、收购家乐福中国

(一) 交易概况

2019年6月22日,苏宁易购全资子公司Suning International Group Co., Limited(以下简称"苏宁国际")与Carrefour Nederland B.V.(转让方)及Carrefour S.A.(家乐福集团)签订《股份购买协议》,苏宁国际向转让方以现金48亿元人民币等值欧元(汇率参考交割日前第三个工作日的中国人民银行公布的汇率中间价)收购家乐福中国80%的股份。

(二) 交易目的

家乐福在中国市场深耕24年,门店网络覆盖22个省份及51个大中型城市,位居2018年中国快速消费品(超市/便利店)连锁百强前十,作为行业领先企业,其具有较强的供应链、丰富的线下运营经验,较高的品牌知名度等优势,且近两年网络优化效应逐步显现,亏损收窄。家乐福集团提供数据显示,(家乐福中国)2018年息税折旧摊销前利润为人民币5.16亿元,苏宁易购认为标的公司拥有较高的提升空间。

通过收购,家乐福中国能够进一步丰富公司智慧零售场景布局,加快零售类业务的发展,有利于降低采购和物流成本,提升公司市场竞争力和盈利能力。因此,综合考虑家乐福中国的业务发展潜力,以及公司与标的公司的业务协同效应,本次收购具备较好的整合前景;且本次交易估值参考了同行业 A 股上市公司估值水平,不存在损害上市公司、中小股东利益的情形。

(三) 主要交易过程

2019 年 6 月 22 日,苏宁易购与全资子公司及家乐福集团签订《股份购买协议》,第六届董事会第四十四次会议全体董事审议《关于现金收购 Carrefour China Holdings N. V.(家乐福中国)公司 80%股份的议案》,独立董事发表关于此次收购家乐福中国的独立意见。

2019 年 8 月 26 日,苏宁易购收到国家市场监督管理总局出具的《经营者集中反垄断审查不实施进一步审查决定书》,具体内容是决定对苏宁易购集团股份有限公司收购荷兰家乐福中国控股公司股权案不实施进一步审查。

2019 年 9 月 26 日,苏宁国际支付完毕全部转让对价,苏宁国际与转让方按照《股份购买协议》约定完成家乐福中国 80%股份的交割手续,完成本次股权收购事宜。

(四) 交易主要内容

1. 交易标的财务信息

表 6-3 的主要财务指标信息数据摘自家乐福集团提供的按照中国会计准则编制的管理会计报表。

表 6-3 2017—2018 年家乐福中国主要财务指标 单位:百万元

主要财务指标	2018 年 12 月 31 日	2017 年 12 月 31 日
资产总额	11 542	12 625
负债总额	13 788	14 232
应收账款及应收票据	—	—
或有事项涉及的总额(包括担保、诉讼与仲裁事项)	165	201
归属于母公司所有者权益合计	-1 927	-1 337
营业收入	29 958	32 447
营业利润	-412	-1 044
归属于母公司所有者的净利润	-578	-1 099
经营活动产生的现金流量净额	325	341

2. 交易定价依据

本次交易为市场化并购,本公司在综合考虑标的公司的业务规模、渠道优势、物流配送能力、自持物业价值、优质用户资源和未来业绩改善潜力及与本公司业务之间的协同效应后,根据家乐福集团提供的未经审计的管理会计报表,家乐福中国 2018 年营业收入约为 299.58 亿元。通过与 A 股主要的同行业上市公司 2018 年平均股权价值/收入倍数的平均值 $0.88x$ 及中位数 $0.7x$ 相比,本次交易价格隐含的股权价值/收入倍数为 $0.2x$。详细比较见表 6-4。

表 6-4 A 股主要同行业上市公司 2018 年平均股权价值/收入倍数比较

可比公司	永辉超市	家家悦	步步高	三江购物	人人乐	中百集团	家乐福中国估值
2018 年股权价值/收入倍数	1.37	1.02	0.38	1.87	0.29	0.32	0.2

股权价值/收入倍数中的"x",表示"收入"的倍数,即股权价值是收入的多少倍。案例中,股权价值/收入倍数为 $0.2x$,表明该交易中家乐福中国估值的股权价值是其收入的 0.2 倍。

3. 支付安排

苏宁国际以 48 亿元人民币等值欧元向转让方收购家乐福中国 80%股份,以现金方式支付。在交割日完成 100%的交易价格支付,无分期付款。最终交易价格将参考交割报表进行调整,并在确认后的 20 个工作日内与转让方进行差额支付。

四、LAOX 引入战略投资者

(一) 交易背景

1. LAOX

日本 LAOX 株式会社(以下简称"LAOX")原是一家日本电器零售企业,创业于 1930 年,在东京交易所主板第二部上市,其主营业务为 3C 家电、动漫游戏、玩具模型、乐器等产品的销售,后为苏宁易购公司下属子公司。2018 年度,LAOX 在日本市场实现主营业务收入 70.77 亿元。

2009 年 6 月,苏宁电器(即后来的苏宁易购)发布投资日本 LAOX 株式会社的公告。

2009 年 8 月,苏宁电器境外全资子公司 GRANDA MAGIC LIMITED(以下简称"MAGIC")与日本观光免税株式会社(以下简称"日本观光免税")首次入股 LAOX。其中,MAGIC 成立于 2009 年 6 月 25 日,为苏宁电器股份有限公司设立的境外全资子公司,主要负责苏宁电器股份有限公司对 LAOX 的投资业务。日本观光免税成立于 2006 年 5 月,主要从事商业流通和零售业务,为日本游客和访日观光客提供购物、餐饮、休闲、通讯、文化消费等全方位的商品的信息服务。截至 2010 年 8 月 13 日,上述两家公司分别持有 LAOX 发行在外普通股的 29.16%和 25.52%的股权,为 LAOX 第一、第二大股东。

2010 年 8 月 17 日,MAGIC 签署《股份认购协议》,认购 LAOX 向 MAGIC、日本观光免税定向发行的共计 2 659.57 万股股份。其中，MAGIC 认购 2 127.66 万股，认购价格为 94 日元/股①，总投资额约为 20 亿日元（约 1.59 亿元人民币）。交易完成后，MAGIC 持有 LAOX 发行在外普通股（不含优先股，下同）的 33.80% 的股权，为 LAOX 第一大股东。

2011 年，苏宁电器及境外全资子公司 MAGIC、苏宁电器集团及境外子公司 GRANDA GALAXY LIMITED（以下简称"GALAXY"）②与 LAOX 签署《资本及业务合作合同书》，LAOX 计划向 MAGIC 及 GALAXY 定向发行 257 143 000 股股份。发行完成后，MAGIC 将持有 LAOX 发行在外普通股 51% 的股权，仍为 LAOX 的第一大股东；GALAXY 将持有 LAOX 发行在外普通股 14.3% 的股权，为 LAOX 的第二大股东。

2019 年，LAOX 引入战略投资者中文产业株式会社全资子公司 GLOBAL WORKER 派遣株式会社（以下简称"GLOBAL WORKER"）③。

2. 交易目的

为实现企业有效的长远发展，推进实施一系列战略业务转型，LAOX 打算在其国际化发展方面，强化面向中国市场的贸易及电商业务，而在其本地化发展方面，由综合免税商店业务进一步拓展至生活时尚业务等领域。后续 LAOX 将围绕实体店铺开发、电商渠道的拓展，以及优质品牌资源的取得等业务加大投入。为支持以上业务发展的需要，LAOX 计划实施定向增发募集资金，向战略投资者苏宁电器集团有限公司全资子公司 GALAXY 和 GLOBAL WORKER 定向发行股份及新股预约权。

（二）交易结果

截至 2019 年 12 月 6 日，LAOX 向 GALAXY、GLOBAL WORKER 分别定向发行 26 657 000 股、290 000 股，发行价格为 313 日元/股，募集资金总额为 843 441.10 万日元④。

2015 年 3 月 9 日，苏宁易购境外子公司 MAGIC 与日本观光免税签署了《一致行动协议》，日本观光免税无条件地与 MAGIC 在行使其相关股东权利时保持完全一致。本次定向发行股份完成后，MAGIC 不再为 LAOX 的第一大股东，且双方合计持有公司股份不超过 50%，双方友好协商后，日本观光免税将与 MAGIC 签署《一致行动协议之终止协议》，约定自本次定向发行股份完成日（GALAXY 全额缴付本次定向发行股份款项到账日），终止双方《一致行动协议》的相关安排。

鉴于上述安排，本次定向发行股份完成后，MAGIC 持股 LAOX 股份稀释至 29.77%、

---

① 约 7.45 元人民币/股，按照当时日元兑人民币 100∶7.927 8 计算。
② GRANDA GALAXY 为苏宁电器集团全资子公司。苏宁电器集团为苏宁电器的第二大股东，持有公司 13.47% 的股权。同时，苏宁电器公司董事长张近东先生、副董事长孙为民先生，还分别持有苏宁电器集团 28%、24% 的股权。
③ GLOBAL WORKER 为中文产业 100% 控股子公司，中文产业是由 LAOX 董事长罗怡文先生的子女及配偶控股的公司，依据日本监管规则，GLOBAL WORKER 为 LAOX 关联方。
④ 约人民币 54 630.52 万元，按照 2019 年 12 月 5 日日元兑人民币汇率中间价 100∶6.477 1 计算。

表决权比例 30.40%,GALAXY 持股 LAOX 股份增加至 33.80%、表决权比例 34.51%,GALAXY 为 LAOX 第一大股东。

思考题

1. 苏宁易购收购家乐福中国 80%的股权比例后,家乐福集团后续是否还对家乐福中国进行会计核算?简述并购后家乐福集团对家乐福中国的会计处理。
2. 根据是否属于同一控制下的企业合并,判断苏宁易购收购家乐福中国 80%股权的合并类型,并作出相应的企业合并会计处理。
3. 根据交易定价依据的相关数据,试计算在此次交易中,家乐福中国 100%的股权估值,并结合并购前的行业发展情况、被并方与同行业其他企业的相关数据,分析此次合并对并购双方的意义。
4. LAOX 于 2019 年引入战略投资者 GLOBAL WORKER 后,其股权结构是否发生变化,画出 2019 年该公司定向增发前后的股权结构变化图。
5. 从持有 LAOX 股权开始,到引入战略投资者 GLOBAL WORKER,在不同的时间段,苏宁易购对 LAOX 的股权投资应该分别采用什么方法进行核算,并说明依据。
6. 自行查找苏宁易购 2019 年及以后的年度报告,试分析两项交易给苏宁易购带来的经济后果。

参考文献

[1] 苏宁易购.苏宁电器连锁集团股份有限公司首次公开发行股票向二级市场投资者定价配售发行公告[EB/OL].(2004-07-16)[2024-10-12].http://www.cninfo.com.cn/new/disclosure/detail? plate = szse&orgId = gssz0002024&stockCode = 002024&announcementId = 14304066&announcementTime = 2004-07-16%2007:03.

[2] 苏宁易购.苏宁易购集团股份有限公司关于现金收购 Carrefour China Holdings N.V.(家乐福中国)公司 80%股份完成的公告[EB/OL].(2019-06-27)[2024-10-12].http://www.cninfo.com.cn/new/disclosure/detail? plate = szse&orgId = gssz0002024&stockCode = 002024&announcementId = 1206954014&announcementTime = 2019-09-27%2007:40.

[3] 苏宁易购.苏宁电器股份有限公司关于境外子公司增资 LAOX 株式会社的公告[EB/OL].(2010-08-17)[2024-10-12].http://www.cninfo.com.cn/new/disclosure/detail?plate = szse&orgId = gssz0002024&stockCode = 002024&announcementId = 58310617&announcementTime = 2010-08-17%2006:30.

[4] 苏宁易购.苏宁电器股份有限公司关于境外子公司与关联方参与 LAOX 定向发行的关联交易公告[EB/OL].(2011-06-29)[2024-10-12].http://www.cninfo.com.cn/new/disclosure/detail?plate = szse&orgId = gssz0002024&stockCode = 002024&announcementId = 59607654&announcementTime = 2011-06-29%2006:31.

[5] 苏宁易购.苏宁易购集团股份有限公司关于境外子公司 LAOX 引入战略投资者暨关联交易完成的公告[EB/OL].(2019-12-06)[2024-10-12].http://www.cninfo.com.cn/new/disclosure/detail?

plate＝szse&orgId＝gssz0002024&stockCode＝002024&announcementId＝1207140262&announcementTime＝2019-12-06.

[6] 苏宁易购.2019年年度报告[EB/OL].(2020-04-18)[2024-10-12].http://www.cninfo.com.cn/new/disclosure/detail? plate＝szse&orgId＝gssz0002024&stockCode＝002024&announcementId＝1207526015&announcementTime＝2020-04-18.

[7] 苏宁易购.2018年年度报告[EB/OL].(2019-03-30)[2024-10-12].http://www.cninfo.com.cn/new/disclosure/detail? plate＝szse&orgId＝gssz0002024&stockCode＝002024&announcementId＝1205967514&announcementTime＝2019-03-30.

案例七　融创中国与万达商业的合作:跨行业并购

当出现地价上涨与融资成本上升等问题时,房地产企业面临着利润空间收窄的困境。在行业整体盈利能力下降的背景下,房地产企业亟需在纵向深耕与横向拓展之间作出战略抉择:是继续扩大规模以强化行业话语权,通过整合上下游资源构建全产业链优势,还是实施多元化战略布局,进入新领域以寻找新的利润增长点?2017年融创中国控股有限公司(以下简称"融创中国")与大连万达商业管理集团股份有限公司(以下简称"万达商业")的并购活动回答了这一疑问。当年7月,融创中国以438.44亿元对价收购万达商业旗下13个文旅项目91%的权益,创下当年中国房地产行业最大规模资产包交易纪录。本案例以这一标志性事件为背景,详细描述双方交易细节,以供大家思考与讨论跨行业并购的协同效应评估及相关会计处理。

一、案例背景

随着我国经济发展步入新常态,房地产业也从黄金时代进入到白银期,利润下降,行业并购整合加剧。一方面,我国房地产业已经逐渐迈入成熟期,大型优质房企不断涌现,对资源的争夺不断加剧,行业集中度稳步上升。另一方面,随着土拍市场不断升温,土地价格疯涨,房企拿地成本上升,且随着金融监管趋严,去杠杆之势加速,房地产行业调控力度不断增强,房企融资有收紧的趋势。为了实现规模扩张和利润增长,许多房企避开过热的一级市场,通过并购获取廉价优质的土地资源,曲线拿地。并购能够使房企迅速跨入新的领域,寻找新的利润增长点。

万达商业是知名的商业地产企业,在全国持有和运营大量商业地产和文化旅游项目,品牌影响力卓越。并且,万达商业拥有商业规划研究院、酒店设计研究院、全国性的商业地产建设和管理团队,形成了商业地产的完整产业链和核心竞争优势。

二、交易各方简介

(一) 融创中国

融创中国(股票代码 01918.HK)在香港联交所上市,该公司成立于 2003 年,以"至臻·致远"为品牌理念,整合商业、文化娱乐、高端住宅区等资源,为居家住宅提供高品质服务。总体上,融创中国以地产为核心主业,布局地产、服务、文旅、文化等板块。直到 2020 年,融创中国整体销售保持平稳增长,全年实现收入 2 305.9 亿元,同比增长约 36.2%;毛利达 484.0 亿元,同比增长约 16.9%;核心净利润则达到 302.6 亿元,同比增长为 11.8%。在业绩稳定增长的同时,持续优化资本结构,截至 2020 年年末所有者权益达到 1 778.3 亿元,较 2019 年末大幅增长约 55.9%,账面现金达到 1 326.5 亿元,且借贷总额有所下降,各项资产负债指标均得到改善。融创中国继续巩固核心城市领先地位,在 55 个城市的销售额排名中名列前十。

1. 主要业务与产品

1) 融创地产

融创中国的地产布局全国,包括北京集团、华北集团、上海集团、东南集团、华中集团、华南集团、西北区域、成渝区域、云贵区域。产品系列包含壹号院系、桃花源系、源系、府系、宜和山水系和九府宸院系。其中,壹号院系是融创 TOP 级产品系,有武汉壹号院、融创香山壹号院、江南壹号院等。桃花源系属于融创 TOP 级产品系,全球中式别墅藏品大宅,产品以"东方瑰宝,世界桃源"为理念,有融创苏州桃花源、融创海上桃源、凤鸣桃源、鹊语桃源等。源系是融创引领性的创新产品线之一,主要有杭州杭源里、天阅云合源和福州源。府系是将传统文化与现代城市生活相结合的住宅产品,有浙江涌清府、候潮府、厦门大同府、东南府等。宜和山水系是现代中式产品系,产品主要有宜和江南、杭州融创宜和园。九府宸院系属于新东方建筑风格产品系,秉持"与古为新"的创作理念,有辽宁盛京宸院、贵阳九宸府、成都玖棠府等。

2) 融创服务

融创服务是指融创中国的融创服务控股有限公司(01516.HK),它也是香港联交所上市企业,也是中国物业管理协会常务理事单位,拥有国家一级管理资质。公司自成立以来,以"至善·致美"为服务理念,多次荣获物业服务力百强企业 TOP5,中国物业服务品质领先品牌企业 TOP2,中国物业服务百强满意度领先企业 TOP3,中国高端物业服务领先品牌 TOP1。公司聚焦核心城市中高端物业,践行高质量发展战略,布局物业管理及商业运营综合服务两大业务板块,服务超百万客户,逐步确立了其行业领先地位。服务业态涵盖住宅、商务写字楼、城市服务、案场、医院、学校、产业园等,基于多年来物业管理数据及经验沉淀的优势,可为需求企业提供全方位顾问咨询服务。

3) 融创文旅

融创文旅用高起点布局文旅产业,针对中国家庭对旅游度假的多元需求提供了不同的欢乐场景,主要包括融创文化旅游城、融创旅游度假区等业务板块,具备设计、建设、运营完善的体系能力。截至 2019 年底,融创文旅已布局 10 座文旅城、4 个旅游度假区、26 个文旅小镇,其中涵盖 41 个主题乐园、46 个商业及近 100 家高端酒店。

4) 融创文化

融创文化集团,聚焦内容环节,布局文化行业全产业链,旗下拥有融创影视、乐创文娱、东方影都融创影视产业园、乐融、梦之城文化、Base 等业务板块。在"内容+平台+实景"的战略布局下,融创文化以"感受美好"为核心诉求,联动融创中国其他业务板块,对优质内容 IP 进行线上线下全产业链开发,针对中国用户提供相应的影视文化产品与服务。

2. 发展历程

2003 年 7 月,该公司成立于天津并开始操作高端物业项目。

2004 年,获得重庆奥林匹克花园 3 300 亩土地奠定深耕西南的基础。

2007 年,国际战略投资者雷曼兄弟控股有限公司(以下简称"雷曼兄弟")、鼎晖科技股份有限公司及新天域投资有限公司成为融创股东,获得北京第一个项目"中国式美好——禧福汇",开始深耕北京,进驻苏南,以无锡为中心操作苏州、宜兴项目。

2008 年,获取并开始操作第一个融创"壹号院系"产品——北京西山壹号院。

2009 年,贝恩与德意志银行承继雷曼兄弟股份成为融创股东。

2010 年,该公司于 10 月 7 日在香港联交所成功上市,股票代码 HK.01918。

2012 年,进驻上海、杭州,开始扩展以上海为中心的长三角区域和以杭州为中心的东南区域,业务覆盖京、津、沪、渝、杭等五大核心城市。

2013 年,创立十周年,该公司启动融创"创想家"战略性人才储备计划。

2014 年,全年合同销售金额为 658.5 亿元,首次跻身全国房企销售排行 TOP10。

2015 年,组建融创物业集团,成立广深区域公司,成立以武汉为中心的华中区域公司。全年合同销售金额达到 682.1 亿元,位列全国房企销售排名 TOP9。

2016 年,融创中国并购融科智地,形成北京、华北、上海、西南、东南、华中、广深和海南八大区域全国战略布局。10 月,销售额首次突破千亿元,全年合同销售金额为 1 506.3 亿元,位列全国房企销售排名 TOP7,连续两年获得"中国房地产最佳雇主企业"称号。

2017 年,与万达战略合作,收购万达旗下文旅项目 91% 股权,全年合同销售金额为 3 620.1 亿元,位列全国房企销售排名 TOP4。

2018 年,组建融创文化集团,成立融创公益基金会,组建融创文旅集团,全年合同销售金额为 4 608.3 亿元,位列全国房企销售排名 TOP4。

2019 年,成立环球融创会展文旅集团,原广深、海南区域公司组成华南区域集团,形成北京、华北、上海、西南、东南、华中、华南七大区域发展格局,全年合同销售金额为5 562.1亿元,位列全国房企销售排名TOP4。

2020年,企业战略定位升级为"美好城市共建者",融创服务正式在香港联合交易所主板上市,股票代码01516.HK,全年合同销售金额为5 752.6亿元,位列全国房企销售排名TOP4。

2021年,融创文化发布"IP+内容+新消费新场景"的战略定位,正式推出"融创影视"和"融创动画"两大内容厂牌,全年合同销售金额为5 973.6亿元。

3. 股权结构

截至2016年12月31日,在该公司股份或相关股份中拥有5%或以上权益的股东如表7-1所示。

表7-1 主要股东股权结构情况表

股东名称	权益/身份性质	股份或相关股份数目	股份大约百分比
融创国际	实益权益	2 042 623 884(L)	52.95%
平安银行股份有限公司上海自贸试验区分行	对股份持有保证权益的人	1 589 549 451(L)	41.20%
平安银行股份有限公司	受控制的权益	1 589 549 451(L)	41.20%
中国平安保险(集团)股份有限公司	受控制的权益	1 589 549 451(L)	41.20%

表中(L)指该名股东于有关股份的好仓①。

根据该等实体于2016年11月11日存在的权益披露通知,平安银行股份有限公司上海自贸试验区分行由平安银行股份有限公司全资拥有,及平安银行股份有限公司由中国平安保险(集团)股份有限公司拥有49.56%的股权。因此,平安银行股份有限公司及中国平安保险(集团)有限公司均被视为有平安银行股份有限公司上海自贸试验区分行的1 589 549 451股股份权益的证券权益。

按于2016年12月31日已发行3 857 738 349服股份的基率计算,除2016年年报所披露者外,于2016年12月31日本公司并未知会任何人士(公司董事或主要行政人员除外)于公司股份或相关股份中拥有须于公司根据中国香港《证券及期货条例》第336条存置登记册中登记的权益或淡仓。

(二)万达商业

万达商业(股票代码03699.HK)是大连万达集团旗下核心企业,其主营业务是以搭

---

① 在中国香港证券市场,依据《证券及期货条例》,投资者对上市公司股份的权益分为好仓、淡仓和可供借出股份等类型。"股份的好仓"是指投资者持有的预期会带来收益、对股价有正面影响的股份仓位,通常是基于投资者对该股票未来走势的乐观预期而持有的正常股份持有状态。

建线下消费平台为目的的商业地产投资、运营管理,是全国领先的商业管理企业。截至2017年年底,万达商业持有已开业商业面积3 151万平方米,在中国开业万达广场有235个,年客流量为31.9亿人次。该公司于2014年12月23日在香港联交所上市,2016年9月20日在香港联交所完成私有化退市①。作为国内数一数二的商业型地产企业,该公司拥有研究院、全国性的建设和管理团队等完整的垂直一体化产业链。

1. 主要业务与产品

该公司主要包括商业管理公司、商业规划研究院和设计研究院,具体如下。

一是商业管理公司。该公司的经营管理方法高效,资源背景广阔,连续十年商铺的对外出租率超99%。

二是旗下商业规划研究院。该规划研究院一直是万达对外宣传的亮点,在万达的大型商业中心、文化旅游、五星级酒店等项目中,承担着总体规划,方案设计以及全过程管控产品质量、成本管控、技术援助等重大任务,其每年设计工作量超3 000万平方米。

三是旗下设计研究院。作为全国数一数二的高档酒店设计公司,其设计师都是来自世界各地豪华酒店的设计人才,均能完成高端酒店的室内装饰、机电、美陈灯光等全方位的设计。该公司参与80多家酒店的设计规划和过程控制,设计足迹遍布全球5大酒店管理公司。

2. 发展历程

2002年9月16日,大连万达商业管理集团股份有限公司成立。

2014年12月23日,当时名为"万达商业地产"的万达商业在港交所主板上市,并成为当年港交所最大IPO。

2015年7月,万达商业地产启动回归A股计划,2015年11月13日发布A股招股说明书。

2016年9月20日,万达商业地产从港股私有化退市。

2018年1月29日,万达引进腾讯控股、苏宁、京东、融创4家战略投资,合计融资340亿元入股万达商业地产。

2018年3月1日,大连万达商业地产股份有限公司更名为大连万达商业管理集团股份有限公司。

2019年年底,万达商业完成房地产业务剥离,当年取得收入434.8亿元,其中租金收入为384.8亿元,同比增长17.8%。

2021年3月24日,万达商业撤回A股IPO申请,决定对公司从事轻资产商业运营、科技、数据、人员等相关资源进行重组,以尽快实现境内外上市。

2022年5月16日,万达商业发生工商变更,法定代表人由齐界变更为张霖,同时张霖出任经理职位。

---

① 私有化退市:是主动退市的一种方式,通过回购等方式将上市交易的公共所有的股票份额回笼到私人所有。

3. 股权结构

本次交易前万达商业的股权结构如图 7-1 所示：

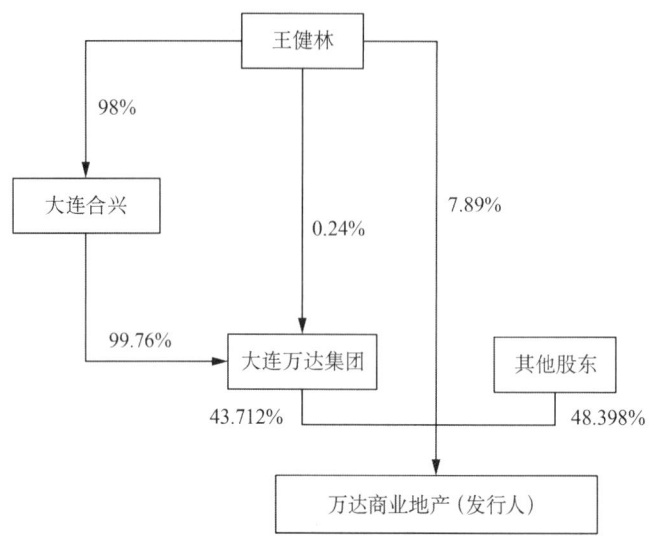

图 7-1　交易前万达商业的股权结构

三、交易概述

融创中国对万达商业的收购分为三个阶段。首先是初步协商阶段。早在 2016 年起融创中国就萌生并购意向，于 2017 年 7 月 10 日与万达商业订立框架协议，并对目标资产进行协议约定，拟收购万达商业的 13 个文旅项目 91% 的权益和 76 家城市酒店 100% 权益，代价分别为 295.75 亿元和 335.95 亿元，并购代价为 631.70 亿元，价款分为四次支付。其次是签署新协议阶段。双方经协商后变更部分协议事项，于 2017 年 7 月 19 日签订协议书。关于目标资产的约定为融创中国以 438.44 亿元收购 13 个文旅项目 91% 的权益，原定的 76 家城市酒店由富力地产接手。关于代价支付和资产交割的约定则是不再执行万达商业发放贷款的约定。最后是正式确立阶段。2018 年 10 月 29 日与万达方签订补充协议，融创中国以 62.81 亿元收购与文旅项目联系紧密的万达文化管理公司 75% 股权和万达 BVI 文创公司 100% 股权。

以上项目合作完成后，公司未来也将继续和大连万达商业在其他项目上以及电影等领域进一步探讨和加大合作力度。此次合作，以合理的成本为本公司补充大量优质土地储备和物业资产，将为公司未来持续健康发展提供巨大的支持。

（一）交易目的

此次双方合作的 13 个文化旅游项目，区位优势明显，土地价格合理，并且有超过

84%为可销售面积,未来可依托万达商业在文化旅游项目的丰富运营经验、品牌优势和融创中国在销售地产的优势,双方强强联合,打造更具市场竞争力的产品,以更好地实现并购项目的价值。76家酒店均位于所在城市的核心地段,并与四个大连万达自营酒店品牌(包括奢侈品牌万达瑞华、超豪华品牌万达文华、豪华品牌万达嘉华和精选品牌万达锦华)和多个国际知名豪华酒店品牌(包括威斯汀、希尔顿、洲际、康莱德、艾美等)等进行合作,运营良好,具有很好的市场口碑和影响力。

交易事项完成后,万达方将动用其全部资源,全力支持融创中国已收购但尚未开业的文旅项目的顺利开业及运营。本次交易事项将使万达集团已收购的文旅项目的运营管理界面更加清晰,管理效率进一步提升。并且,通过本次交易事项,融创集团将收获一支组织架构完整且经验丰富的文旅和商业运营管理团队,有助于迅速提高集团在文旅领域的体系能力和品牌影响力。

(二) 交易过程

融创中国之全资子公司融创房地产集团有限公司(以下简称"融创房地产")于2017年7月10日与大连万达商业首次签订协议,愿意以631.70亿元收购万达旗下76家酒店全部权益和13个文旅项目91%的权益,其中酒店作价335.95亿元,文旅项目作价295.75亿元。目标项目的总建筑面积合计约为5 897万平方米,其中,自持面积约为927万平方米,可售面积约为4 970万平方米,可售面积占总建筑面积的84%。全部对价分多次支付,且卖方通过指定银行向买方发放人民币296亿元3年期贷款用于支付对价。而2017年7月19日,融创房地产与万达再次签订新的协议,新协议中76家城市酒店则不再作为目标资产,万达目标资产仅包括13个文旅项目[①]91%的权益,对价为438.44亿元。

合作事项完成前,万达持有目标项目公司100%的权益。合作事项完成后,买方融创中国(透过其指定子公司融创房地产)将持有目标项目公司91%的权益,大连万达商业将继续持有目标项目公司9%的权益。目标项目公司将成为融创中国的间接子公司。表7-2是两次交易协议情况对比。

表 7-2 两次交易协议对比情况表

	首次交易协议(7.10)		二次交易协议(7.19)	
交易对象	融创中国		融创中国	富力地产
标的资产	13个文旅项目91%权益	76家酒店100%权益	13个文旅项目91%权益	76家酒店100%权益

---

① 该项目包括万达文化旅游城和配套可供销售住宅等业态的综合地处项目。万达文化旅游城简称万达城,是万达集团首创的文化、旅游、体育、商业综合项目,包括万达茂、大型室外主题乐园、舞台秀、酒店、酒吧街等业态。

(续表)

	首次交易协议(7.10)		二次交易协议(7.19)	
交易对象	融创中国		融创中国	富力地产
标的详情	总建筑面积5 897万平方米可售面积占84%	总建筑面积324.9万平方米房间22 920个	总建筑面积5 897万平方米可售面积占84%	总建筑面积324.9万平方米房间22 920个
对价	295.75亿元	335.95亿元	438.44亿元	199.06亿元
详情	维持运营管理、项目建设、规划内容和品牌四个不变			
交易结构变化	融创以438.44亿元收购13个文旅项目91%权益,支付对价上升幅度较大,而76家酒店则由富力地产以6折价格收购,且万达不再向融创发放借款			

(三)交易定价及支付

融创中国于2017年7月11日向外界披露了收购详情,如表7-3所示。

表7-3 收购项目详情   面积单位:万平方米

13个文旅项目			76个酒店	
总面积/占比	自持面积/占比	可售面积/占比	总建筑面积	总房间数
5 897/100%	924/16%	4 973/84%	324.9	22 920个
账面净资产(截至2016年底)	248.84亿元		334.5亿元	

虽然收购金额重大,总额几百亿元,但并非一次性付清。融创中国分四次完成:

第一步:框架协议签署当日支付定金25亿元。

第二步:完成尽职调查,签订正式协议后3天内,支付总款项的20.9%,即126.34亿元。

第三步:正式协议签署后90天内支付335.95亿元。

第四步:万达收到第三笔付款后5个工作日,万达通过指定银行向融创房地产发放贷款人民币296亿元(3年期限,银行三年期贷款基准利率),融创房地产收到该贷款后2日内,向大连万达商业支付剩余对价295.75亿元。

融创中国与万达商业约定交易完成后,13个文旅项目总经理继续由万达派驻并负责项目运营;项目公司常务副总经理、财务负责人及成本核算由融创指定。

(四)交割后的经营管理

1. 销售物业

目标项目中销售物业由买方融创中国负责。买方委派各有关目标项目公司的常务副总经理全权负责目标项目销售物业的所有事宜。

2．物业管理

目标项目中持有物业由卖方万达商业负责：

（1）各目标项目公司现总经理（由卖方委派）及各有关目标项目的持有物业相关人员在交接后全部保留，继续根据现有规划指标及规划方案及万达标准进行持有物业的开发建设工作。

（2）交接后持有物业由卖方或其关联方继续按照万达标准进行运营管理，其经营计划、运营目标由卖方制定并经买方批准后执行。

3．品牌管理

（1）卖方或其关联方对目标项目的持有物业运营管理的初始管理期限为20年。在该期限内，卖方万达商业及其关联方将其持有的"万达文化旅游城"品牌名称、域名、商标专用权、专利权及软件管理系统等品牌资源许可使用于目标项目的持有物业的经营管理。同时，买方融创中国有权使用买方品牌用于目标项目的销售物业。

（2）在运营管理期限内，且在相关运营管理协议有效期内，每个目标项目每年应支付品牌使用许可费人民币5 000万元，包括每年应向万达娱乐支付人民币4 500万元品牌使用许可费，每年应向万达商管支付人民币500万元品牌许可使用费；框架协议所定每个目标项目公司每年应向卖方支付人民币5 000万元管理咨询费的拟定内容不再执行。

（3）相关目标项目公司与卖方及其关联方签署目标项目持有物业的运营管理协议届满后，若该目标项目持有物业不再交由卖方及其关联方运营管理，则卖方的品牌资源不再在目标项目中使用。

四、并购前万达商业财务信息

万达商业2015年度、2016年度财务数据已由大华会计师事务所审计，并出具了审计报告；截至并购前，2017年1月1日至6月30日间6个月的财务报表未经审计，万达商业2015—2016年及2017年上半年的合并资产负债表如表7-4所示。

表7-4 万达商业合并资产负债情况　　　　　　　　　　　　　　　　单位：元

项目	2017年6月30日	2016年12月31日	2015年12月31日
流动资产			
货币资金	137 688 858 837.09	100 237 332 562.80	73 148 231 166.30
以公允价值计量且其变动计入当期损益的金融资产	—	—	—
应收票据及应收账款	751 571 542.63	766 241 463.23	496 815 841.19
预付款项	3 995 156 030.65	4 742 621 413.77	5 514 579 907.34
其他应收款	9 891 106 961.16	4 722 226 577.00	5 514 379 830.86

（续表）

项目	2017年6月30日	2016年12月31日	2015年12月31日
存货	170 259 958 090.22	165 359 576 493.08	167 255 681 789.66
其他流动资产	16 418 816 019.32	15 158 663 833.67	12 995 065 002.46
流动资产合计	**339 008 229 209.56**	**292 805 055 445.30**	**264 924 753 537.81**
非流动资产			
可供出售金融资产	935 442 229.67	829 500 000.00	34 500 000.00
投资性房地产	402 392 000 000.00	383 050 036 914.31	309 481 000 000.00
固定资产	47 571 615 463.86	42 842 921 591.85	35 372 293 092.88
在建工程	9 794 781 926.82	11 447 740 606.45	11 698 562 267.73
无形资产	8 985 330 714.31	8 498 411 837.60	8 310 622 846.15
长期待摊费用	322 054 774.95	334 717 078.76	491 281 152.54
递延所得税资产	8 837 126 743.25	7 461 569 651.32	5 771 107 115.35
其他非流动资产	130 978 301.09	113 285 886.25	
非流动资产合计	**483 657 203 833.03**	**458 340 556 016.02**	**374 635 159 063.64**
资产总计	**822 665 433 042.59**	**751 145 611 461.32**	**639 559 912 601.45**
流动负债			
短期借款	1 450 505 663.11	1 196 830 740.21	1 549 916 664.53
以公允价值计量且其变动计入当期损益的金融负债	—	—	—
应付票据及应付账款	1 450 505 663.11	1 196 830 740.21	1 549 916 664.53
预收款项	146 239 148 104.60	139 070 550 366.34	133 744 355 186.32
应付职工薪酬	1 438 688 336.09	2 336 862 200.35	2 006 862 279.19
应交税费	3 617 362 908.52	6 950 591 513.29	7 912 979 116.28
其他应付款	31 344 374 769.91	27 375 092 890.78	23 008 004 177.92
其他流动负债	295 743 340.58	330 680 562.48	381 365 980.99
流动负债合计	**297 350 810 408.73**	**284 070 727 413.60**	**274 232 086 090.23**
非流动负债			
非流动负债合计	**295 394 534 805.63**	**243 698 782 914.82**	**179 430 794 798.05**
负债合计	**592 745 345 241.36**	**527 769 510 328.42**	**453 662 880 888.28**
所有者权益			
股本	4 527 347 600.00	4 527 347 600.00	4 527 347 600.00
资本公积	24 278 529 972.69	24 275 055 196.01	24 884 811 589.93
其他综合收益	−145 608 235.99	−907 089 765.44	−396 004 685.54

(续表)

项目	2017年6月30日	2016年12月31日	2015年12月31日
盈余公积	2 263 673 800.00	2 263 673 800.00	2 263 673 800.00
未分配利润	178 315 105 426.05	174 723.532 571.51	149 116 552 476.85
归属于母公司股东权益合计	209 239 048 562.75	204 882 519 402.08	180 396 380 781.24
少数股东权益	20 681 039 265.48	18 493 581 730.82	5 500 650 931.93
所有者权益合计	**229 920 087 828.23**	**223 376 101 132.90**	**185 897 031 713.17**
负债和所有者权益总计	**822 665 433 042.59**	**751 145 611 461.32**	**639 559 912 601.45**

思考题

1. 什么是横向并购、纵向并购与混合并购？你认为本案例是哪一种并购类型？说说你的判断依据。
2. 融创中国与万达商业的该项交易中，合并对价的支付方式是什么？交易完成后，合并方与被合并方应当分别作何会计处理？
3. 根据上述资料判断，万达商业的实际控制人是否发生变化？画出该公司的股权结构图，并说明依据。
4. 融创中国的本次并购是否取得了预想中的效果，请自行结合其他资料对此进行分析（相关财务数据可查阅巨潮资讯网）。

参考文献

［1］融创中国.(1)非常重大收购事项—就目标项目公司和目标酒店资产合作订立框架协议及(2)恢复股份买卖［EB/OL］.(2017-07-11)［2024-10-12］.http://www.cninfo.com.cn/new/disclosure/detail?orgId=9900015452&announcementId=1203693360&announcementTime=2017-07-11%2008:58.

［2］融创中国.主要交易-就目标项目公司的合作订立协议书［EB/OL］.(2017-07-19)［2024-10-12］.http://www.cninfo.com.cn/new/disclosure/detail?orgId=9900015452&announcementId=1203716918&announcementTime=2017-07-19%2021:21.

［3］融创中国.须予披露交易-与万达方订立协议书［EB/OL］.(2018-10-29)［2024-10-12］.http://www.cninfo.com.cn/new/disclosure/detail?orgId=9900015452&announcementId=1205559201&announcementTime=2018-10-29%2023:59.

［4］融创中国.主要交易-关于大连万达商业的战略合作事项［EB/OL］.(2018-1-30)［2024-10-12］.http://stock.finance.sina.com.cn/hkstock/go.php/CompanyNoticeDetail/code/01918/aid/871460/.phtm.

［5］万达商业发布公告.撤回A股IPO申请［EB/OL］.(2021-3-24)［2024-10-12］.https://www.chinanews.com.cn/business/2021/03-24/9439069.shtml.

案例八　顺丰搭了谁的顺风车：借壳上市

> 近年来物流企业发展迅速，行业竞争愈演愈烈，越来越多的物流企业为实现对资源与资金、市场与客户的整合，选择企业并购来实现其需求。顺丰控股集团有限公司（以下简称"顺丰控股"）通过入主马鞍山鼎泰稀土新材料股份有限公司（以下简称"鼎泰新材"），顺利成为上市公司，进入资本市场。本案例以此为背景，简要介绍了顺丰与鼎泰新材，描述了两者的交易，以供进一步地思考与讨论以上市为目的这种并购类型。

一、案例背景

（一）鼎泰新材未来发展前景不明朗

鼎泰新材的主营业务为生产、销售稀土合金镀层钢丝、钢绞线和 PC 钢绞线等金属制品。当时，我国经济由高速增长转向中高速增长，不仅表现为经济增速的放缓，更表现为增长动力的转换、经济结构的再平衡。制造业面临着经济转型、整体出口下降、国内经济下行压力持续增加、国内制造业去库存压力增大等不利因素。受此影响，鼎泰新材在 2013 年、2014 年和 2015 年实现的营业利润分别为 2 696.00 万元、2 710.81 万元和 2 773.70 万元。在市场竞争激烈、客户需求变化等多重背景下，该公司未来的盈利增长性不容乐观。而该公司在 2013 年、2014 年和 2015 年实现净利润分别为 4 028.10 万元、2 412.44 万元和 2 513.06 万元，已出现盈利能力整体下滑的趋势。

（二）快递行业发展前景广阔

2015 年，我国快递市场业务量达到 206.7 亿件，业务收入达到 2 769.60 亿元，分别比上年增长 48.07% 和 35.41%，已成为全球最大的快递市场。并且，快递上游产业不断转型升级，农业、制造业、其他服务业等行业也将逐步与快递接轨，快递上游需求空间继续膨胀。随着农村市场、西部地区、跨境网购、食品生鲜领域和医药领域快递需求的释放，无论从市场拓展还是从区域扩张,未来快递行业都将保持高速增长。根据《国务院关于促进快递业发展的若干意见》(国发〔2015〕61号)提出的发展目标,到2020年,我国快递市场规模稳居世界首位,快递年业务量达到500亿件,年业务收入达到8 000亿元。

宏观经济的持续稳定增长将带动快递行业的快速发展。在此大环境下,我国快递行业发展还有以下有利因素。

1. 宏观政策大力支持快递行业发展

国家大力支持快递行业发展。2014年9月,国务院下发《物流业发展中长期规划(2014—2020年)》,要求着力降低物流成本,提升物流企业规模化、集约化水平、加强物流基础设施网络建设,大力提升物流社会化、专业化水平。2015年10月,国务院下发《国务院关于促进快递业发展的若干意见》(国发〔2015〕61号),要求到2020年基本建成普惠城乡、技术先进、服务优质、安全高效、绿色节能的快递服务体系,形成覆盖全国、联通国际的服务网络,要求各级政府深入推进简政放权,优化快递市场环境,加大政策支持力度,改进快递车辆管理,鼓励各类资本依法进入快递领域,支持快递企业兼并重组、上市融资。

2. 交通设施的持续改善为快递行业发展提供保障

2015年年底,全国铁路营业里程达到12.1万千米,比2014年年末增长8.2%,其中,高铁营业里程超过1.9万千米;全国公路总里程457.73万千米,比2014年年末增加11.34万千米;全国民用运输机场210个,比2014年年末增加8个。我国交通运输基础设施网络的日趋完善有力保障了快递行业的快速发展。

3. 我国人均快递支出和使用量仍然较低,发展空间巨大

根据国家邮政局公布的历年邮政行业运行情况,我国人均快递使用量从2008年的1.1件上升至2015年的15.0件,年人均快递支出从2008年的30.8元上升至2015年的201.5元,虽然有较大增幅,但仍有很大的发展空间。

4. 网络购物的快速发展为行业提供新的需求

中国网购人数从2007年的不到5 000万人迅速增加到2015年的4.13亿人,网民使用网络购物的比例达到60.00%,网络购物日益普及。据艾瑞咨询统计,2008年至2015年间,我国网络购物市场高速增长,年均增长率超过56%,2015年我国网络购物市场交易规模已达到3.8万亿元。据统计,60%~70%的网络购物需要依靠快递给予支撑和保障。未来我国网购市场仍将以较快速度增长。网络购物的持续繁荣必将带动快递产业的高速增长。

5. 信息化、自动化水平的提高提升了快递企业的经营效率和盈利水平

信息化和自动化水平的提高是快递行业降低运营成本、提高服务质量和盈利水平的关键因素之一。随着自动分拣设备、条码扫描和读码系统、电子面单等设备和技术的推广应用,我国快递行业信息化、自动化水平快速提高,综合竞争力不断增强。我国快递企业正从粗放式的扩张模式,向提升服务质量和运营效率的集约化发展模式转变。

(三) 国内领先的快递物流综合服务提供商

顺丰控股是国内领先的快递物流综合服务提供商,不仅为客户提供全方位的物流服务,也提供包括信息服务、仓储服务等在内的一体化供应链解决方案。在快递行业持续快速发展的背景下,具备规模优势、专业服务能力的顺丰,其行业龙头地位将更加突出,作为国内领先的快递物流服务商,顺丰控股也将迎来难得的发展机遇。

二、交易各方简介

(一) 顺丰控股

顺丰控股成立于1993年,董事长是王卫。顺丰总部在广东,资产庞大,其中包括五家分拨中心,负责分拣快递,200多个中转站遍及全国各地,还有38家直属分公司,以及7 800个营业网点,这些营业网点覆盖了全国各省、市、乡、镇,保证快递的全面覆盖和运送效率。除此之外,顺丰还拥有多个国外网点,覆盖美国、日本、英国、新加坡等国。经过多年发展,顺丰已成为国内领先的快递物流综合服务商、全球第四大快递公司。同时,顺丰利用科技赋能产品创新,形成行业解决方案,为客户提供涵盖多行业、多场景、智能化、一体化的智慧供应链解决方案。

顺丰控股拥有员工三十多万人,十几架货机和一万多台的运输车,能够串联到各个网点,其2011年营业额就超过200亿元。经过多年发展,顺丰控股能够基于其拥有的覆盖全国和全球主要国家及地区的高渗透率的快递网络,为客户提供贯穿采购、生产、流通、销售、售后的一体化供应链解决方案。同时,作为具有"天网+地网+信息网"网络规模优势的智能物流运营商,顺丰控股拥有对全网络强有力管控的经营模式。

1. 主要业务

经过多年发展,顺丰控股已在物流圈构建了集物流和信息流于一体的开放生态系统。在物流方面,顺丰控股可以为客户提供全方位多品类的物流快递服务,包括商务快递、国际快递、电商快递、仓储配送、逆向物流等多种快递服务,以及物流普运、重货快运等重货运输服务,同时,还为食品和医药领域的客户提供冷链运输服务。在物流服务基础上,顺丰控股提供保价、代收货款等多种增值服务,以满足客户个性化需求。

信息流方面,顺丰控股提供的快递服务不但已经实现全业务流程信息跟踪查询和管控、投递路线动态优化、运力预警、车辆运输异常警告等功能,同时,还能利用大数据分析等技术,协助客户提供信息类增值服务。

运输网络方面,顺丰控股建立了覆盖全国及海外重点国家的服务网络,包括航空网络、分点部网络、地面运输网络、中转场网络、客服呼叫网络、产业园网络等,具有显著规模优势。该公司拥有全国最大的民营货运航空公司顺丰航空,自有全货机31架,并依托航空货运网和陆路运输网形成通达国内外的运输能力,为快件的高效中转运输提供了有力的支持。

业务经营模式方面,顺丰控股采用直营的经营模式,由总部对各分支机构实施统一经营、统一管理,在开展业务的范围内统一组织揽收投递网络和集散处理、运输网络,并根据业务发展的实际需求自主调配网络资源;同时,公司大量运用信息技术保障全网执行统一规范,建立多个行业领先的业务信息系统,提升了网络整体运营质量。

2. 发展历程

顺丰从1993年创立,依托三角城市群迅速发展,一步一步成长至今,1993—2022年发展历程具体如表8-1所示。

表8-1 1993—2022年顺丰的发展历程

时间段	战略时期	具体内容
1993—1997年	创业起步期	依托珠三角城市群,艰难地创业起步
1997—2001年	高速成长期	开始走出华南,走向全国,迎来高速成长
2002—2007年	管理优化期	成立总部,全面提升管理能力,规范网络,让客户感受更优质的服务
2008—2012年	竞争领先期	建立自有航空公司,逐步开拓国际市场,强化快递竞争优势
2012—2022年	战略转型期	优化组织职责分工,围绕客户经营转型,提供一体化供应链解决方案,巩固B2B快递领先地位,开始发力电商快递,向更高的目标出发

3. 股权结构

此次并购交易之前,顺丰控股的控股股东为明德控股发展有限公司(简称"明德控股"),持有股份比例为68.40%,具体情况如表8-2所示。

表8-2 顺丰控股交易前的股权比例①

序号	股东名称	持股比例	发行股份数量(股)
1	明德控股	68.40%	2 701 927 139
2	顺达丰润	9.93%	392 253 457
3	嘉强顺风	6.75%	266 637 546
4	招广投资	6.75%	266 637 546
5	元禾顺风	6.75%	266 637 546
6	古玉秋创	1.35%	53 327 509

---

① 股东为顺达丰润物流科技有限公司(简称"顺达丰润")、嘉强顺风(深圳)股权投资合伙企业(简称"嘉强顺风")、招广投资有限公司(简称"招广投资")、苏州工业园区元禾顺风股权投资合伙企业(简称"元禾顺风")、苏州古玉秋创股权投资合伙企业(简称"古玉秋创")、顶信丰合股权投资合伙企业(简称"顶信丰合")。

(续表)

序号	股东名称	持股比例	发行股份数量（股）
7	顶信丰合	0.07%	2 765 130
	合计	100.00%	3 950 185 873

（二）鼎泰新材

鼎泰新材于2003年5月22日成立，于2010年2月在中国上海证券交易所上市，股票代码为002352。公司位于安徽省马鞍山市当涂经济开发区，实际控制人为刘冀鲁，法定注册资本为2 680万元，为国家大型二档工业企业，系安徽省高新技术企业、马鞍山市地方骨干企业。其主营业务为生产销售稀土多元合金镀层丝绳及镀件、金属丝绳及其制品、紧固件、弹簧，交通安全设施产品制造、安装等。鼎泰新材拥有多项国家专利技术，参与了多个国家级别的行业标准制定课题，是一家集研发、生产、销售于一体的综合性企业，在我国稀土合金防腐材料这个细分行业领域处于龙头地位。企业自身拥有出口经营权，产品先后出口至美国、澳大利亚、新西兰、孟加拉国、越南等国家和地区，国外市场前景良好。

鼎泰新材依靠核心技术稀土镀层技术研发的稀土镀层钢丝、钢绞线产品已经占据了一定的市场份额，产品主要销售对象为国家电网用于国内电网建设。国家"十三五"规划建议强调"加强储能和智能电网建设，发展分布式能源，推行节能低碳电力调度"。特高压和智能电网投资力度将是未来国家电网投资重点。鼎泰新材产品曾多次在特高压和智能电网重点示范工程中标，产品技术水平和质量获得广泛认可。该公司合并前主要财务数据如表8-3所示。

表8-3 鼎泰新材合并前2013—2015年及2016年前3月的主要财务数据

金额单位：万元

项目	2016年3月31日	2015年12月31日	2014年12月31日	2013年12月31日
资产总计	81 657.71	88 541.15	96 392.35	115 121.91
负债总计	10 539.39	17 740.93	24 602.81	42 631.57
所有者权益合计	71 118.32	70 800.22	71 789.54	72 490.33
归属于母公司所有者权益合计	71 118.32	70 800.22	71 789.54	72 490.33
归属母公司所有者的净利润	318.1	2 513.06	2 412.44	4 028.1
毛利率	16.73%	14.35%	13.15%	13.98%
净利率	2.23%	3.76%	2.97%	5.58%
基本每股收益	0.01	0.11	0.1	0.17
摊薄每股收益	0.01	0.11	0.1	0.17

(续表)

项目	2016 年 3 月 31 日	2015 年 12 月 31 日	2014 年 12 月 31 日	2013 年 12 月 31 日
加权平均净资产收益率	0.45%	3.48%	3.31%	5.57%
资产负债率	12.91%	20.04%	25.52%	37.03%

三、交易概述

2016 年,鼎泰新材将其全部资产和负债与顺丰控股 100% 股份的等值部分进行资产置换,并就差额部分增发新股。交易完成后,顺丰控股 100% 股权转移至鼎泰新材。通过获取鼎泰新材的壳资源,顺丰控股顺利登陆了资本市场。

(一) 交易目的

鼎泰新材拟将原有盈利能力较弱、未来发展前景不明的业务整体置出,同时注入顺丰控股盈利能力较强、发展前景广阔的快递物流相关业务,实现上市公司主营业务的转型,从根本上改善该公司的经营状况,增强公司的持续盈利能力和发展潜力,提高公司的资产质量和盈利能力,以实现该公司股东的利益最大化。而通过本次交易,顺丰控股也将获得 A 股融资平台,可进一步推动顺丰控股的业务发展,提升其在行业中的综合竞争力和行业地位,为后续发展提供推动力。

(二) 交易方案

此次顺丰借壳上市的方案包括三个方面:重大资产置换、发行股份购买资产和募集配套资金,内容具体如下。

1. 重大资产置换

鼎泰新材以截至拟置出资产评估基准日时的全部资产及负债与顺丰控股全体股东持有的顺丰控股 100% 股权的等值部分进行置换。以 2015 年 12 月 31 日为基准日,置出资产的预估值为 81 153.03 万元,拟置入资产顺丰控股 100% 股权的预估值为 448 亿元。根据交易双方现金分红情况,此次交易置出资产初步作价为 79 600.00 万元,置入股权作价为 433 亿元。

2. 发行股份购买资产

此次交易中拟置出资产与置入资产初步的差额为 425 亿元,该部分以鼎泰新材发行股份的方式从顺丰全体股东处购买。此次发行股份购买资产的股份发行价格为 21.66 元/股,不低于定价基准日前 60 个交易日股票均价的 90%。根据鼎泰新材审议通过《关于 2015 年度利润分配预案的议案》,公司以截至 2015 年 12 月 31 日鼎泰新材总股本

116 746 170 股为基数,每 10 股派发现金红利 1.40 元(含税),现金分红总额为 1 634.45 万元,同时以资本公积向全体股东每 10 股转增 10 股。经除权、除息调整后,此次购买资产的股份发行价格为 10.76 元/股,发行股份的数量为 3 950 185 873 股。

3. 募集配套资金

为提高此次并购绩效,增强交易完成后上市公司的盈利能力和可持续发展能力,鼎泰新材采用询价发行方式向不超过 10 名符合条件的特定对象,非公开发行股份募集配套资金,总金额不超过 800 000 万元。此次募集配套资金扣除中介费用及相关税费后将用于标的公司航材购置及飞行支持项目、冷运车辆与温控设备采购项目、信息服务平台建设及下一代物流信息化技术研发项目、中转场建设项目。此次募集配套融资发行股份的定价为不低于定价基准日前 20 个交易日公司股票交易均价的 90%,即不低于 11.03 元/股(经除权除息调整后),发行股份数量不超过 725 294 650 股。

图 8-1、图 8-2 是顺丰借壳前后(不考虑配套募集资金发行股份的影响)双方的股权结构图。

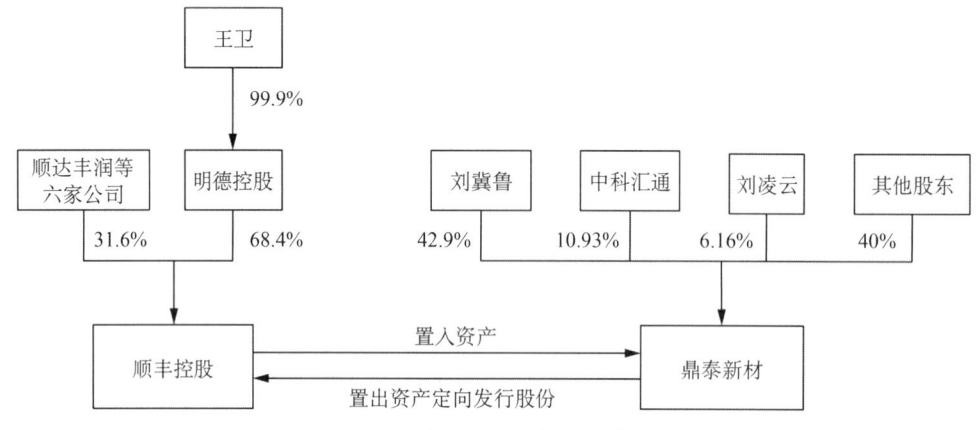

图 8-1 交易前双方的股权结构

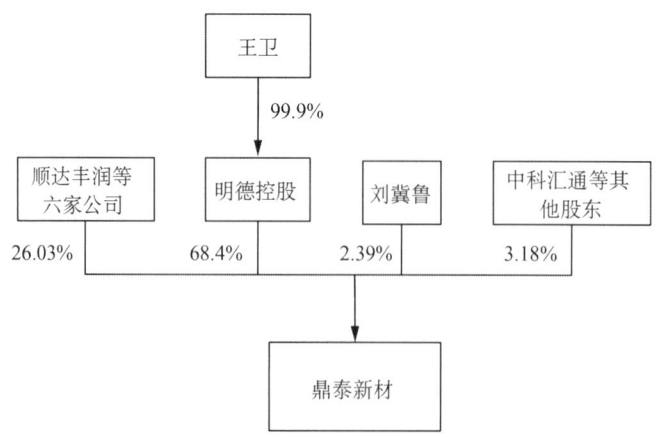

图 8-2 交易后双方的股权结构

(三) 交易过程

1. 购买资产

根据《重大资产置换及发行股份购买资产协议》(以下简称《协议》)约定,拟购买资产完成工商变更登记之日即为拟购买资产的交割日。2016年12月23日,顺丰控股完成了股东变更的工商变更登记手续,变更后,鼎泰新材持有顺丰控股100%的股权,顺丰控股成为鼎泰新材的全资子公司。

2. 置出资产

根据协议约定,为便于置出资产交割,鼎泰新材于2016年8月25日设立马鞍山市顺泰稀土新材料有限公司(以下简称"顺泰新材"),用以承接置出资产包含的资产、负债、人员及业务。也就是将鼎泰新材截至评估基准日(即2015年12月31日)的已经评估的全部资产及负债向顺泰新材增资。鼎泰新材将顺泰新材100%股权转让给交易对方,以完成置出资产的交割。2016年12月26日,顺泰新材完成股东变更的工商变更登记手续。次日,鼎泰新材与顺丰控股确认了交割实施情况。顺泰新材的股东及股权结构变更如表8-4所示。

表8-4 顺泰新材的股东及股权结构变更表 金额单位:万元

序号	股东名称	出资额	出资比例
1	明德控股	729.144 0	68.40%
2	顺达丰润(有限合伙)	105.853 8	9.93%
3	嘉强顺风(有限合伙)	71.955 0	6.75%
4	招广投资	71.955 0	6.75%
5	元禾顺风(有限合伙)	71.955 0	6.75%
6	古玉秋创(有限合伙)	14.391 0	1.35%
7	顺信丰合(有限合伙)	0.746 2	0.07%
	合计	1 066.000 0	100.00%

3. 验资

普华永道中天会计师事务所出具"普华永道中天验字(2016)第1757号"《验资报告》,验证截至2016年12月27日,顺丰控股100%股权已经转移至鼎泰新材。本次变更后鼎泰新材新增股本为人民币3 950 185 873元,本次变更后公司的注册资本为人民币4 183 678 213元。

4. 新增股份

鼎泰新材于2017年1月18日办理完毕本次发行股份购买资产的新增股份登记申请。该上市公司向发行股份及支付现金购买资产交易对方合计发行股份3 950 185 873股。新增股份性质为有限售条件流通股,上市日为2017年1月23日,上市首日公司股价不除权,股票交易仍设涨跌幅限制。

(四)交易影响

1. 交易前相关财务信息

此次交易购买资产未经审计的最近一年资产总额、资产净额及最近一年的营业收入占上市公司最近一个会计年度经审计的合并财务报告相关指标的比例如表8-5所示。

表8-5 交易前最近一年的相关指标及数据　　　　　　　　　　　　　　　　单位:万元

项目	鼎泰新材	顺丰控股	交易金额	计算依据	指标占比
资产总额	88 541.15	3 471 657.33	4 330 000.00	4 330 000.00	4 890.38%
资产净额	70 800.22	1 369 573.62	4 330 000.00	4 330 000.00	6 115.80%
营业收入	66 846.55	4 810 115.48		4 810 115.48	7 195.76%

2. 对鼎泰新材股权结构的影响

本次交易前,鼎泰新材总股本为233 492 340股。根据交易方案,本次发行股份购买资产发行3 950 185 873股股份。本次交易完成后,王卫先生控制的明德控股将持有上市公司总股本的64.58%,明德控股将成为上市公司控股股东,王卫先生将成为该公司实际控制人。不考虑配套融资因素,本次交易完成前后该公司的股权比例变化如表8-6所示。

表8-6 本次交易前后股东持股比例变化表　　　　　　　　　　　　　　　　单位:万股

股东名称	此次交易之前		此次发行股份数量	此次交易之后	
	持股数量	持股比例		持股数量	持股比例
刘冀鲁	10 016.43	42.90%	—	10 016.43	2.39%
中科汇通(深圳)股权投资基金有限公司	2 552.96	10.93%	—	2 552.96	0.61%
刘凌云	1 439.47	6.16%	—	1 439.47	0.34%
交易前鼎泰新材其他股东	9 340.37	40.00%	—	9 340.37	2.23%
明德控股	—	—	270 167.29	270 167.29	64.58%
顺达丰润	—	—	39 221.65	39 221.65	9.38%
嘉强顺风	—	—	26 661.25	26 661.25	6.37%
招广投资	—	—	26 661.25	26 661.25	6.37%
元禾顺风	—	—	26 661.25	26 661.25	6.37%
古玉秋创	—	—	5 332.25	5 332.25	1.27%
顺信丰合	—	—	276.49	276.49	0.07%
合计	23 349.23	100.00%	394 981.41	418 330.65	100.00%

3. 对财务指标的影响

本次交易完成前后鼎泰新材主要财务数据比较如表 8-7 所示。

表 8-7 交易完成前后鼎泰新材主要财务数据　　　　单位：万元

财务指标	交易完成后（2016 年 1—6 月/2016 年 6 月 30 日）		
	实际数	备考数	变动幅度
资产总额	86 415.62	3 709 528.18	4 192.66%
归属于母公司股东所有者权益	70 264.40	1 786 968.11	2 443.21%
营业收入	31 663.75	2 608 706.00	8 138.78%
利润总额	1 291.14	239 137.91	18 421.45%
归属于母公司股东净利润	1 098.63	175 262.58	15 852.83%
每股收益（元）	0.05	0.42	740.00%
财务指标	交易前（2015 年度/2015 年 12 月 31 日）		
	实际数	备考数	变动幅度
资产总额	88 541.15	3 471 657.33	3 820.95%
归属于母公司股东所有者权益	70 800.22	1 369 573.62	1 834.42%
营业收入	66 846.55	4 810 115.48	7 095.76%
利润总额	2 927.67	169 050.50	5 674.24%
归属于母公司股东净利润	2 513.06	110 143.08	4 282.83%
每股收益（元）	0.11	0.26	144.61%

四、交易后风险

（一）市场风险

本次交易后，上市公司的主业将变更为快递物流业务，会明显受到宏观经济状况的影响。此外，公司还会面临不断变化的客户需求风险、市场竞争风险、新业务形态变化导致的风险以及股票价格波动风险。

（二）经营风险

本次交易后，上市公司变更为劳动密集型公司，会受到成本持续上升风险影响，面临租赁场地部分房产权属不完善、运输安全事故、信息系统潜在风险、服务质量以及行业竞争等风险。

（三）管理风险

本次交易后，上市公司在管理中会面临业务规模庞大及快速发展带来的内部管理风险、优秀管理人员和业务人员流失的风险、现金收款风险等。

五、本案例小知识

(一) 借壳上市

由于历史上相关限制,受所有制、业务类型、盈利能力、排队审批时间等各种因素困扰,一些民营企业直接成功上市比较困难,成本太高,借壳上市就成为一些企业的较佳选择。借壳上市又称买壳上市(reverse merger),是指非上市公司购买一家上市公司[①]一定比例的股权来获得上市公司的控制权,然后将自己的业务及资产注入上市公司,从而实现间接上市的目的。合并后的公司可以直接发行股票,而不必花费首次公开发行[②]所需要的全部费用。借壳上市后,非上市公司的股权流动性大大增强。借壳上市的过程比传统的首次公开发行速度更快,成本更低。借壳上市可能只需要几个月,而首次公开发行涉及面更广,需要更长时间。此外,借壳上市对股权的稀释程度要低于首次公开发行,且对IPO市场运行状况的依赖程度比较小。当IPO市场比较低迷时,借壳上市仍然可行。因此,国内外借壳上市的趋势通常较稳定,人们经常可以在金融媒体上看到出售"空壳"公司的广告,吸引非上市公司采用这种方式上市。

(二) 借壳上市的模式

借壳上市主要有三种模式:一般模式、置换模式和定向发行模式。

1. 一般模式

一般模式的操作流程包括三个步骤:买壳、清壳和注壳。

买壳主要有两种方式:一是收购国有股或法人股,这种收购方式的困难较大,要得到股权的持有人和主管部门的同意。场外收购,或称协议转让是我国买壳上市行为的主要方式。二是在二级市场上直接购买上市公司的股票,但收购成本较高。

清壳是指上市公司将其部分或者全部资产进行剥离出售,即对上市公司的壳进行清理。清壳后上市公司本身已经没有资产或者只有少量资产。

注壳是指上市公司向非上市公司(即收购方)收购其全部或部分资产,从而将非上市公司的资产注入上市公司,实现借壳上市。

2. 置换模式

置换模式是将一般模式的清壳和注壳两个步骤合并成资产置换一个步骤。资产置换是指非上市公司的资产和上市公司的资产进行置换,通过置换,上市公司原有资产被置

[①] 通常,这家上市公司的业绩不佳或者只剩下一个空壳。
[②] initial public offering,俗称 IPO。

出,实现清壳,同时非上市公司资产注入上市公司,实现借壳。

3. 定向发行模式

定向发行模式是指上市公司向非上市企业定向发行股份,非上市企业用资产支付购买股份的对价。通过购买定向发行的股份,非上市企业获得上市公司的控制权,实现借壳,同时用非上市企业的资产支付对价使得这些资产注入上市公司,实现注壳。

思考题

1. 顺丰控股与鼎泰新材的并购交易,是借壳上市吗?两者的交易构成重大资产重组行为吗?是关联交易吗?相关依据分别是什么?
2. 借壳上市与普通并购相比较,存在哪些异同?
3. 资产置换、发行股份购买资产以及募集配套资金分别是什么?一般在什么情况下会单独采用或组合以上三种方式共同完成企业并购?
4. 顺丰控股此次的借壳上市达到目的了吗?请进行分析。
5. 结合案例小知识思考顺丰的借壳上市是哪一种模式?
6. 对于此次并购,交易双方应当做何账务处理?

参考文献

[1] 鼎泰新材.董事会关于重大资产重组履行法定程序的完备性、合规性及提交法律文件的有效性的说明[EB/OL].(2016-06-15)[2024-10-12].http://www.cninfo.com.cn/new/disclosure/detail?orgId=9900010448&announcementId=1202369142&announcementTime=2016-06-15.

[2] 鼎泰新材.独立董事关于公司重大资产置换及发行股份购买资产并募集配套资金暨关联交易方案的独立意见[EB/OL].(2016-06-15)[2024-10-12].http://www.cninfo.com.cn/new/disclosure/detail?orgId=9900010448&announcementId=1202369150&announcementTime=2016-06-15.

[3] 鼎泰新材.顺丰控股(集团)股份有限公司2013年度、2014年度、2015年度及截至2016年3月31日止3个月期间财务报表及审计报告[EB/OL].(2016-06-15)[2024-10-12].http://www.cninfo.com.cn/new/disclosure/detail?orgId=9900010448&announcementId=1202369155&announcementTime=2016-06-15.

[4] 鼎泰新材.关于公司关于重大资产置换及发行股份购买资产并募集配套资金暨关联交易方案调整的说明[EB/OL].(2016-09-28)[2024-10-12].http://www.cninfo.com.cn/new/disclosure/detail?orgId=9900010448&announcementId=1202732322&announcementTime=2016-09-28.

[5] 鼎泰新材.重大资产置换及发行股份购买资产并募集配套资金暨关联交易之实施情况暨新增股份上市公告书(摘要)[EB/OL].(2017-01-20)[2024-10-12].http://www.cninfo.com.cn/new/disclosure/detail?orgId=9900010448&announcementId=1203031749&announcementTime=2017-01-20.

[6] 鼎泰新材.重大资产置换及发行股份购买资产并募集配套资金暨关联交易报告书(草案)(修订稿)[EB/OL].(2016-09-28)[2024-10-12].http://www.cninfo.com.cn/new/disclosure/detail?orgId=9900010448&announcementId=1202732327&announcementTime=2016-09-28.

案例九　华润与凤凰：混合所有制改革

> 医疗行业作为关系民生的重点支持产业，在国民经济中占有重要地位。我国医疗企业具有高技术、高投资和相对垄断的特点，但存在产业集中度低的问题。在行业资本结构不平衡的矛盾下，民营医疗机构想要发展，参与公立医院改制是为较好的选择。2016年4月，华润医疗控股有限公司（原华润医疗集团）（以下简称"华润医疗"）签署协议并发布公告收购凤凰医疗集团（以下简称"凤凰医疗"）。在综合医院行业，华润医疗和凤凰医疗的整合被看作是医疗服务行业混合所有制改革的标杆，本书选取该案例，以供分析思考此类并购内涵。

一、案例背景

（一）医院改制的需求

1985年，国务院批转了原卫生部1984年8月起草的《关于卫生工作改革若干政策问题的报告》，报告中提出："必须进行改革，放宽政策，简政放权，多方集资，开阔发展卫生事业的路子，把卫生工作搞好。"由此，中国的全面医改正式启动。自1985年的医疗体制改革开启以来，医疗行业经历了数次重大的转变。公立医院作为医疗服务的终端，是医改的重难点。国家鼓励社会资本采取并购、托管等多种方式参与公立医院改制，但同时由于公立医院性质特殊，为了防止国有资产流失及医院内因资本冲突造成的运营困难，国家积极指定公立医院为托管平台。

在行业资本结构不平衡的矛盾下，民营医疗机构想要发展，就必须获取更多的医疗终端迎合分级诊疗模式构建。对于民营医疗机构而言，参与公立医院改制既是机遇也是挑战。民营医疗机构需要利用国有资本获取政治资源，利用其背景参与公立医院改制。而国有医疗机构需要利用民营医疗机构先进的管理理念及管理经验，提升国有资本管理水平，降低成本，适应行业竞争。

（二）医疗服务产业发展的需求

凤凰医疗集团是中国规模最大的医疗服务产业集团，在已有医院网络规模及优势产业资源的基础上，有进一步完善医疗服务产业结构，延伸医疗网络规模，打造具有国际影响力的医疗服务集团的战略需求。如果未来能够在医疗机构管理、医疗技术交流、医疗资源共享等多方面与其他医疗企业深入合作，发挥彼此的产业优势，全面优化双方业务结构形成协同效应，则能够形成持续长远的发展，共同推动医疗服务产业的发展，以实现更高的社会价值。

二、交易各方简介

（一）凤凰医疗

1. 公司概述

凤凰医疗创立于1988年，是国内发展历史最长、医院投资管理经验最丰富、公立医院改革案例最多的社会办医企业集团。30多年来，凤凰医疗一直践行国家健康服务业的发展战略，持续参与医药卫生体制改革和混合所有制改革，创造了多个国内第一、行业第一，并被业内广泛复制和推广。凤凰医疗旗下主要有医疗、康养、国际与创新等业务板块，秉承"关爱、创新、坚持、分享"的理念，开展普惠性、多元化的医疗服务供给，以打造高品质市场化的平台型医院。

2. 发展历程

2013年，凤凰医疗成为首家登陆香港主板市场的医疗服务企业，首次进行了中国医疗健康产业的资本化，引领了中国医疗板块资本化和证券化的热潮。

2016年，凤凰医疗积极响应国家混合所有制改革号召，与华润医疗实现了混合所有制改革并完成资产重组。

2018年，凤凰医疗退出上市平台，探索医疗健康产业升级新模式，重塑北京燕化医院集团，打造平台型医院、互联网医院、医生集团等业务板块，创设平台型医疗健康服务集团。

2021年，凤凰医疗参与首都医疗健康产业集团战略重组，成为首都医疗控股股东，企业发展进入多元化、市场化、品牌化的全新阶段，取得企业发展战略上具有标志意义的历史性突破。在完成首都医疗战略重组后，凤凰医疗作为投资控股平台拥有北京燕化医院、北京爱育华妇儿医院、英智康复集团等18家医疗机构，年服务患者超过115万人次。

凤凰医疗的几个主要发展阶段如表9-1所示。

表 9-1 华润医疗主要发展阶段

时间段	发展时期	具体内容
1988—2000 年	初创期	创立吉林创伤医院,开办深圳凤凰医院,投资收购大连新世纪医院和无锡市政府办无锡新区医院
2000—2013 年	积累期	投资收购北京建工集团下属北京健宫医院、中石化集团下属北京燕化医院;与北京市门头沟区政府合作共建北京市门头沟区医院;与北京京煤集团合作共建北京京煤集团总医院;北京燕化医院、北京市健宫医院通过 JIC 认证
2013—2018 年	上市与混改期	凤凰医疗作为国内第一家医院运营商在香港挂牌上市(股票代码:01515);与河北省保定市政府合作共建保定市第三中心医院;与北京顺义区政府合作共建 IOT 区域医疗协作体系;凤凰健康公益基金会成立;凤凰医疗和华润医疗联合重组;北京燕化医院与牛津大学血液肿瘤中心合作成立肿瘤治疗中心
2018—2021 年	再造期	凤凰医联互联网医疗公司成立;凤凰万生医生集团成立;首都医疗战略重组,打造社会办医"首都模式";燕化医院成为北京医保 A 类定点医疗机构;矿机医院变更为中西医结合医院,参保用户无需选择定点即可报销

(二) 华润医疗

1. 公司概述

华润医疗于 2011 年在香港成立,是华润(集团)有限公司(以下简称"华润集团")的全资子公司。华润集团是国务院国资委直接管理的大型国有重点骨干企业之一,2021 年位列世界 500 强第 69 位。华润医疗专业从事健康产业的投资和运营管理,是华润集团重点打造的健康服务产业平台。自成立以来,华润医疗致力于中国医疗卫生事业及健康事业的长远发展,依托华润集团雄厚的综合实力、多元化投资优势和先进的管理理念,积极参与中国医疗体制改革,在医院及健康产业的投资、运营管理方面作出了积极的探索与实践。

华润医疗旗下拥有超过 192 家医疗机构,其中三级医院 15 家,实际开放床位超过 27 000 张,是华润医疗控股有限公司(香港联合交易所股份代码:1515.HK)第一大股东。截至本次交易前,华润医疗集团已拥有或管理 47 家医疗机构和 3 家养老机构,其中含 4 家三级医院,6 家二级医院,25 家一级医院和 12 家社区医疗机构,核定床位数超 5 000 张。该企业参与了昆明市儿童医院、武汉钢铁集团名下的华润武钢总医院等多家企业医院的股份制改革,还获批收购了淮北矿业集团旗下医院全部股权,已经成为与中信医疗健康产业集团有限公司、北大医疗产业集团有限公司和上海复星医药(集团)股份有限公司并列的国内四大非公立医疗集团之一。

在建设"健康中国"上升为国家战略后,在国家进一步深化医药卫生体制改革、促进社会资本办医的政策指引下,华润医疗围绕区域核心健康资源开展全国多点布局,建立全国多个重点区域的健康产业平台,整合健康行业资源,提升品牌知名度和影响力,目标是成为国内领先的医疗健康产业集团和国企医疗机构改革的领导者。

2. 发展历程

华润医疗的主要发展历程如下:

2011年,华润医疗集团有限公司成立,总部设在香港。作为华润集团的一级利润中心,由华润集团直接管理。

2012年,华润医疗与重庆、昆明、天津签署战略合作框架协议。特别是与昆明市儿童医院的股份制合作,开创了央企参与公立医院改革的先河。

2013年,华润医疗与美国JCI签署合资协议,共同就JCI认证培训业务开展合作。华润医疗与山西省太原市卫生局在共建妇儿专科领域展开合作,探索公立医院改革新模式。同年,华润医疗顶级专家顾问委员会成立。华润医疗在境内的医院业务投资平台——华润医院投资(中国)有限公司正式被认定为跨国公司在京地区总部。华润医疗旗下华润健康科技(北京)有限公司正式注册成立,该公司将作为华润医疗的健康管理业务平台,着重发展医疗衍生服务。

2014年,华润医疗的境内医院管理平台——华润医院管理有限公司正式注册成立。

2015年,华润医疗与华润资产管理公司正式签署三九医疗门诊部(深圳)有限责任公司(简称"三九门诊部")转让协议,三九门诊部成为华润医疗下属的第一家营利性医疗机构。华润杰思爱医院管理研究院(香港)有限公司在中国香港注册成立。

2016年,凤凰医疗全票通过关于收购华润医疗全资子公司广雄有限公司的股权买卖协议,华润医疗获配凤凰医疗4.6亿新股,正式成为凤凰医疗第一大股东,占股比例为35.7%,凤凰医疗更名为"华润凤凰医疗控股有限公司"。

2017年9月13日,经华润集团研究决定,华润医疗集团有限公司正式更名为华润健康集团有限公司[①],以进一步推动华润大健康产业的发展。

2018年,华润医疗与三井物产、普和希控股公司(PHC Holdings Corporation)签署战略合作备忘录。华润JCI医院管理研究院成为中国JCI咨询服务独家提供商。

2019年,华润医疗与辽宁省国资委、江西江投集团签署合作协议,为华润医疗正式进入江西、辽宁并布局东北大健康产业奠定了坚实的基础。

2020年,华润医疗与广西医科大学、广州船舶工业有限公司合作,共同推动医疗机构深化改革。

2021年,华润医疗与华润医疗的组织重塑取得阶段性成果,平台一体化成效显著。华润医疗将继续深化组织重塑,持续降本增效,推动公司"十四五"战略目标达成。

---

① 因前文先介绍了华润医疗集团,简称"华润医疗"。因此在公司更名后,为保持一致性,简称依然为华润医疗。

(三) 目标公司

广雄有限公司(以下简称"广雄公司")是华润医疗旗下全资子公司,于英属处女群岛注册成立,在中国提供综合医院服务及医院顾问服务,是此次交易的目标公司。目标公司拥有三九门诊部华润医院控股、深圳裕康润全部股权,以及华润武钢51%股权[①]。此次交易标的机构有徐州矿务集团总医院(简称"徐矿医院集团")、淮北矿工总医院集团(简称"淮矿医院集团")、广东三九脑科医院(简称"脑科医院")、三九门诊部及武钢医院集团(现名为华润武钢总医院),共包括44家医疗机构,均为医保定点单位。截至2015年12月31日实际共开放床位5 809张,2015年全年门诊量达到239万人次,住院量达到15.4万人次。2015年标的医院全年共实现营业收入合计人民币24.3亿元,净利润合计人民币1.82亿元。其中三九门诊部是唯一一家由目标集团通过直接股权有权营运的目标机构。以下是目标集团及标的机构架构图[②],如图9-1所示。

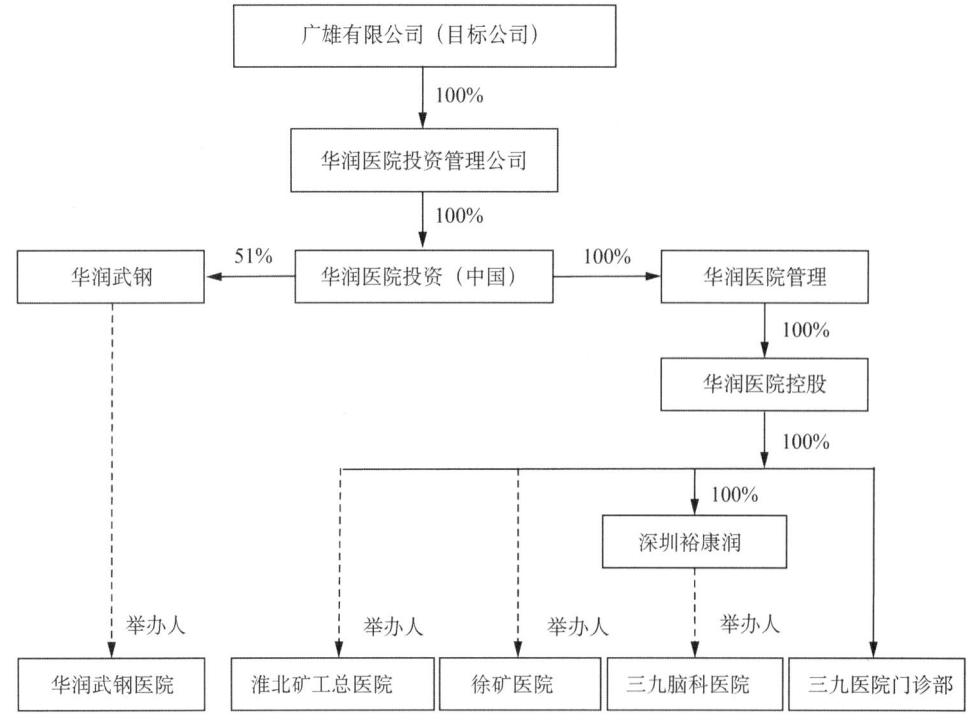

图9-1 目标集团及标的机构架构图

结构图中的华润武钢医院集团、淮北矿工总医院集团、徐矿医院集团、三九脑科医院

---

① 华润医院控股为淮矿医院集团及徐矿医院的举办人,深圳裕康润为脑科医院的举办人,华润武钢为武钢医院集团的举办人。

② 标的机构内容及数据均来源于公司公告《凤凰医疗:(1)有关收购广雄有限公司的主要及关联交易涉及根据特别授权发行代价股份(2)申请清洗豁免(3)建议增加法定股本(4)建议更改公司名称及(5)持续关联交易及特别交易》。

和三九医院门诊部为标的机构;华润医院投资管理公司、华润武钢、华润医院投资(中国)、华润医院管理、华润医院控股和深圳裕康润为目标公司成员。目标公司拥有余下目标机构对应举办人的股权,而对应举办人则拥有该等目标机构的若干权利及权力。

1. 徐矿医院集团

徐矿医院集团为徐州市一家非营利性二级医院,是徐州市医保定点医疗机构。截至2015年12月31日,徐矿医院设有18个临床科室,包括内科、外科、妇科、儿科、耳鼻喉科及眼科,并以其核医学科著称;该医院拥有员工568名,包括145名医师及376名医学专业人员,运营床位400张。145名医师当中包括4名主任医师、31名副主任医师、58名主治医师及52名住院医师。

2. 淮矿医院集团

淮矿医院集团旗下涵盖淮北矿工总医院、14家分院、9家小区医疗中心及1家养老机构。淮北矿工总医院(为蚌埠医学院附属医院)位于安徽省淮北市,为非营利性医院、淮北市医保定点医疗机构,是当地最大的三级医院之一。截至2015年12月31日,淮北矿工总医院设有29个临床科室,包括1个省重点专科及9个市重点专科,并以创伤外科为特色;该医院集团拥有员工2 583名,包括858名医师及1 509名其他医学专业人员,运营床位2 765张。该医院集团的858名医师当中包括33名主任医师、90名副主任医师、453名主治医师及282名住院医师。

3. 脑科医院

脑科医院为中国广东省广州市的一家非营利专科医院,资质相当于三级甲等医院。脑科医院拥有广东省最大的康复训练中心,为广州市医保定点医疗机构。截至2015年12月31日,脑科医院设有15个临床科室,包括其全国知名的神经外科;拥有员工1 051名,包括236名医师及663名其他医学专业人员,运营床位776张。该医院236名医师当中包括31名主任医师、32名副主任医师、62名主治医师及111名住院医师。

4. 三九门诊部

三九门诊部为由华润医院控股全资拥有的深圳市营利性医疗机构,为深圳市医保定点医疗机构。截至2015年12月31日,三九门诊部设有7个临床科室,包括内科、外科、皮肤科、耳鼻喉科及中医科,拥有员工47名,包括36名医师及11名其他医学专业人员。该医院36名医师当中包括1名主任医师、2名副主任医师、26名主治医师及7名住院医师。

5. 武钢医院集团

武钢医院集团旗下涵盖武钢总医院及武钢第二医院,均为中国湖北省武汉市三级医院、武汉市医保定点医疗机构。武钢总医院的举办人为华润武钢(由华润医院投资及武钢集团分别持有51%及49%股权的合营公司)。截至2015年12月31日,武钢总医院设有7家附属机构,包括1家康复医院及6家小区医疗中心,武钢第二医院设有9家附属机构,包括1家诊所、2家养老机构及6家小区医疗中心。武钢总医院及武钢第二医院合共设有46个临床科室,包括2个省重点专科及7个市重点专科。截至2015年12月31日,武钢医院集团拥有员工2 715名,包括646名医师及1 299名其他医学专业人员,运营床位1 868张。武钢医院集团的646名医师当中包括41名主任医师、262名副主任医师、192名主治医师及151名住院医师。

三、交易概述

(一) 交易目的

1. 凤凰医疗的目的

1) 凤凰医疗谋求发展的战略需求

本次收购事项是凤凰医疗迅速扩展其医院网络的宝贵机遇,是将该集团打造成为亚洲领先医院集团的主要战略之一。收购前凤凰医疗的医院网络仅集中在北京及河北,而收购事项将显著扩展该集团医院网络的地理覆盖范围至中国多个重点地区。而目标机构也将成为本集团的地区中心,可据此建立一个全国医疗及保健资源平台。该事项与集团长久以来的发展战略一致,将提升集团的品牌。

卖方华润医疗作为国内保健行业的一家大型国有企业,将成为凤凰医疗的控股股东。收购方认为该合作对整合集团及华润集团的资源具有重要价值,将进一步促进集团医院网络的扩展。华润集团医疗保健行业的丰富资源及多元化产业结构与凤凰医疗在公营医院改革及医院集团管理上的经验及专业知识相结合,通过收购事项整合双方权益,将会使之成为中国保健行业内的领先者。

2) 凤凰医疗优化自身结构的业务需求

本次收购事项将建立全国保健平台,推动成员机构之间的资源共享,通过规模经济效益节省采购成本;将进一步优化该集团的医疗服务业务结构、加强医疗服务质量以及运营及管理能力,为扩大集团的长远发展提供更强大支持。同时,扩大后的集团将专注于发展区域协作医疗体系,以透过基本预防保健、急症诊疗及康护医疗的服务网络间的协同效应建立分级诊疗体系,优化医疗资源分配。随着战略扩展至养老及保险等产业链,有助于集团探索医保结合和医养结合,从而成为全国医疗健康供给生态系统的重要部分。

2. 华润医疗的目的

1) 华润医疗产业布局的战略要求

2015年7月,华润(集团)有限公司董事长傅育宁对华润健康进行了进一步指示,要求其抓住京津冀体化发展机遇,加快布局在京津冀地区的医疗资源,实现跨区域诊疗。而此次反向购买的对象凤凰医疗,在京津冀地区运营管理60家医疗机构。在产业布局上,华润健康着重打造区域协作的诊疗体系,实现初级诊疗、重症诊疗和康护医疗三大板块的协同发展,配合国家分级诊疗体系构建,优化企业医疗资源的配置。而这些发展方向刚好同凤凰医疗的布局相似,两者的结合可以起到相辅相成的作用。

2) 华润医疗欲构建新商业模式的发展需求

华润医疗本次交易主要目的在于扩大企业规模、占领市场份额,收购标的大多数是公立医院,但其商业模式发展结果并不理想,想要通过公立医院来实现盈利有一定的困难。而凤凰医疗独特的 PPP 运营模式①及其供应链模式受到业界普遍认可且盈利能力更强。借助凤凰医疗在医院管理和运营方面的经验探索公立医院向民营医院转型以及集团新型盈利模式,有利于提升华润医疗的医疗资源运营管理水平。

3) 华润医疗提高运营能力的管理要求

2014 年华润集团董事长傅育宁对华润健康团队作出了重要指示:要重视、解决集团内医疗团队建设与医疗体系建立的问题,并鼓励培养管理团队以实现管理输出式扩张,不断为现有医疗团队注入优质力量,提升医疗团队总体水平。通过自建与并购相结合的方式,可以同步发展高端和基础医疗机构,形成医院之间的上下联动,扩大规模效应,并以此进一步确立企业在医疗行业中的地位。

华润的医疗板块由于成立时间较短,医疗团队的融合是其"短板"所在,而凤凰医疗团队拥有 30 多年的医疗运营经验,在医疗团队运营上有十分宝贵的经验,本次并购有助于提升华润医疗专业团队的管理能力。

(二) 交易过程

目标公司重组,剥离无关资产。目标公司着手将业务无关的华润健康科技转出,调离与医院运营无关员工。华润集团向广雄公司转让深圳裕康润 100%股权。华润医院分别与徐矿医院集团、淮矿医院集团及脑科医院订立顾问服务合同。华润武钢向武钢医院集团转让用于武钢医院集团营运的若干资产。广雄公司向华润集团发行 4 999 股股份以偿还华润集团为其垫付的人民币约 1 109 633 000 元贷款。

2016 年 4 月 8 日交易方签署收购协议并发布公告,凤凰医疗以 3 721 824 669 港元向华润医疗收购其广雄公司全部股份。

2016 年 9 月,凤凰医疗以发行 462 913 516 股股份偿付作为收购广雄公司的代价,每股发行价为 8.04 港元,较买卖合同日期前的最后交易日即 8 月 29 日收市价 12.9 港元折让 37.7%。交易完成后,凤凰医疗拥有广雄公司 100%股份,并能够对其旗下包括 47 家

---

① 凤凰医疗的 PPP 运营模式主要包括 IOT 模式和医院托管模式。IOT 模式(投入—运营—移交模式)是凤凰医疗集团的一种重要运营方式。在这种模式下,公司通过对医院进行固定投资承诺,改善医院的医疗设施和诊疗设备,以交换在若干年期限内管理和营运相关医院,并收取医院的管理费。医院托管模式是凤凰医疗集团另一种重要的运营方式。在这种模式下,公司参与医院的托管,负责医院的管理和运营工作。这种模式利用市场机制合理分配风险,提高公共产品和服务的供给数量、质量和效率。

医疗机构及3家养老机构实施控制。医疗机构核定床位4 954张，实际开放床位约6 000张。而华润医疗持有凤凰医疗35.7%股份，并成为凤凰医疗第一大股东。同时将其名称由凤凰医疗集团有限公司（Phoenix Healthcare Group Co. Ltd.）变更为华润凤凰医疗控股有限公司（China Resources Phoenix Healthcare Holdings Company Limited）。本次交易对象股权结构如图9-2所示。

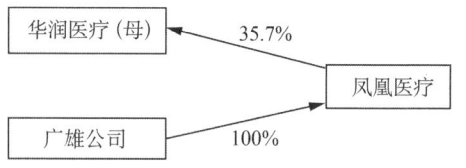

图9-2 本次交易对象的股权结构

（三）交易结果

借助这次转让，华润医疗对旗下医疗资源进行了系统梳理，达到了重组目的，并借鉴凤凰先进的医院管理经验以进一步完善医院标准化运营体系。华润医疗以资产换股权的方式实现华润医疗主要资产上市，并在并购后正式成为中国最大的医疗集团。此外，华润医疗借助凤凰医疗医院改制中的收益和渠道及医疗管理经验，实现营运与盈利模式互补，同时还能为医疗机构混合所有制改革提供经验。

本次交易前后，目标公司的股权变化如图9-3所示。

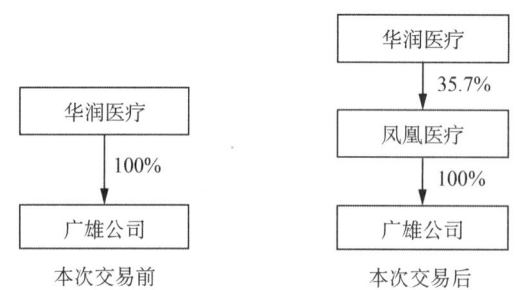

图9-3 本次交易前后的股权结构变化图

（四）交易前后凤凰医疗财务状况

表9-2和表9-3为凤凰医疗2013年、2014年、2015年及2016年的综合财务资料概要，分别摘录于公司四个年度的年报及公司公告。

表9-2 凤凰医疗2013—2016年（本次交易前）利润表　　　　　　单位：亿元

项目	2013年	2014年	2015年	2016年
营业收入	8.873 5	12.062 7	13.722 7	15.328 3
营业成本	6.744 6	9.085 6	10.426 9	11.262 0
毛利	2.126 9	2.977 0	3.295 8	4.066 3

(续表)

项目	2013 年	2014 年	2015 年	2016 年
其他收入	0.641 4	0.942 6	0.990 9	0.931 8
其他收益与亏损①	-0.069 9	0.120 4	0.013 9	-17.286 9
销售费用	0.083 5	0.082 1	0.106 1	0.241 2
管理费用	0.657 8	0.773 7	1.393 2	1.479 3
其他开支	0.245 1	0.007 1	0.030 0	0.356 2
财务费用	0.351 8	0.009 4	0.273 8	0.003 4
投资收益			0.018 0	-0.155 7
利润总额	1.430 1	3.167 6	2.479 7	-14.524 8
所得税	0.468 6	0.772 3	0.755 5	0.473 3
净利润	0.961 4	2.395 3	1.724 1	-14.998 1

2016 年净利润亏损约 15 亿元,主要亏损源于利润表中的其他损益项目,其项目包含非经常性损益和特殊支出,亏损为 17.286 9 亿元。而该集团 2016 年报显示,本次并购产生巨额商誉,当年一次性计提商誉减值准备人民币 17.27 亿元。2016 年年报显示,凤凰医疗将广雄公司及其子公司作为现金产生单位,对其可收回金额按照公允价值减去处置成本进行估值。以管理层在 9 年内批准的财务预算为基准,采用现金流量进行预测。9 年以上的现金流量部分,采用估计加权平均增长率 2.89% 进行推算。现金流量采用 10.16% 的税后折现率进行估算。该集团当年就收购事项产生的商誉减值亏损为人民币 1 727 499 000 元,主要是收购日股价每股 12.34 港元与该公司于同日公布日期为 2016 年 8 月 30 日的买卖协议所述有关 462 913 516 股代价股份的发行价每股 8.04 港元之差额。

表 9-3 凤凰医疗 2013—2016 年(本次交易前)财务指标　　　单位:亿元

指标分析	2013 年	2014 年	2015 年	2016 年
每股指标				
基本每股收益	0.160 0	0.280 0	0.200 0	-1.670 0
每股净资产	1.939 6	1.951 5	2.096 4	4.039 9
每股经营现金流	0.203 5	0.328 9	0.277 9	0.172 6
每股营业收入	1.064 3	1.446 8	1.645 9	1.182 1

---

① 这里的其他收益与亏损(other gains and losses),即其他损益,是一个净额数,主要包括汇兑损益、商誉减值亏损、共同基金公允价值之变动、处置房屋、厂房及设备的亏损,视为出售联营企业的收益等等。受新发布及经修订的国际财务报告准则的影响,该项目核算内容也会出现相应的变化。

(续表)

指标分析	2013年	2014年	2015年	2016年
盈利能力指标				
净资产收益率	8.5607%	14.1818%	9.899%	-43.1408%
总资产净利率	5.7230%	11.1245%	7.8289%	-34.6277%
营业总收入同比增长	17.0602%	35.9395%	13.7617%	11.7006%
财务风险指标				
资产负债率	19.2174%	13.7512%	17.4127%	16.9161%
流动负债/总负债	98.7101%	98.8336%	99.2555%	68.9718%
流动比率	3.6569	4.7280	3.3192	2.1989

四、交易对凤凰医疗的影响

(一) 对股权结构的影响

在华润医疗进入之前,凤凰医疗是一家民营医疗机构,其大股东是其创始人徐捷女士及其一致行动人,共持有 25.05% 股份。交易完成后,华润医疗成为凤凰医疗的控股股东,占扩大后股本的 35.7%;而原第一大股东徐捷女士及其一致行动人成为第二大股东,仍为主要股东;现有其他公众股东的股权则从约 69.66% 降至约 44.79%,摊薄约 24.87%。

(二) 对财务状况的影响

此次交易后,华润凤凰 2016—2019 年的利润情况如表 9-4 所示。

表 9-4 华润凤凰 2016—2019 年(本次交易后)利润表 单位:亿元

项目	2016年	2017年	2018年	2019年
营业收入	15.3283	18.7772	20.5948	21.1532
营业成本	11.2620	12.0949	13.0280	13.5303
毛利	4.0663	6.6824	7.5668	7.6229
其他收入	0.9318	0.5963	0.7291	0.7527
其他损益	-17.2869	0.2476	-0.1124	-0.2656
销售费用	0.2412	0.2511	0.1118	0.2656
管理费用	1.4793	1.8655	2.0354	2.3743
其他开支	0.3562	0.0079	0.0042	0.0226

(续表)

项目	2016 年	2017 年	2018 年	2019 年
财务费用	0.003 4	0.024 82	0.077 0	0.169 4
投资收益	−0.155 7	0.217 9	0.021 5	0.046 4
利润总额	−14.524 8	5.595 1	5.889 4	5.413 0
所得税	0.473 3	1.298 1	1.493 9	1.406 7
净利润	−14.998 1	4.297 0	4.395 6	4.006 3

思考题

1. 借壳上市与反向购买、IPO 有什么区别？它们的经济实质各是什么？
2. 本次华润医疗并购凤凰医疗事项属于借壳上市吗？并购的方式是什么？
3. 本次混合所有制改革以什么方式展开并购？民营资本入股国有企业还是国有企业购买民营企业？请说明判断依据。试与云南白药的混改进行比较。
4. 根据是否属于同一控制下的合并来判断本次合并的类型，并说明你的判断依据。请为交易各方进行相应的账务处理。
5. 请根据并购前后的财务数据进行分析，并购双方的目的是否达成了？交易完成后，华润凤凰的经营情况如何？请说明你的理由。
6. 本次凤凰医疗与华润医疗的合并是否产生了商誉？是否形成损失？该公司的判断是否有相应的准则依据？

参考文献

[1] 凤凰医疗.内幕消息收购目标公司华润收购事项之更新资料及恢复买卖[EB/OL].(2016-05-03)[2024-10-12]. http://www.cninfo.com.cn/new/disclosure/detail?plate=hk&orgId=9900027667&stockCode=01515&announcementId=1202286954&announcementTime=2016-05-03%2016:23.

[2] 凤凰医疗.(1)有关收购广雄有限公司的主要及关联交易涉及根据特别授权发行代价股份(2)申请清洗豁免(3)建议增加法定股本(4)建议更改公司名称(5)持续关联交易及特别交易[EB/OL].(2016-08-30)[2024-10-12]. http://www.cninfo.com.cn/new/disclosure/detail?plate=hk&orgId=9900027667&stockCode=01515&announcementId=1202655545&announcementTime=2016-08-30%2012:25.

[3] 凤凰医疗.延迟寄发关于(1)有关收购广雄有限公司的主要及关联交易涉及根据特别授权发行代价股份(2)申请清洗豁免(3)建议增加法定股本及(4)建议更改公司名称的通函[EB/OL].(2016-09-20)[2024-10-12]. http://www.cninfo.com.cn/new/disclosure/detail?plate=hk&orgId=9900027667&stockCode=01515&announcementId=1202711107&announcementTime=2016-09-20%2018:46.

[4] 凤凰医疗.内幕消息收购目标公司可能申请清洗豁免及恢复买卖[EB/OL].(2016-04-08)[2024-10-12]. http://www.cninfo.com.cn/new/disclosure/detail?plate=hk&orgId=9900027667&stock

Code＝01515&announcementId＝1202155272&announcementTime＝2016-04-08％2016；27.

［5］凤凰医疗.於 2016 年 10 月 31 日举行之股东特别大会之投票表决结果授出清洗豁免完成收购广雄有限公司的主要及关联交易［EB/OL］.（2016-10-31）［2024-10-12］.http：//www.cninfo.com.cn/new/disclosure/detail?plate＝hk&orgId＝9900027667&stockCode＝01515&announcementId＝1202809079&announcementTime＝2016-10-31％2023；39.

［6］凤凰医疗.（1）有关收购广雄有限公司的主要及关联交易涉及根据特别授权发行代价股份（2）申请清洗豁免（3）建议增加法定股本（4）建议更改公司名称（5）持续关联交易及（6）股东特别大会通告［EB/OL］.（2016-10-07）［2024-10-12］.http：//www.cninfo.com.cn/new/disclosure/detail?plate＝hk&orgId＝9900027667&stockCode＝01515&announcementId＝1202745265&announcementTime＝2016-10-07％2023；59.

［7］华润凤凰医疗.年报 2016［EB/OL］.（2017-04-27）［2024-10-12］.http：//www.cninfo.com.cn/new/disclosure/detail?plate＝hk&orgId＝9900027667&stockCode＝01515&announcementId＝1203418474&announcementTime＝2017-04-27％2023；59.

［8］凤凰医疗.年报 2014［EB/OL］.（2015-04-23）［2024-10-12］.http：//www.cninfo.com.cn/new/disclosure/detail?plate＝hk&orgId＝9900027667&stockCode＝01515&announcementId＝1200896241&announcementTime＝2015-04-23％2016；44.

［9］华润医疗.二零一八年报［EB/OL］.（2019-04-26）［2024-10-12］.http：//www.cninfo.com.cn/new/disclosure/detail?plate＝hk&orgId＝9900027667&stockCode＝01515&announcementId＝1206136559&announcementTime＝2019-04-26％2023；59.

案例十　武汉中商收购居然新零售

> 我国经济的不断发展,带动了城市基建的不断完善,为零售业与泛家居行业的欣欣向荣创造了条件。2019年1月20日,北京居然之家家居新零售集团股份有限公司(以下简称"居然新零售")召开董事会及股东会,审议通过了关于本次武汉中商集团股份有限公司(以下简称"武汉中商")收购居然新零售的重组议案。本案例以此收购为背景,从收购背景、目的出发分析本次交易的实施过程、对上市公司的影响以及交易后经营业绩,以供分析。

一、案例背景

(一) 泛家居行业市场前景广阔

随着我国经济的飞速发展及居民生活水平的不断提高,我国泛家居行业呈现快速增长趋势。我国泛家居行业发展存在以下有利因素。

1. 城镇化进程的稳步推进驱动泛家居行业的可持续发展

我国城镇化率保持稳步上升,2018年城镇化率达到58.98%,城镇化水平的快速提升带来人口迁移和新增住房需求,从而推动家居行业的发展。住房需求的增加将促进城镇住房建设投资增长,还为家居行业提供广阔市场空间。同时,相比发达国家的城市化水平,我国城镇化率仍有较大的上升空间。根据各国政府统计数据,2018年日本的城镇化率为91.62%,2018年美国的城镇化率为81.26%。随着我国经济不断发展,城市基建的不断完善,未来我国的城镇化率将进一步上升。

2. 居民可支配收入的不断增长促进消费者需求高端化

2014—2018年,我国城镇居民人均可支配收入由28 844元上升至39 251元,年复合增长率为8.01%;农村居民人均可支配收入由10 489元上升至14 617元,年复合增长率为8.65%。随着收入水平持续增长,消费者会追求更舒适、更高质的居住空间,对家装建材,家居用品及饰品、家具的要求也将不断提高。具体来说,消费者在购买家居产品时,将更看重"品质""设计""环保"等参考要素,"价格"不再是其购买产品的唯一因素,未来成长可期。

3. 房地产行业的平稳发展推动泛家居稳定增长

近年来我国房地产和建筑行业不断发展,有效改善了城镇居民的住房条件,提高了城镇居民的住房水平。尤其近年来国家为了抑制大城市房价过快增长,控制投资、投机性房地产需求,减弱房地产的资产属性而回归至正常的居住属性,促使大量投资、投机性存量房或空置房转化为居住性住房,具备居住或出租功能,成为家居装饰及家具市场需求的新来源。此外,在以北上广深为代表的超一线、一线城市,二手房交易近年来逐渐兴起,存量房交易已成为这些城市房地产交易的重要部分。从新房装修到二次装修的更换周期为6~10 年,2009 年之后商品房市场的高存量空间成为二次装修需求的有力基础,二手房交易将推进二次装修市场需求的强劲增长,并带来家具市场的业绩新增量。

(二)混改深化促进产业结构调整

2015 年以来,中共中央、国务院发布的《关于深化国有企业改革的指导意见》,国务院发布的《关于改革和完善国有资产管理体制的若干意见》等一系列国企改革文件,鼓励国有企业积极实行改革、提高国有资本流动性。同时,"十三五"规划实施以来,国家大力推动供给侧结构性改革,通过持续推行扩大国内消费的总体部署、优化消费结构,为保持经济长期稳定增长和改善民生提供更持久的动力。另外,湖北省商贸零售行业有多家国有控股上市公司,同质化竞争较为严重,企业竞争力有待进一步提升。因此,为积极响应国家混合所有制改革以及供给侧结构性改革的号召,多家国有企业开始引进民营资本成为上市公司股东,实现国有资本与民营资本的深度合作与整合,以期利于商贸零售产业结构的调整及发展。

二、交易各方简介

(一)武汉中商

武汉中商的前身为武汉市中南商业大楼。中南商业大楼始建于 1984 年 9 月,是一家主要从事商业零售及批发业务的全民所有制大型商业零售企业。武汉中商历经 20 多年的长足发展,由单一的传统百货店发展成为一个"商贸多业态、经营连锁化、管理现代化"的企业集团。

1. 主要业务

武汉中商主要从事零售业务,同时涉足商业物业开发、电商服务等产业,主营业态包括现代百货、购物中心、超市等。具体经营范围有超级市场零售、其他综合零售、物流配送、仓储(不含易燃、易爆物品)、摄影、干洗、复印、字画装裱、房地产开发经营、房屋出租、物业管理、进出口贸易、汽车货运等。其网点布局跨湖北省内10多个城市,拥有9家现代百货店及购物中心,1家购物中心,51家超市大卖场和"万村千乡"加盟店,13家药品零售店,营业总面积近60万平方米。旗下拥有中南商业大楼、中商广场购物中心、中商徐东平价广场、武汉销品茂等国内知名的零售卖场。截至2019年,武汉中商已发展成为一个集商贸、餐饮、实业、房地产于一体的综合性企业集团,是武汉市20强企业之一,并连续多年位列全国商业10强、国内连锁30强、中国零售100强、中国企业500强。

2. 发展历程

1990年,中南商业大楼组建武汉中南商业(集团)股份有限公司①,股本总额为3 883.60万元,公有股与个人股占总股本的比例分别为64.59%和35.41%。

1992年,武汉中商向社会发行法人股860万股,每股面值为1元,按1∶2.8溢价发行,股本总额变为4 743.60万元,国家股、法人股和社会公众股占总股本的比例分别为52.88%、18.13%和28.99%。

1993年,武汉中商以经营性土地使用权(国有土地)折为国家股本750万股,折股后的股本总额为5 493.60万元,国家股、法人股和社会公众股占总股本的比例分别为59.32%、15.65%和25.03%。

1997年,"武汉中南商业(集团)股份有限公司"更名为"武汉中商集团股份有限公司"。7月,武汉中商社会公众股在深圳证券交易所挂牌交易,股票代码为000785,第一大股东是武汉国有资产经营公司,持股比例为59.32%。

2006年,股权分置改革,武汉中商非流通股股东向流通股股东按一定比例送股作为对价,以换取其非流通股股份的流通权。第一大股东武汉国有资产经营公司的持股比例变为45.07%。

2007年,武汉中商的控股股东变更为武汉商联,持股比例为45.81%。

3. 股权结构

截至本次并购前,武汉中商的股权控制关系如图10-1所示。

(二) 居然新零售

居然新零售以"大家居"为主业,业务涵盖室内设计、装修、家居建材销售、智能家居、居然管家、保理融资、居然小贷与担保、智慧物流、后家装服务以及百货商场、购物中心、生活超市等多种业态。在2019年中国连锁百强榜单中排名第8位。截至2021年年底,居然新零售经营了421个家居卖场,包含95个直营卖场和326个加盟卖场,在武汉、荆州、黄冈等

---

① 中南商业大楼以截至1989年12月31日的账面经营性资产净值2 508.60万元折成公有股2 508.60万股,并向社会个人发行股票1 375万股,每股面值为1元,按1∶1平价发行。

● 企业合并会计案例分析

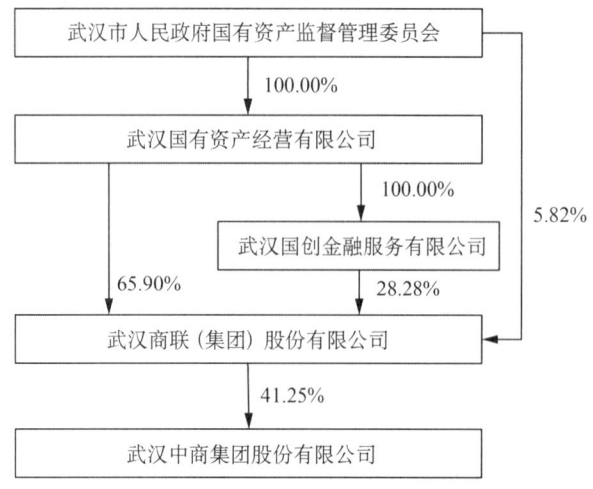

图 10-1 武汉中商的股权控制关系图

城市经营 7 家现代百货店、1 家购物中心和 137 家各类超市,其销售额突破 1 040 亿元。

1. 主要业务

1)家居卖场服务

公司以"居然之家"为品牌开展连锁卖场经营管理,通过吸引泛家居领域内商户入驻卖场并统一管理,为消费者提供建材、家具、家居用品及饰品等"一站式"购买服务。居然新零售以直营和加盟两种模式发展连锁卖场,截至 2018 年 12 月 31 日,居然新零售共经营管理 284 家"居然之家"门店,其中直营模式类为 86 家(其中自有店 11 家、租赁店 75 家),加盟模式类为 198 家(其中特许加盟 75 家、委托管理加盟 123 家),主要分布在北京、山西、河北、河南、山东、湖北、重庆、四川、内蒙古、辽宁、黑龙江、新疆、江苏等省、自治区及直辖市。

2)家居建材超市业务

居然新零售的家居建材超市业务通过旗下品牌"丽屋"(以下简称"居然超市")开展,居然超市通过租赁"居然之家"卖场的商铺销售商品,进行直营式家居零售,现已是同类卖场中销售规模领先、品质突出的零售、批发、线上线下一体化的家居建材超市之一。作为居然新零售延长产品经营链条、完善"一站式"商业模式所跨出的第一步,居然超市在打造居然新零售独特的商业管理模式、提升企业内在价值等方面发挥了重要作用。

3)设计家业务

设计家平台是由居然新零售搭建的智能设计和家装管理服务平台,该平台体系包括设计云平台、家具材料采购平台、商品销售平台、施工管理平台、物流配送平台和智能家居服务平台六大板块。其中,设计云平台是居然新零售打造的设计软件,具有较强的图像输出能力和丰富的渲染效果。家具材料采购平台是连接供应商和用户的一站式、多层次、多样化平台。商品销售平台是居然新零售未来为家居建材经销商打造的销售渠道,以免去经销商自建平台的麻烦,实现线上线下营销相结合。施工管理平台意在为施工项目各参与方提供方便,能够实现各方协同工作。物流配送平台是居然新零售未来与智慧物联业务打通的平台。智能家居服务平台是设计家平台未来侧重于家装售后管理的智能化售后管理和服务平台。

4) 家居会展业务

居然新零售开展会展业务的核心竞争力在于其拥有庞大的经销商和设计师群体、强大的卖场网络和品牌影响力。居然新零售的家居会展业务由子公司北京中展居然国际展览有限公司(以下简称"中展居然")负责。中展居然通过举办家居展会,向参展方收取展会赞助费、展位费和广告费。截至本次交易前,中展居然已经举办 2017 年首届北京国际家居展暨中国生活节、2018 年 6 月的北京国际家居展暨智能生活节和 9 月的北京室内装饰和设计博览会暨智能云栖生活节。中展居然举办的家居、建材展连接了上游品牌商和下游经销商、采购商,会展主打"国际品牌""原创设计""智能家居"等主题,是家居潮流和风向标的展示平台。

5) 智慧物联业务

截至本次交易前,居然新零售子公司居然物联正在筹备智慧物联业务,打造以家居大件的到家服务为经营特色,集仓储、配送、安装、结算、售后服务平台于一体的智能物流管理平台,构筑全国智慧物流园网络系统,以解决消费者服务流通环节信息不对称、厂商流通成本高和家居物流企业管理粗放、运营效率低等问题。居然物联通过建设物流园和智慧物联平台,发挥集约化规模效益,充分运用人工智能技术,以大数据、物联网为基础,以实体店网络为依托,为包括居然新零售在内的所有厂商、顾客,提供仓储配送、安装服务、定制加工、品牌展示、生活配套等一站式物流解决方案。

2. 发展历程

2015 年 4 月 30 日,居然新零售由居然控股出资 10 000 万元设立,居然控股为唯一股东。

2016 年 12 月 22 日,唯一股东居然控股将其持有居然新零售的 1 000 万元出资(占注册资本 10.00%)转让给汪林朋,转让价格为 1 000 万元。

2017 年 10 月 15 日,居然控股分别与慧鑫达建材有限公司(以下简称"慧鑫达建材")和慧达装饰工程有限公司(以下简称"慧达装饰")签署股权转让协议,约定居然控股分别向慧鑫达建材和慧达装饰各转让其持有居然新零售的 1 700.00 万元出资(占注册资本 17.00%),转让价格均为 82 542.07 万元;汪林朋与致达建材有限公司(以下简称"致达建材")签署股权转让协议,约定汪林朋将其持有的居然新零售 450 万元出资(占注册资本 4.50%)转让给致达建材,转让价格为 21 849.37 万元。

2018 年 1 月 5 日上述股权变更完成后,标的公司的股权结构如表 10-1 所示。

企业合并会计案例分析

表 10-1 标的公司的股权结构 金额单位：万元

序号	股东名称	出资额	股权比例
1	居然控股	5 600.00	56.00%
2	慧达装饰	1 700.00	17.00%
3	慧鑫达建材	1 700.00	17.00%
4	汪林朋	550.00	5.50%
5	致达建材	450.00	4.50%
合计		10 000.00	100.00%

2018 年 3 月 8 日，居然新零售的注册资本由人民币 10 000.00 万元增加至人民币 12 755.102 0 万元，新增注册资本 27 551 020 元由阿里巴巴等 21 名新增投资者认购；居然新零售原有股东慧鑫达建材、慧达装饰、致达建材向 21 名新增投资者转让股权；居然新零售原有股东居然控股、汪林朋、慧鑫达建材、慧达装饰、致达建材同意就该次增资及股权转让放弃相应的法定或约定的优先购买权。

3. 股权结构

截至本次交易前，居然新零售股权控制关系如图 10-2 所示。

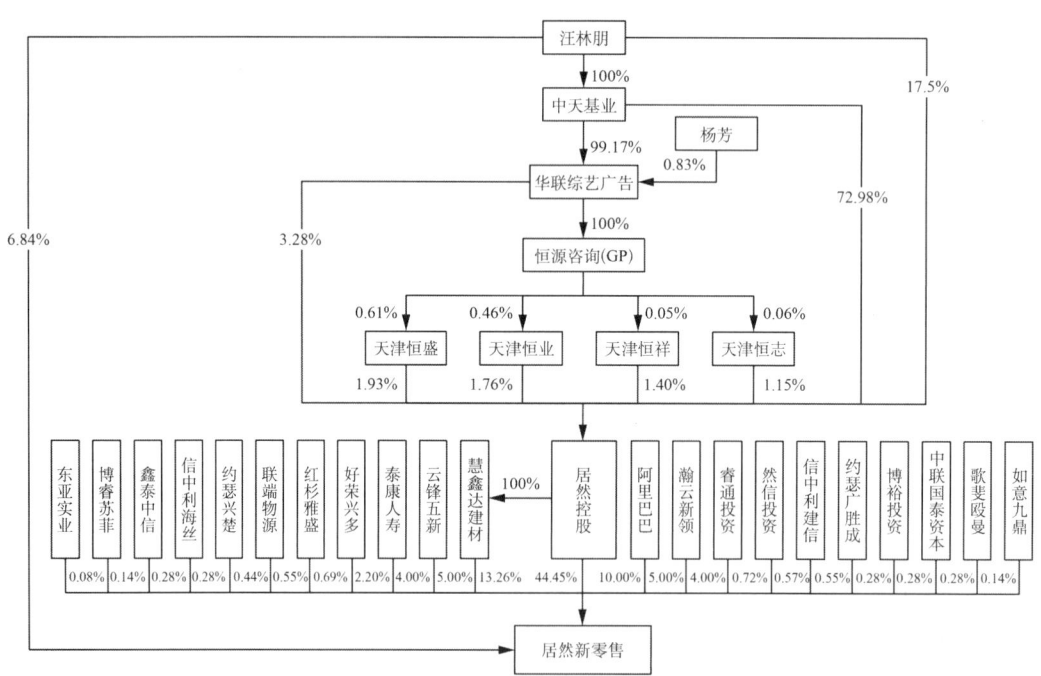

图 10-2 居然新零售股权控制关系图

三、交易概述

(一) 交易目的

1. 提高盈利能力,实现业态转型升级

通过本次交易,武汉中商与居然新零售能够实现百货业态与家居零售业态的跨界融合,武汉中商结合阿里巴巴的新零售经验实现业态转型升级。武汉中商将在原有零售业务的基础上,注入盈利能力较强、发展前景广阔的家居建材商场、建材零售超市、家庭装饰装修等业务,以实现其主营百货业务与家居零售业务的融合,并改善公司经营状况,提高公司资产质量,增强公司盈利能力和可持续发展能力,以实现上市公司股东利益最大化。此外,居然新零售与阿里巴巴在新零售领域的创新实践中,累积了丰富的经验。此次交易将会注入居然新零售更多资产,在其新零售经验下逐步实现门店的改造与业态升级。

2. 保护并提升股东的利益

2016—2018 年,居然新零售经审计的营业收入分别为 649 791.3 万元、738 934.90 万元和 836 944.8 万元,净利润分别为 82 919.17 万元、112 594.56 万元和 196 161.24 万元。通过合并居然新零售,武汉中商的盈利能力将得到大幅提升,有利于保护全体股东尤其是中小股东的利益,实现利益相关方共赢的局面。而居然新零售亦将实现同 A 股资本市场相对接,可进一步推动公司的业务发展,提升其在行业中的综合竞争力,提升品牌影响力,实现上市公司股东利益最大化。

(二) 交易内容

1.《发行股份购买资产协议》及其补充协议

1) 标的资产

武汉中商同意根据《发行股份购买资产协议》及其补充协议通过非公开发行股份的方式购买交易对方持有的居然新零售 100%的股权。本次交易完成后,居然新零售将成为上市公司的全资子公司,交易对方将成为上市公司的股东。

2) 交易价格及定价依据

本次交易过程中,武汉中商购买的标的资产的最终交易价格以开元评估 2018 年12 月 31 日评估基准日出具的且经武汉市国资委核准确认的《评估报告》所确定评估值为依据。《评估报告》确定标的资产(即居然新零售 100%的股权)的评估值为 3 567 401 万元,经各方协商一致确定,标的资产交易价格为 3 565 000 万元。

3) 标的资产交易对价

根据《发行股份购买资产协议》及其补充协议的约定以及各方协商确定的标的资产交易价格,每一交易对方通过本次交易取得武汉中商的股份对价具体情况如表 10-2 所示。

表 10-2 武汉中商的股份对价具体情况

序号	交易对方	交易对价金额(元)	通过本次交易获得的股份对价(股)
1	汪林朋	2 438 460 065	394 572 826
2	北京居然之家投资控股集团有限公司	15 847 886 655	2 564 382 953
3	霍尔果斯慧鑫达建材有限公司	4 725 763 941	764 686 721
4	阿里巴巴(中国)网络技术有限公司	3 565 000 000	576 860 841
5	杭州瀚云新领股权投资基金合伙企业(有限合伙)	1 782 500 279	288 430 465
6	上海云锋五新投资中心(有限合伙)	1 782 500 000	288 430 420
7	泰康人寿保险有限责任公司	1 426 000 056	230 744 345
8	天津睿通投资管理合伙企业(有限合伙)	1 426 000 056	230 744 345
9	寺岛好荣兴多商业资产投资中心(有限合伙)	784 549 467	126 949 751
10	武汉然信股权投资合伙企业(有限合伙)	258 426 754	41 816 626
11	宁波梅山保税港区红杉雅盛股权投资合伙企业(有限合伙)	245 200 724	39 676 492
12	共青城信中利建信投资管理合伙企业(有限合伙)	201 636 520	32 627 268
13	宁夏联瑞物源股权投资合伙企业(有限合伙)	196 146 101	31 738 851
14	黄网约瑟广胜成壹号股权投资基金合伙企业(有限合伙)	196 146 101	31 738 851
15	黄冈约瑟兴楚股权投资基金合伙企业(有限合伙)	155 932 775	25 231 840
16	博格三期(上海)股权投资合伙企业(有限合伙)	98 073 190	15 869 448
17	杏岛信中利海丝文化投资中心(有限合伙)	98 073 190	15 869 448
18	中联国泰(北京)资本控股有限公司	98 073 190	15 869 448
19	泰州鑫泰中信股权投资基金合伙企业(有限合伙)	98 073 190	15 869 448
20	珠海歌斐欧曼股权投资基金(有限合伙)	98 073 190	15 869 448
21	宁波博睿苏菲股权投资合伙企业(有限合伙)	49 018 847	7 931 852
22	宁波梅山保税港区如意九鼎投(资合伙企业有限合伙)	49 018 847	7 931 852
23	湖北东亚实业有限公司	29 446 860	4 764 864
	合计	35 650 000 000	5 768 608 403

4) 支付对价

武汉中商采取非公开发行股份方式向交易对方购买其拥有的标的资产,每一交易对方按照其所持有的居然新零售股权的具体作价金额取得相应股份对价。本次发行的股份的性质为境内人民币普通股(A 股),每股面值为 1 元,发行方式为非公开发行。

本次发行股份定价基准日为上市公司2019年第二次临时董事会决议公告日,发行价格为6.18元/股,不低于定价基准日前60个交易日上市公司股票均价的90%,共发行股份数量为5 768 608 403股。

2.《盈利预测补偿协议》

1)补偿测算对象

2019年6月1日,武汉中商与业绩承诺人(居然控股、慧鑫达建材、汪林朋)共同签订《盈利预测补偿协议》,测算对象为武汉中商拟购买的标的公司合并报表中扣除非经常性损益后归属于母公司所有者的净利润。

2)利润补偿期限

标的公司(即居然新零售)100%股权过户至武汉中商名下之日,为本次交易实施完毕日。本次补偿测算终止日为本次交易实施完毕日后的第三个会计年度当年的12月31日,本次交易实施完毕日当年作为第一个会计年度起算,即补偿期限为本次交易实施完毕日当年及之后连续两个会计年度为补偿期限。

3)业绩承诺

业绩承诺人承诺标的公司在2019年度、2020年度、2021年度扣除非经常性损益后归属于母公司所有者的净利润分别为206 027万元、241 602万元和271 940万元。协议约定,如果本次交易未能于2019年度内实施完毕,则补偿期限延续至2022年度。业绩承诺人承诺标的公司在2022年度扣除非经常性损益后归属于母公司所有者的净利润不低于304 926万元。

4)盈利预测补偿

若标的公司在补偿期限内截至任一年度末的累积实现净利润数低于截至当年度末累积承诺净利润数,业绩承诺人将依据《盈利预测补偿协议》第三条的约定向武汉中商进行补偿,则业绩承诺人应当以其届时持有的武汉中商的股份进行补偿。若前述股份不足补偿的,则业绩承诺人应以其从二级市场购买或其他合法方式取得的武汉中商的股份进行补偿。当股份补偿的总数达到本次交易发行的股份总数的90%后仍须进行补偿的,业绩承诺人可自主选择采用现金或股份的形式继续进行补偿,直至覆盖业绩承诺人应补偿的全部金额。

5)盈利预测应补偿的股份数量

业绩承诺人当期应补偿股份数量计算公式为:

$$当期应补偿股份数量 = \frac{当期补偿总金额}{每股发行价格}$$

$$当期补偿总金额 = \frac{截至当期期末累积承诺净利润数 - 截至当期期末累计实现净利润数}{补偿期限内各年的承诺净利润数之和} \times$$

《发行股份购买资产协议》项下标的资产的交易价格 - 累积已补偿金额

如按上述"业绩承诺人当期应补偿股份数量计算公式"计算的补偿期限内某一年的补偿股份数量小于0,则应按0取值,即已经补偿的股份不冲回。《盈利预测补偿协议》所称"每股发行价格"指武汉中商在本次交易中向业绩承诺人发行股份购买标的资产的每股发行价格。

6）违约责任

如果业绩承诺人未根据《盈利预测补偿协议》的约定及时、足额向武汉中商进行补偿,武汉中商有权要求业绩承诺人履行义务,并可向业绩承诺人主张违约赔偿责任。除非《盈利预测补偿协议》另有约定,否则任何一方不履行其在《盈利预测补偿协议》项下的任何责任与义务,则构成违约,违约方应当根据守约方的请求继续履行义务、采取补救措施,或给予其全面、及时、充分、有效的赔偿。

7）不可抗力

《盈利预测补偿协议》所称不可抗力是指各方或者一方不可预见、不可避免并不可克服的客观事件,包括但不限于战争、地震、洪水、火灾、暴动、罢工或其他类似事件等。如果一方因不可抗力事件而不能履行其任何义务,应采取适当措施减少或消除不可抗力事件的影响,并应努力在尽可能短的时间内恢复履行受不可抗力事件影响的义务。如有不可抗力事件发生导致《盈利预测补偿协议》部分不能履行或者迟延履行的情况的,任何一方均无须对因不可抗力事件导致的部分不能履行或者迟延履行承担任何违约责任。

（三）交易过程

（1）武汉中商的内部决策。武汉中商分别召开了董事会和股东大会,审议本次交易重组议案。

（2）交易对方及标的资产的内部决策。居然新零售召开股东会与董事会,审议通过本次交易的议案;本次重组的相关交易对方也已分别履行各自有关审批程序,审议通过参与本次交易。

（3）武汉市国资委对资产评估报告的核准。本次重组的资产评估报告于2019年5月31日获得武汉市国资委的核准。

（4）本次交易涉及的相关事项已经武汉市人民政府批准同意。

（5）本次交易已取得国家反垄断主管部门出具的经营者集中反垄断审查不实施进一步审查的决定。

（6）本次交易获得中国证监会的核准。

（7）标的资产交割。2019年12月4日,居然新零售就股东变更事宜完成工商变更登记手续。本次变更完成后,武汉中商持有居然新零售100%股权。

（8）变更公司名称。2019年12月26日起,"武汉中商"变更为"居然之家",公司证券代码"000785"不变。交易具体流程如表10-3所示。

表10-3 交易具体流程

时间	事件
2019年1月23日	上市公司召开2019年第二次临时董事会,审议通过了与本次交易的重组预案相关的议案
2019年6月1日	上市公司召开2019年第三次临时董事会,审议通过了与本次交易的重组报告书(草案)相关的议案
2019年6月18日	上市公司召开2019年第一次临时股东大会,审议通过了本次交易方案,并审议通过对居然控股及其一致行动人免于向上市公司全体股东发出收购要约的议案
2019年11月4日	上市公司召开2019年第七次临时董事会会议,审议通过了关于本次交易方案调整的相关议案
2019年1月20日	居然新零售召开董事会及股东会,审议通过了关于本次交易的议案
2019年5月29日和2019年5月30日	居然新零售分别再次召开董事会及股东会,审议通过了关于本次交易方案及相关议案
2019年5月31日	武汉市国资委出具了《市国资委关于北京居然之家家居新零售连锁集团有限公司全部权益资产评估核准的通知》(武国资产评〔2019〕1号),本次重组的资产评估报告获得武汉市国资委的核准
2019年6月17日	本次交易取得《武汉市人民政府关于北京居然之家家居新零售连锁集团有限公司与武汉中商集团股份有限公司重大资产重组的批复》
2019年7月29日	国家市场监督管理总局出具《经营者集中反垄断审查不实施进一步审查决定书》(反垄断审查决定〔2019〕269号),对居然控股收购武汉中商股权案不实施进一步审查,即日起可以实施集中
2019年11月28日	中国证监会出具《关于核准武汉中商集团股份有限公司向汪林朋等发行股份购买资产的批复》(证监许可〔2019〕2512号),核准本次交易

四、本次交易对上市公司的影响

(一) 对公司股权结构的影响

在本次交易实施完成时,上市公司总股本为251 221 698股。本次交易中拟购买资产作价3 565 000万元,发行股票价格仍以6.18元/股计算,最终向居然控股等22名交易对方发行的A股股票数量为5 768 608 403股,用以购买居然新零售100%股权。根据公司年报和公告整理,本次交易完成前后公司的股本结构如表10-4所示。

表 10-4 本次交易前后公司股权结构

股东名称	本次交易之前		本次发行股份数量(股)	本次交易之后	
	持股数量(股)	持股比例		持股数量(股)	持股比例
武汉商联	103 627 794	41.25%		103 627 794	1.72%
其他	147 593 904	58.75%		147 593 904	2.45%
汪林朋	—	—	394 572 826	394 572 826	6.55%
居然控股①	—	—	2 564 382 953	2 564 382 953	42.60%
慧鑫达建材	—	—	764 686 721	764 686 721	12.70%
阿里巴巴	—	—	576 860 841	576 860 841	9.58%
瀚云新领	—	—	288 430 465	288 430 465	4.79%
云锋五新	—	—	288 430 420	288 430 420	4.79%
泰康人寿	—	—	230 744 345	230 744 345	3.83%
睿通投资	—	—	230 744 345	230 744 345	3.83%
好荣兴多	—	—	126 949 751	126 949 751	2.11%
然信投资	—	—	41 816 626	41 816 626	0.69%
红杉雅盛	—	—	39 676 490	39 676 490	0.66%
信中利建信	—	—	32 627 268	32 627 268	0.54%
联瑞物源	—	—	31 738 851	31 738 851	0.53%
约瑟广胜成	—	—	31 738 851	31 738 851	0.53%
约瑟兴楚	—	—	25 231 840	25 231 840	0.42%
博裕投资	—	—	15 869 448	15 869 448	0.26%
信中利海丝	—	—	15 869 448	15 869 448	0.26%
中联国泰	—	—	15 869 448	15 869 448	0.26%
鑫泰中信	—	—	15 869 448	15 869 448	0.26%
歌斐殴曼	—	—	15 869 448	15 869 448	0.26%
博睿苏菲	—	—	7 931 852	7 931 852	0.13%
如意九鼎	—	—	7 931 852	7 931 852	0.13%
东亚实业	—	—	4 764 864	4 764 864	0.08%
合计	251 221 698	100.00%	5 768 608 403	6 019 830 101	100.00%

---

① 以下股东简称与表 10-2 中的第 2 至第 23 项一一对应。

本次交易前,武汉商联直接持有本公司103 627 794股,占本公司总股本的41.25%,为本公司控股股东。武汉国有资本投资运营集团有限公司(以下简称"武汉国资公司")持有武汉商联94.18%股份,为武汉商联控股股东,武汉国资公司是武汉中商的实际控制人。本次交易完成后,上市公司的控股股东将变更为居然控股,将直接持有上市公司42.60%的股份;上市公司实际控制人将变更为汪林朋,汪林朋及其一致行动人居然控股与慧鑫达建材合计控制上市公司61.85%股份。

(二) 对公司业务的影响

本次交易前,武汉中商主要从事零售业务,主要包含现代百货、购物中心以及超市等。而在本次交易完成后,居然新零售成为上市公司的全资子公司,武汉中商业务将新增家居卖场业务、家居建材超市业务和家装业务等。

五、交易后经营业绩

(一) 合并后经营情况

本次交易完成后,更名为居然之家的上市公司在2019—2021年三年期间的经营情况如下所述。

2019年是国家经济结构转型和深度调整的一年,面对市场局势的变化和挑战,居然之家以家居实体店连锁发展为核心,实施"大家居"与"大消费"融合、线上与线下融合以及产业链上下游融合的发展战略。公司实现营业收入90.85亿元,实现归属于上市公司股东的净利润31.26亿元,分别同比增长7.94%和60.08%。

2020年初,公司主营业务为商业服务业,在全国200多个城市开设有门店。公司一方面积极贯彻国家"六稳"和"六保"政策,扶持小微企业渡过难关,主动对卖场内商户减免租金、物业管理费等费用;另一方面积极稳定经营局面,巩固行业地位,以危为机,加速打造数字化时代下家装家居产业服务平台。2020年,公司实现营业收入89.93亿元,实现归属于上市公司股东的净利润13.63亿元,分别同比下降2.56%和56.81%。

2021年,面对市场形势的变化和数字化时代的到来,公司贯彻"巩固家居主业,加快数字化转型"的企业发展战略,抢销售、挖品牌、抓融合、促连锁,在提质增效稳固家居主业经营基本盘的同时,拓展中商世界里购物中心第二增长曲线。同时,公司深耕自营业务,积极提高线性服务能力,持续推动数字化转型,致力于打造数字化时代S2B2C模式的家装家居产业服务平台。2021年,数字化相关研发及运营支出超13 900万元,数字化工作取得突破性成果,公司实现营业收入130.71亿元,实现归属于上市公司股东的净利润23.25亿元,分别同比上升44.88%和71.36%。

(二) 业绩承诺完成情况

根据普华永道出具的专项审核报告[①],家居连锁在 2019—2021 年实现扣除非经常性损益后归属于母公司所有者的净利润分别为 211 737.52 万元、129 753.38 万元和 250 705.38 万元。

> **思考题**

1. 根据是否是同一控制下的企业合并分类,本次交易的并购类型是什么?分别指出合并方与被合并方。如果交易各方的会计师,针对此次并购交易,应该分别做何会计处理?
2. 按照合并涉及的行业分类,判断本次合并的合并类型,并阐述判断依据。
3. 本次并购结束后,上市公司的股权结构发生了改变,根据案例信息,画出并购交易后的股权控制关系图。
4. 本次收购中,业绩承诺方是否完全实现了对盈利业绩的承诺?请给予判断,并说明判断依据。
5. 本次并购属于混合所有制改革吗?如果是,试与本书其他混合所有制改革的案例比较异同。

参考文献

[1] 武汉中商.发行股份购买资产暨关联交易报告书(草案)[EB/OL].(2019-06-03)[2024-10-12]. http://www.cninfo.com.cn/new/disclosure/detail?plate=szse&orgId=gssz0000785&stockCode=000785&announcementId=1206324779&announcementTime=2019-06-03%2007:51.

[2] 武汉中商.中信建投证券股份有限公司关于居然之家新零售集团股份有限公司发行股份购买资产暨关联交易之 2021 年度持续督导意见[EB/OL].(2022-05-07)[2024-10-12]. http://www.cninfo.com.cn/new/disclosure/detail?plate=szse&orgId=gssz0000785&stockCode=000785&announcementId=1213289180&announcementTime=2022-05-07.

[3] 武汉中商.中信证券股份有限公司关于居然之家新零售集团股份有限公司发行股份购买资产暨关联交易之 2020 年度持续督导意见[EB/OL].(2021-05-14)[2024-10-12]. http://www.cninfo.com.cn/new/disclosure/detail?plate=szse&orgId=gssz0000785&stockCode=000785&announcementId=1209969402&announcementTime=2021-05-14.

[4] 武汉中商.中信建投证券股份有限公司关于居然之家新零售集团股份有限公司发行股份购买资产暨关联交易之 2021 年度持续督导意见[EB/OL].(2022-05-07)[2024-10-12]. http://www.cninfo.com.cn/new/disclosure/detail?plate=szse&orgId=gssz0000785&stockCode=000785&announcementId=1213289180&announcementTime=2022-05-07.

---

① 这里的专项审核报告分别是《北京居然之家家居连锁有限公司 2020 年度实际盈利数与承诺净利润差异情况说明专项审核报告》(普华永道中天特审字(2021)第 2186 号)与《北京居然之家家居连锁有限公司 2021 年度实际盈利数与承诺净利润差异情况说明专项审核报告》(普华永道中天特审字(2022)第 1990 号)。

［5］武汉中商.发行股份购买资产暨关联交易实施情况暨新增股份上市报告书［EB/OL］.(2019-12-19)［2024-10-12］.http：//www.cninfo.com.cn/new/disclosure/detail? plate = szse&orgId = gssz0000785&stockCode = 000785&announcementId = 1207176490&announcementTime = 2019-12-19.

案例十一　大冶特钢收购兴澄特钢
——供给侧结构性改革

> 钢铁行业是国民经济的支柱行业,对国民经济发展起着非常重要的作用。在供给侧结构性改革下,钢铁行业的整合迫在眉睫。如何通过结构性调整提升行业集中度,提高产能利用率并实现转型升级是该行业企业面临的首要问题。2019年4月19日,大冶特殊钢股份有限公司(以下简称"大冶特钢")召开2018年年度股东大会,审议通过关于大冶特钢收购江阴兴澄特种钢铁有限公司(以下简称"兴澄特钢")的相关议题。本案例以此为背景,描述本次收购的过程与结果,以供分析。

一、案例背景

(一) 供给侧结构性改革下的转型升级需要

2015年至2018年,国家大力推行供给侧结构性改革的决策部署。2018年12月的中央经济工作会议认为,我国经济运行主要矛盾仍然是供给侧结构性的矛盾,必须坚持以供给侧结构性改革为主线不动摇。而钢铁行业供给侧结构性改革任务尚未完成,存在结构性调整的要求,需要通过结构性调整以提升行业集中度,提高产能利用率,增强盈利能力。

2016年9月,国务院发布《关于推进钢铁产业兼并重组处置僵尸企业的指导意见》指出,到2025年,中国钢铁产业前十大企业产能集中度将达60%～70%,特钢行业进入兼并整合加速的关键时刻。2016年10月,工信部发布《钢铁工业调整升级规划(2016—2020年)》指出,要推动钢铁行业龙头企业实施兼并重组,在特种钢等领域形成若干家世界级专业化骨干企业。2017年5月,国家发改委联合多部委发布《关于做好2017年钢铁煤炭行业化解过剩产能实现脱困发展工作的意见》指出,要加强统筹协调,大力推动钢铁行业兼并重组、优化布局和转型升级。

(二) 国家对先进制造业的鼓励发展

2011年,中华人民共和国工业和信息化部正式公布《钢铁工业"十二五"发展规划》(以下简称《规划》),提出了"十二五"期间钢铁工业产品结构调整、产业布局、资源保障等主要目标。《规划》在阐述"十二五"重点领域和任务时,特别指出要促进特钢品质全面升级,支持特钢企业兼并重组,增强中信泰富有限公司(以下简称"中信泰富")等龙头企业的引领作用,鼓励特钢企业走"专、精、特、新"的发展道路,大力推进特钢企业技术进步和产品升级换代,开发绿色低碳节能环保型钢材以及装备制造业、航空航天业所需的高性能特钢材料。

2016年11月,国务院发布《"十三五"国家战略性新兴产业发展规划》,提出进一步发展壮大高端装备和新材料等战略性新兴产业。2016年12月,工信部等部委联合发布《新材料产业发展指南》,提出推进原材料工业供给侧结构性改革,紧紧围绕高端装备制造等重点领域需求,加快调整先进基础材料产品结构的重点任务。

从供给端来看,我国特钢产品占钢材总量比例较低,且主要以中低端产品为主,高端特钢供给不足。2017年,我国正由制造大国向制造强国转变,未来,随着我国经济结构优化调整逐步深化,制造业不断转型升级,以核电工业、高速铁路及汽车工业为代表的高端制造业将迎来快速、可持续发展,有望进一步拉动中高端特钢的需求。

(三) 深化国企改革以促进国有资产保值增值

根据《关于深化国有企业改革的指导意见》《国务院关于国有企业发展混合所有制经济的意见》以及党的十九大报告等文件的指示精神,要稳妥推进主业处于充分竞争行业和领域的商业类国有企业混合所有制改革,按照市场化、国际化要求,以增强国有经济活力、放大国有资本功能、实现国有资产保值增值为主要目标,以提高经济效益和创新商业模式为导向,充分运用整体上市等方式,积极引入其他国有资本或各类非国有资本实现股权多元化;完善各类国有资产管理体制,改革国有资本授权经营体制,加快国有经济布局优化、结构调整、战略性重组,促进国有资产保值增值,推动国资本做强做优做大,有效防止国有资产流失。

二、交易各方简介

(一) 大冶特钢

大冶特钢,于1993年4月由冶钢集团有限公司作为主要发起人,以其生产经营主体部分与东风汽车公司、襄阳汽车轴承股份有限公司共同发起,以定向募集方式设立了大冶特殊钢股份有限公司,实收股本金额为27 530万元。

1. 主要业务与产品

大冶特钢是全国规模最大的纯特钢生产企业之一,主导产品为齿轮钢、轴承钢、弹簧钢、工模具钢、高温合金钢、高速工具钢等特殊用途的钢材,有800多个品种,1800多种规格,共拥有特殊钢430万吨,钢材400万吨的产能,是我国高品质棒材、中厚壁无缝钢管、高合金锻材三大特钢的生产基地。主要产品有轴承钢、汽车用钢、能源用钢、工程机械用钢、航空航天用钢等。主要服务于航天航空、海洋、核电、风电、交通、火电、油气、工程机械、重燃、船舶、石化、汽车、高铁等关键领域。

2. 发展历程

大冶特钢历史悠久,最早可追溯至19世纪末期。

1890年,清末湖广总督张之洞创办汉冶萍煤铁厂矿有限公司(以下简称"汉冶萍公司")。

1913年,汉冶萍公司在股东常会上正式确定筹建"大冶新厂"。

1916年,汉冶萍公司董事会授"汉冶萍煤铁厂矿有限公司大冶钢铁厂"之章给大冶新厂,大冶钢铁厂正式定名。

1924年,汉冶萍公司将大冶钢铁厂和大冶铁矿合并为一个机构,定名为"大冶厂矿"。

1938年,汉冶萍公司大冶厂矿沦陷,日军设立"大冶矿业所"。

1945年,国民政府经济部接收日本制铁株式会社大冶矿业所,成立"日铁保管处"。

1948年,"资源委员会华中钢铁有限公司"成立,并由华中钢铁有限公司(以下简称"华钢")接收汉冶萍公司全部资产。

1949年,中国人民革命军事委员会武汉军事管制委员会接管华钢,正式定名为"中原临时人民政府华中钢铁公司"。

1950年,中央重工业部命令将大连钢厂特殊钢车间迁入华钢,并另添部分设备,将华钢改建为特殊钢厂。

1953年,华钢奉命改厂名为大冶钢厂,厂名全称"中央人民政府重工业部钢铁工业管理局华中钢铁公司大冶钢厂"。

1994年,大冶钢厂实施公司制改制,成立"冶钢集团公司",同时"大冶特殊钢股份有限公司"挂牌。

1995年,"冶钢集团有限公司"揭牌。

1997年,大冶特殊钢股份有限公司A股在深交所上市。

2000年,东方钢铁有限公司并入冶钢集团有限公司。

2004年,香港中信泰富投资控股的湖北新冶钢有限公司成立,并通过湖北新冶钢控股大冶特殊钢股份有限公司,百年冶钢成为中信大家庭一员。

2006年,湖北中特新化能科技有限公司成立。

2007年,湖北新冶钢特种钢管有限公司成立。

2019年，湖北新冶钢特种钢管有限公司更名为大冶特殊钢有限公司，保留大冶特钢"百年老字号"。同年，大冶特殊钢股份有限公司实施重大资产重组，并更名为中信泰富特钢集团股份有限公司。

2020年，大冶特殊钢有限公司承接大冶特殊钢股份有限公司经营性资产。

3. 股东情况

大冶特钢于1997年在深交所上市，股票代码为SZ000708。同年，大冶特钢经过权益分派和转增股本及一次配股，配股完成后，截至本次交易前公司股本未发生变动。表11-1为截至2018年12月31日，大冶特钢前十大股东情况。

表11-1 大冶特钢前十大股东情况

排名	股东名称	股份数量（股）	占总股本比例
1	湖北新冶钢有限公司（简称"新冶钢"）	134 620 000	29.95%
2	中信泰富（中国）投资有限公司（简称"泰富中投"）	126 618 480	28.17%
3	辽宁方大集团实业有限公司	10 126 502	2.25%
4	查国平	3 700 000	0.82%
5	李峰	3 500 000	0.78%
6	工银瑞信基金—工商银行—特定客户资产管理	3 393 427	0.76%
7	冶钢集团有限公司	2 794 300	0.62%
8	中国银行股份有限公司——华泰柏瑞量化先行混合型证券投资基金	2 664 090	0.59%
9	赵委	2 403 500	0.53%
10	中国工商银行股份有限公司企业年金计划——中国建设银行股份有限公司	2 202 198	0.49%
	合计	292 022 497	**64.96%**

大冶特钢的控股股东为新冶钢，于1985年10月3日成立，法定代表人为俞亚鹏，注册资本为33 983万美元，主要生产销售黑色、有色金属材料和相应的工业辅助材料及承接来料加工业务；钢铁冶炼、金属压延加工、钢坯、钢锭、钢材、钢管、球墨铸铁管及管件、焦炭、金属制品的制造等。其持有本公司股份134 620 000股，占公司股本总额的29.95%，与一致行动人泰富中投合计持有本公司股份261 238 480股，占公司股本总额的58.13%，公司实际控制人为中信集团。中信集团全称为中国中信集团有限公司，成立于1982年9月15日，法定代表人为常振明，注册资本为20 531 148万元。2002年中国国际信托投资公司进行体制改革，更名为中国中信集团公司，成为国家授权投资机构。2011年中国中信集团公司整体改制为国有独资公司，更名为中国中信集团有限公司，并发起设立了中信股份。2014年8月，中信集团将中信股份100%股权注入中国香港上市公司中信泰富。

中信集团现已发展成为一家国有大型综合性跨国企业集团,业务涉及金融、资源能源、制造、工程承包、房地产和其他领域。

(二) 兴澄特钢

兴澄特钢(本案例中的标的公司),成立于1994年,是经江苏省人民政府(外经贸苏府资字〔1994〕S22348号文)批准,由江阴钢厂有限公司(以下简称"江阴钢厂")和中信泰富有限公司全资子公司英属维尔京群岛万富投资有限公司共同出资组建的中外合资企业,成立时注册资本为2 996万美元,其中江阴钢厂出资为1 348.20万美元,占注册资本的45%;万富投资有限公司出资额为1 647.80万美元,占注册资本的55%。兴澄特钢占地4 550亩,共有2个厂区,北临长江,自建10万吨级远洋码头两座,拥有公路、运河、长江和远洋海运等交通物流优势。

1. 主要产品与业务

兴澄特钢拥有江阴、青岛、靖江、黄石"四大制造基地"和铜陵、扬州"两大原料基地",形成了沿江沿海产业链战略布局,拥有从原材料资源到产品、产品延伸加工、终端服务介入的完整特钢产业链。其主要经营范围为:生产、加工黑色、有色金属材料及其辅助材料;钢结构件的加工、制造、安装;仓储(不含危险品);黑色、有色金属材料、钢结构件及其辅助材料的研究开发及技术服务等。其主要产品有高档轴承钢、齿轮钢、弹簧钢、易切削非调质钢、系泊链钢、连铸合金大圆坯、帘线钢、特厚钢板、管线钢、耐磨钢、高强钢、压力容器钢、船舶及海洋工程钢、模具钢等,广泛应用于交通、石化、机械、海工、风电、桥梁等行业。

2. 发展历程

1994年11月,江阴钢厂与中信泰富全资附属公司万富投资有限责任公司(以下简称"万富投资")合资设立兴澄特钢,项目总投资2 996万美元,兴澄特钢注册资本2 996万美元。

1995年至2001年3月,该公司实现两次增资,增资至11 594.71万美元。

2003年1月,江阴钢厂将其持有的兴澄特钢9%股权转让予江苏泰富兴澄特殊钢有限公司(以下简称"江苏泰富"),万富投资将其持有的兴澄特钢11%股权转让予江苏泰富,江苏泰富共持股比例20%。

2003年6月,江苏泰富以现金方式投入新增注册资本5 270.322 7万美元,增资至16 865.032 7万美元。

2004年3月,江阴钢厂进行第二次股权转让,将其持有的兴澄特钢13.748 6%股权(对应实缴出资比例为19.998 0%)转让予万富投资、4.566 4%股权(对应实缴出资比例为6.642 0%)转让予天水投资。

2006年11月,江苏泰富增资2 031.735 3万美元、万富投资增资1 986.523 5万美元、江阴钢厂增资290.538 1万美元、天水市投资发展(集团)有限公司(以下简称"天水投资")增资206.170 4万美元;注册资本增加至21 380万美元。

2008年1月,进行第三次股权转让,万富投资将其持有的兴澄特钢43.998 6%股权转让予长越投资,天水投资将其持有的兴澄特钢4.566 4%股权转让予尚康国际贸易有限公司(以下简称"尚康国际");同时,兴澄特钢进行增资,注册资本增加至30 963万美元。

2008年6月,江阴钢厂将其持有的兴澄特钢6.435%股权转让予江阴尚康贸易有限公司(以下简称"尚康贸易"),实现第四次股权转让。

2011年1月,长越投资进行债权转增资本,对兴澄特钢享有的14 559.03万美元债权中的9 998万美元,转为对兴澄特钢9 998万美元增资。

2011年4月~2017年12月,分别进行了4次增资,增资至122 043.57万美元。

2018年1月,进行第五次股权转让,长越投资将其持有的兴澄特钢29.30%股权以人民币368 291.54万元的价格转让予泰富投资,尚康贸易将其持有的公司2.47%股权以人民币31 085.45万元的价格转让予泰富投资,尚康国际将其持有的公司1.75%股权以22 012.28万元的价格转让予泰富投资。同时公司增资至165 818.973 2万美元。

2018年6月,兴澄特钢增资至184 243.303 6万美元。

3. 股权结构

截至本次交易前,兴澄特钢的股东及股权结构如表11-2所示。

表11-2 交易前兴澄特钢的股东及股权结构   金额单位:万美元

股东名称	认缴出资金额	持股比例
泰富投资	165 818.973 2	90%
江阴信泰	8 253.086 6	4.48%
江阴冶泰	3 021.728 4	1.64%
江阴扬泰	2 837.715 4	1.54%
江阴青泰	2 542.695 8	1.38%
江阴信富	1 769.104 2	0.96%
合计	184 243.303 6	100%

该公司股权结构如图11-1所示。

(三) 交易对方

1. 泰富投资

1) 基本情况

中信泰富特钢投资有限公司(以下简称"泰富投资")成立于1993年12月3日,注册资本为70 442.220 34万美元。该公司的经营范围包括:在国家允许外商投资的领域依法进行投资,并向其所投资企业提供相应服务;在中国境内设立科研开发中心或部门,从事

● 企业合并会计案例分析

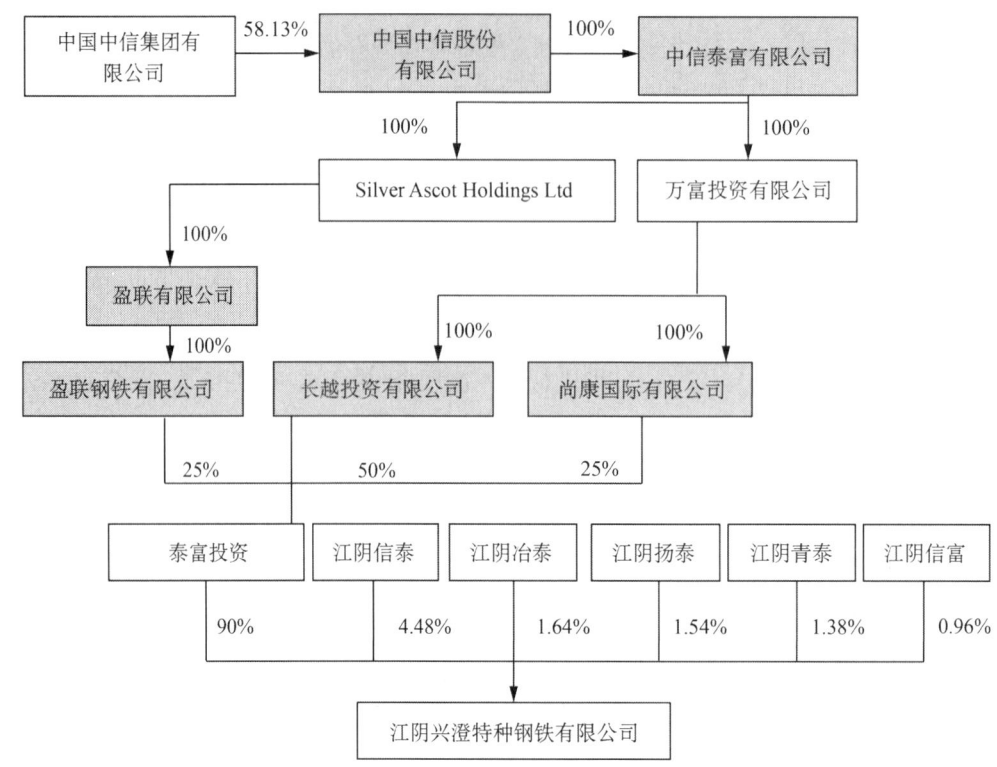

图 11-1 兴澄特钢股权结构图

新产品及高新技术的研究开发,转让其研究开发成果,并提供相应的技术服务;承接其母公司和关联公司的服务外包业务;允许投资性公司承接境外公司的服务外包业务;销售黑色、有色金属材料(国家限制的除外);供热、废钢铁的供应及金属冶炼压力加工技术咨询服务;仓储(危险品除外)。

2) 发展历程

1993年,江阴钢厂和中信泰富全资附属子公司万富投资共同设立江阴兴澄钢铁有限公司(以下简称"江阴兴澄")。

1994年至2001年,经过1次原始股东增资和2次转让。

2001年12月,江阴兴澄发生整体变更,变更为"江苏泰富兴澄特殊钢股份有限公司"。

2004年6月,江苏泰富兴澄特殊钢股份有限公司转制为中外合资有限责任公司,公司名称变更为"江苏泰富兴澄特殊钢有限公司"。

2004年至2008年,兴澄特钢发生五次股权转让和实现三次增资,并于2008年将公司名称变更为"江阴泰富投资有限公司"。

2008年5月,实施第七次股权转让与第五次增资,同时引入中信泰富特钢集团有限公司作为新股东。

2008年5月,实现第八次股权转让,并于同年11月将公司名称变更为"中信泰富特钢投资有限公司"。

3）股权结构

截至本次交易前，泰富投资的产权关系结构如图11-2所示。

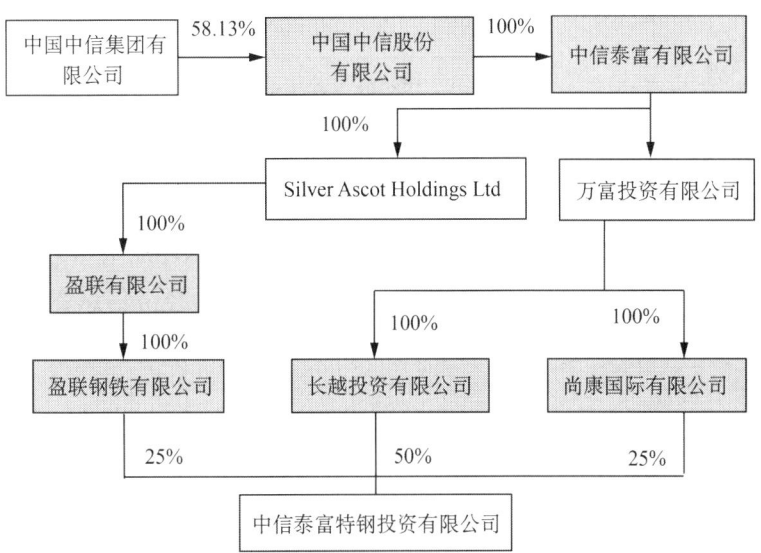

图11-2 泰富投资的产权关系结构图

泰富投资的股权结构如表11-3所示。

表11-3 泰富投资股权结构 金额单位：万美元

序号	股东名称	注册资本	持股比例
1	长越投资	35 221.11	50.00%
2	盈联钢铁	17 610.56	25.00%
3	尚康国际	17 610.56	25.00%
	合计	70 442.23	100.00%

2．江阴信泰

1）基本情况

江阴信泰投资企业（有限合伙）成立于2018年5月9日，注册资本为22 397.25万元人民币，主要从事股权投资、投资管理、企业管理、经济信息咨询（不含投资咨询、教育咨询）以及企业管理咨询等业务。

2）产权控制关系

江阴信泰合伙人为江阴盈宣及丁华等45名自然人，其中江阴盈宣为普通合伙人，其余出资人均为有限合伙人。江阴信泰的产权及控制关系如图11-3所示。

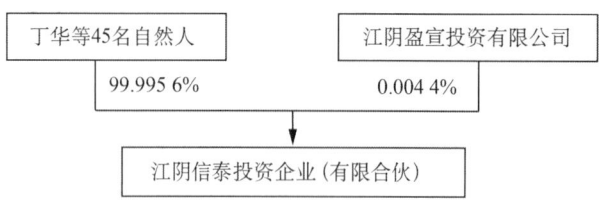

图 11-3 江阴信泰产权关系

3. 江阴冶泰

1) 基本情况

江阴冶泰投资企业(有限合伙)成立于 2018 年 5 月 10 日,注册资本为 8 200.375 万元人民币,主要经营范围包括:股权投资、投资管理、企业管理、经济信息咨询(不含投资咨询、教育咨询)以及企业管理咨询等。

2) 产权控制关系

江阴冶泰的合伙人为江阴盈宣及苏春阳等 40 名自然人,其中江阴盈宣为普通合伙人,其余出资人均为有限合伙人。江阴冶泰的产权及控制关系如图 11-4 所示。

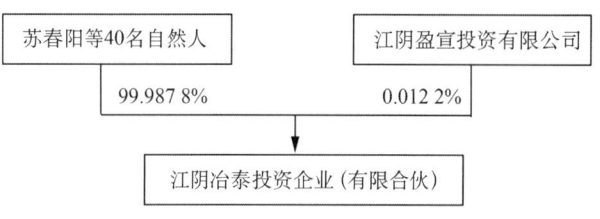

图 11-4 江阴冶泰特钢产权关系

4. 江阴扬泰

1) 基本情况

江阴扬泰投资企业(有限合伙)成立 2018 年 5 月 10 日,注册资本为 7 701 万元人民币,主要经营范围为:股权投资、投资管理、企业管理、经济信息咨询(不含投资咨询、教育咨询)、企业管理咨询等。

2) 产权控制关系

江阴扬泰的合伙人为江阴盈宣及罗元东等 36 名自然人,其中江阴盈宣为普通合伙人,其余出资人均为有限合伙人。江阴扬泰的产权及控制关系如图 11-5 所示。

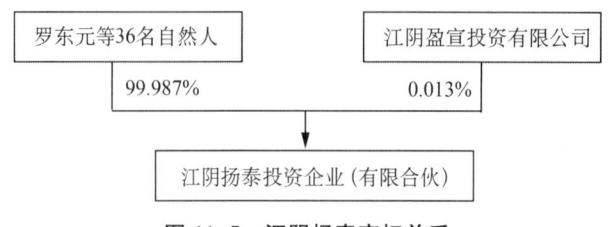

图 11-5 江阴扬泰产权关系

5. 江阴青泰

1) 基本情况

江阴青泰投资企业(有限合伙)成立 2018 年 5 月 10 日,注册资本为 6 900.375 万元人民币,主要经营范围为:股权投资、投资管理、企业管理、经济信息咨询(不含投资咨询、教育咨询)、企业管理咨询等。

2) 产权控制关系

江阴青泰的合伙人为盈宣投资及惠荣等 30 名自然人,其中盈宣投资为普通合伙人,其余出资人均为有限合伙人。江阴青泰的产权关系结构如图 11-6 所示。

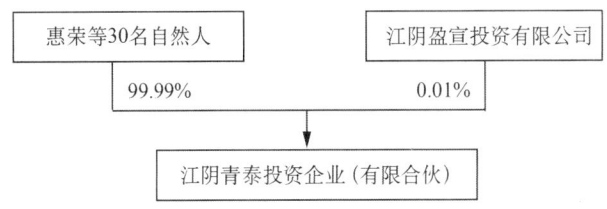

图 11-6　江阴青泰的产权关系结构

6. 江阴信富

1) 基本情况

江阴信富投资企业(有限合伙)成立 2018 年 5 月 9 日,注册资本为 4 801 万元人民币,主要经营范围为:股权投资、投资管理、企业管理、经济信息咨询(不含投资咨询、教育咨询)、企业管理咨询等。

2) 产权控制关系

江阴信富的合伙人为江阴盈宣及高国华等 37 名自然人,其中江阴盈宣为普通合伙人,其余出资人均为有限合伙人。江阴信富的产权及控制关系如图 11-7 所示。

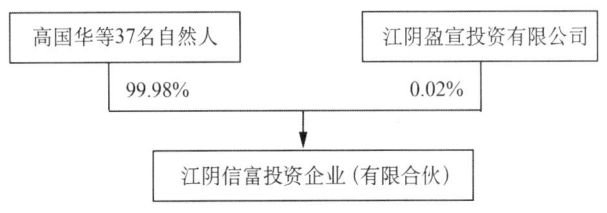

图 11-7　江阴信富的产权及控制关系

三、交易概述

(一) 交易情况

大冶特钢以发行股份形式购买泰富投资、江阴信泰、江阴冶泰、江阴扬泰、江阴青泰及江阴信富合计持有的兴澄特钢86.50%股权。其中:大冶特钢向泰富投资发行股份购买其持有的兴澄特钢76.50%股权,向江阴信泰发行股份购买其持有的兴澄特钢4.48%股权,向江阴冶泰发行股份购买其持有的兴澄特钢1.64%股权,向江阴扬泰发行股份购买其持有的兴澄特钢1.54%股权,向江阴青泰发行股份购买其持有的兴澄特钢1.38%股权,向江阴信富发行股份购买其持有的兴澄特钢0.96%股权。

本次交易标的公司兴澄特钢100%股权的评估价值为2 679 698.81万元。交易双方商议后,确定本次交易标的资产兴澄特钢86.50%股权的交易作价为2 317 939.47万元。同时经过双方商议,在考虑同年度分配利润等因素后,确定本次发行股份购买资产的发行价格为9.20元/股。表11-4为本次交易的交易作价及股份数量情况。

表11-4 本次交易作价及股份数量情况   单位:万元

重组交易对方	股份支付对价	对应标的资产	发行股份数量(股)
泰富投资	2 049 969.59	兴澄特钢76.50%股权	2 228 227 814
江阴信泰	120 035.77	兴澄特钢4.48%股权	130 473 660
江阴冶泰	43 949.07	兴澄特钢1.64%股权	47 770 729
江阴扬泰	41 272.72	兴澄特钢1.54%股权	44 861 653
江阴青泰	36 981.85	兴澄特钢1.38%股权	40 197 667
江阴信富	25 730.47	兴澄特钢0.96%股权	27 967 899
合计	2 317 939.47	兴澄特钢86.50%股权	2 519 499 422

(二) 交易过程

(1) 2019年1月至4月,大冶特钢对本次交易召开董事会和股东会进行审议并进行批准和授权。其中,2019年1月2日及2019年3月29日,大冶特钢召开第八届董事会第十一次、第十三次会议,审议通过《关于公司发行股份购买资产方案的议案》《关于〈大冶特殊钢股份有限公司发行股份购买资产暨关联交易报告书(草案)〉及其摘要的议案》等本次交易相关议案,并提请股东大会授权董事会全权办理本次交易相关事宜。2019年4月19日,大冶特钢召开2018年年度股东大会,审议通过《关于公司发行股份购买资产方案的议案》《关于及其摘要的议案》等本次交易相关议案,并授权董事会全权办理本次交易相关事宜。

(2) 本次交易获得有权国资监管机构的批准备案。2019年3月8日,中信股份出具中信股份〔2019〕4号《关于同意大冶特殊钢股份有限公司重大资产重组整体方案的批复》,同意大冶特钢本次重大资产重组的整体方案。2019年3月19日,中信集团出具201904号《金融企业资产评估项目备案表》,对《评估报告》予以备案。

(3) 标的公司与交易对方相继履行了程序。兴澄特钢董事会已审议通过本次交易涉及的股权转让及相关事宜。交易对方中泰富投资、江阴信泰、江阴冶泰、江阴扬泰、江阴青泰及江阴信富均已按其各自公司章程或合伙协议等内部规章的规定就参与本次交易相关事宜履行了相应的内部审议及批准程序。

(4) 中国证监会的核准。2019 年 8 月 16 日,中国证监会出具《关于核准大冶特殊钢股份有限公司向中信泰富特钢投资有限公司等发行股份购买资产的批复》(证监许可〔2019〕1503 号),核准大冶特钢向泰富投资发行 2 228 227 814 股股份,向江阴信泰发行 130 473 660 股股份,向江阴冶泰发行 47 770 729 股股份,向江阴扬泰发行 44 861 653 股股份,向江阴青泰发行 40 197 667 股股份,向江阴信富发行 27 967 899 股股份购买相关资产。

(5) 2019 年 9 月 23 日,完成资产过户相关手续。

(三) 交易结果

本次交易完成后,上市公司股权结构发生了变化,主要交易对方泰富投资将成为大冶特钢第一大股东,持股比例达到 75.05%。根据本次交易的发行价格及标的资产的交易作价情况,本次交易完成前后,大冶特钢的股权结构变化情况如表 11-5 所示。

表 11-5 交易前后大冶特钢的股权结构变化　　数量单位:股

股东	交易前		交易后	
	持股数量	占比	持股数量	占比
上市公司原股东				
新冶钢	134 620 000	29.95%	134 620 000	4.53%
泰富中投	126 618 480	28.17%	126 618 480	4.27%
上市公司原中小股东	188 170 000	41.87%	188 170 000	6.34%
上市公司原股东合计	449 408 480	100.00%	449 408 480	15.14%
本次交易对手方				
泰富投资			2 228 227 814	75.05%
江阴信泰			130 473 660	4.39%
江阴冶泰			47 770 729	1.61%
江阴扬泰			44 861 653	1.51%
江阴青泰			40 197 667	1.35%
江阴信富			27 967 899	0.94%
本次交易对手方合计			2 519 499 422	84.86%
总计	449 408 480	100.00%	2 968 907 902	100.00%

如表 11-5 所示,本次交易完成后,泰富投资将持有大冶特钢 75.05% 的股份,成为上

市公司控股股东。泰富投资、新冶钢及泰富中投作为一致行动人,合计持有上市公司83.85%的股份。而新冶钢、泰富中投、泰富投资的实际控制人均为中信集团,因此本次交易不会导致大冶特钢控制权发生变更。

四、交易后经营业绩

(一) 交易后的主营业务

通过本次交易,中信集团特钢制造板块能够将原有优质品牌通过大冶特钢进行进一步的整合和规范,新打造的中信特钢品牌将成为囊括3 000多个钢种,5 000多个规格,门类齐全且具备年产1 300万吨特钢生产能力的特大型境内特钢品牌。本次交易体现出现品牌的聚合效应,积极响应国家打造特钢行业国际优质品牌的钢铁行业战略规划,从而提升企业综合竞争力。

同时,整合后形成的全新采购、生产和销售体系将有利于公司发挥集中采购的优势,提高原材料采购的议价能力,进一步降低生产成本,有利于发挥本次交易各方的管理优势及特色,推行安全生产标准化管理等先进管理方式,进一步提高本质安全水平及精细化管理水平。

(二) 交易后的公司经营

本次交易完成后,大冶特钢在资产规模、收入规模等方面都处于同行业领先地位,其行业地位进一步巩固,整体价值得到有效提升,有助于增强上市公司的盈利能力和核心竞争力。同时,本次交易有利于实现公司的战略目标,有利于提高其资产质量、改善财务状况和增强持续盈利能力,有利于上市公司减少关联交易、避免同业竞争、增强独立性,符合公司的长远发展及全体股东的利益。

(三) 交易前后的主要财务指标

本次交易完成后,大冶特钢将兴澄特钢纳入合并范围。根据大冶特钢的公司年报,在本次交易前后,大冶特钢的主要财务数据情况和主要财务指标情况分别如表11-6、表11-7所示。

表11-6 大冶特钢主要财务数据情况　　　　　　　　　　　　　　单位:万元

项目	2018年12月31日	2019年12月31日
流动资产总额	520 064.28	7 258 501.28
资产总额	767 790.46	7 258 501.28
归属于母公司所有者权益	440 365.74	2 524 513.14

(续表)

项目	2018年12月31日	2019年12月31日
营业收入	1 257 307.14	7 261 986.93
净利润	51 017.85	538 899.52
归属于母公司的净利润	51 017.85	538 647.18
基本每股收益(元/股)	1.14	1.81

表11-7 大冶特钢主要财务指标情况

项目	2017年12月31日	2018年12月31日	2019年12月31日	2020年12月31日	2021年12月31日
偿债能力指标					
流动比率	1.594 9	1.656 6	0.777 8	0.845 1	0.854 1
速动比率	1.180 2	1.369 1	0.567 2	0.615 8	0.618 3
资产负债率	38.767 9%	42.645 1%	65.176 6%	63.346 1%	61.158%
营运能力指标					
存货周转率	10.388	11.393 8	13.412 8	7.388 6	9.093 1
流动资产周转率	2.953 5	2.748 8	4.191 1	2.441 7	3.003 2
总资产周转率	1.646 1	1.763 8	1.809 5	0.996 2	1.199 3
成长能力指标					
主营业务收入增长率	59.980 8%	22.939 1%	477.582 6%	2.903 5%	30.248 2%
净资产增长率	8.192 2%	9.318%	473.990 7%	12.298 3%	16.143 9%
总资产增长率	12.512 2%	16.707 8%	845.375 3%	6.69%	9.601 3%
盈利能力指标					
销售净利率	3.861 3%	4.057 7%	7.420 8%	8.066 7%	8.178 7%
净资产报酬率	74.390 7%	73.244 5%	107.158 1%	107.110 6%	104.844 5%
资产报酬率	45.551%	42.009 4%	37.316 1%	39.260 3%	40.723 7%
净资产收益率	9.8%	11.59%	21.34%	21.25%	24.24%

思考题

1. 根据合并涉及的行业划分,本次收购属于什么类型的合并?进行判断并说明判断依据,指出这种类型的合并有什么特点。
2. 按照是否受同一方控制分类,本次收购属于什么类型的合并?进行判断并说明判断依据,你还知道同类型的哪些收购,举例说明。
3. 假定你是合并各方的会计师,请对本次合并进行账务处理。

4. 针对本案例中标的公司的多次增资与转让,应如何做相应账务处理?并画出每次变动后的股权结构图。
5. 根据合并前后的主要财务数据情况进行分析,你能得出什么结论?
6. 分析大冶特钢2017—2021年的主要财务指标,分别描述大冶特钢的偿债能力、盈利能力、成长能力与盈利能力的发展趋势,是否可以判断这是本次收购带来的影响?为什么?

参考文献

[1] 大冶特钢.发行股份购买资产暨关联交易预案(修订稿)[EB/OL].(2019-01-17)[2024-10-12]. http://www.cninfo.com.cn/new/disclosure/detail? plate = szse&orgId = gssz0000708&stockCode = 000708&announcementId = 1205776603&announcementTime = 2019-01-17.

[2] 大冶特钢.招商证券股份有限公司关于公司发行股份购买资产暨关联交易之独立财务顾问报告[EB/OL].(2019-08-23)[2024-10-12]. http://www.cninfo.com.cn/new/disclosure/detail? plate = szse&orgId = gssz0000708&stockCode = 000708&announcementId = 1206556454&announcementTime = 2019-08-23.

[3] 大冶特钢.发行股份购买资产暨关联交易报告书[EB/OL].(2019-08-23)[2024-10-12]. http://www.cninfo.com.cn/new/disclosure/detail? plate = szse&orgId = gssz0000708&stockCode = 000708&announcementId = 1206556450&announcementTime = 2019-08-23.

[4] 大冶特钢.拟通过发行股份方式购买江阴兴澄特种钢铁有限公司86.5%股权所涉及的江阴兴澄特种钢铁有限公司股东全部权益价值资产评估报告[EB/OL].(2019-03-30)[2024-10-12]. http://www.cninfo.com.cn/new/disclosure/detail? plate = szse&orgId = gssz0000708&stockCode = 000708&announcementId = 1205965922&announcementTime = 2019-03-30.

[5] 大冶特钢.独立董事关于公司发行股份购买资产相关事项的独立意见[EB/OL].(2019-03-30)[2024-10-12]. http://www.cninfo.com.cn/new/disclosure/detail? plate = szse&orgId = gssz0000708&stockCode = 000708&announcementId = 1205965924&announcementTime = 2019-03-30.

案例十二　格力的一项交易：非同一控制下的企业合并

现实经济生活中，可以通过一次股权交易完成企业合并，也可以通过多次独立的股票交易来取得标的方的股权，分次收购实现企业合并。2021年珠海格力电器股份有限公司（以下简称"格力电器"）通过拍卖竞得银隆新能源股份有限公司（以下简称"银隆新能源"）的股份，并与董明珠女士签订了附生效条件的《表决权委托协议》，董明珠女士将其持有的银隆新能源表决权委托格力电器行使。本案例以此为例，讨论非同一控制下企业合并的会计处理，以进一步加深对股权交易与合并的理解。

一、交易方简介

（一）格力电器

格力电器成立于1991年，1996年11月在深交所挂牌上市，证券代码为000651。公司成立初期，主要是组装生产家用空调，是一家多元化、科技型的全球工业制造集团。公司无控股股东，也无实际控制人。

格力电器旗下拥有格力、TOSOT、晶弘三大消费品牌及凌达、凯邦、新元等工业品牌。公司涵盖消费与工业两大领域。消费领域覆盖家用空调、暖通空调、冰箱、洗衣机、热水器、厨房电器、环境电器、通信产品、智能楼宇、智能家居；工业领域覆盖高端装备、精密模具、冷冻冷藏设备、电机、压缩机、电容、半导体器件、精密铸造、基础材料、工业储能、再生资源，产品远销180多个国家及地区。

公司2021年实现营业总收入1 896.54亿元，同比增长11.24%；实现归母净利润230.64亿元，同比增长4.01%。

（二）银隆新能源

银隆新能源是一家非上市公司，属于储能行业与新能源汽车行业。该公司主要从事新能源相关领域技术的研究开发;锂离子动力电池和储能电池的生产、销售;混合动力、纯电动车动力总成、电机、电源管理系统及相关领域的技术开发;汽车(不含小轿车)销售。

1. 主营业务

银隆新能源是国内少有的形成了从锂电池材料、锂电池、模组/PACK动力总成、新能源整车、储能系统设备到动力电池梯次利用、回收的闭合式循环产业链的综合性新能源产业集团。该公司以科技创新为核心,打造新能源闭合式循环产业链,旗下拥有广通、奥钛两大品牌,总部位于珠海,拥有邯郸、成都、天津、洛阳等产业园。该公司研发的钛酸锂电池系列产品,具有高安全、大倍率、快充放、耐宽温、长寿命等特性,可覆盖全储能应用场景,被广泛应用于新能源汽车以及工商业园区、通信基站、电网调频、轨道交通、船舶岸电、家庭住宅、军事科研等储能领域,在高寒、高海拔等恶劣工况下以及对安全性要求较高的应用场景下具有独特优势。

该公司生产的新能源汽车在北京、天津、成都、杭州等全国多个城市运营。根据中国客车统计信息网数据显示,2021年1月~7月,该公司7米以上新能源客车累计销量位居行业第四,其中,2021年7月当月7米以上新能源客车销量位居行业第三。

2. 主要财务数据

银隆新能源并购前的主要财务数据如表12-1所示。

表12-1 银隆新能源并购前主要财务数据　　　　　　　　　　单位:万元

项目	2020年12月31日	2021年7月31日
资产总额	2 876 351.15	2 814 942.09
负债总额	2 258 883.71	2 272 902.03
应收账款	598 723.48	461 310.56
或有事项	87 468.88	82 619.37
所有者权益	617 467.43	542 040.07
项目	2020年度	2021年度
营业收入	432 536.98	105 750.61
营业利润	−83 583.86	−95 793.55
净利润	−68 818.67	−76 310.74
经营活动产生的现金流量净额	317 181.98	138 498.09

注:2020年12月31日财务数据经审计,而2021年7月31日财务数据未经审计。

二、交易概况

广东省珠海市中级人民法院于2021年8月30日10时至2021年8月31日10时在

京东网司法拍卖网络平台公开拍卖银隆投资控股集团有限责任公司、珠海厚铭投资有限公司、红恺软件科技有限公司持有的银隆新能源部分股权。格力电器于2021年8月31日参与了上述拍卖标的的司法拍卖,以182 827.51万元的价格竞得银隆新能源336 197 406股股份;并与董明珠女士签订了附生效条件的《表决权委托协议》,董明珠女士将其持有的银隆新能源192 672 001股股份对应的表决权委托公司行使。

本次交易完成后,格力电器将直接持有银隆新能源336 197 406股股份,占银隆新能源总股本的30.47%,并通过表决权委托安排拥有董明珠女士持有的银隆新能源192 672 001股股份对应的表决权,占银隆新能源总股本的17.46%;公司将合计控制银隆新能源528 869 407股股份对应的表决权,占银隆新能源总股本的47.93%,银隆新能源将成为上市公司的控股子公司。

(一) 合并相关信息

此次股权交易取得时间为2021年10月31日,取得股权的公司名称为格力钛新能源股份有限公司(即银隆新能源,格力电器获得30.47%的股权后更改了公司名称)。自购买日至报表日的营业收入为694 344 061.76元,自购买日至报表日的净利润为-416 767 701.45元。

(二) 标的方会计信息

截至交易日2021年10月31日,格力钛新能源相应可辨认净资产公允价值经中联资产评估集团有限公司评估,并出具中联评报字〔2022〕第1362号评估报告。格力电器在此次交易中产生的合并成本为1 828 275 113.56元。格力钛新能源股份有限公司的净资产公允价值为4 339 530 375元,其中,不可辨认资产公允价值为106 757 375元。合并日标的公司净资产如表12-2所示。

表12-2 合并日标的公司净资产　　　　　　　　　　　　单位:元

项目	格力钛新能源股份有限公司	
	合并日公允价值	合并日账面价值
资产:		
货币资金	1 646 843 953.97	1 646 843 953.97
交易性金融资产	10 000.00	10 000.00
应收账款	2 779 548 017.55	2 779 548 017.55
预付账款	215 800 208.73	215 800 208.73
其他应付款	234 176 292.67	234 176 292.67
存货	2 135 766 221.72	2 135 766 221.72
合同资产	996 806 636.13	996 806 636.13

（续表）

项目	格力钛新能源股份有限公司	
	合并日公允价值	合并日账面价值
一年内到期的非流动资产	2 810 789.73	2 810 789.73
其他流动资产	856 356 937.01	856 356 937.01
长期应收款	3 014 657.86	3 014 657.86
长期股权投资	390 685 789.09	535 849 709.81
其他权益工具投资	2 170 000.00	2 170 000.00
投资性房地产	30 434 649.00	6 404 970.97
固定资产	9 851 922 127.54	8 874 157 430.70
在建工程	2 341 162 945.24	2 301 429 874.64
无形资产	3 078 130 531.23	2 103 825 250.26
长期待摊费用	18 801 886.89	18 801 886.89
递延所得税资产	1 906 423 128.64	1 906 423 128.64
其他非流动资产	277 326 714.43	277 326 714.43
资产小计	26 768 191 487.43	24 897 522 681.71
负债：		
短期借款	2 202 310 244.21	2 202 310 244.21
应付票据	1 382 825 460.48	1 382 825 460.48
应付账款	4 860 305 562.25	4 860 305 562.25
合同负债	5 024 137 616.68	5 024 137 616.68
应付职工薪酬	49 442 281.69	49 442 281.69
应交税费	46 366 595.59	46 366 595.59
其他应付款	4 233 517 352.93	4 233 517 352.93
一年内到期的非流动负债	98 518 621.44	98 518 621.44
其他流动负债	2 088 457 921.70	2 088 457 921.70
长期借款	850 000 000.00	850 000 000.00
长期应付款	392 843 262.75	392 843 262.75
递延收益	1 186 062 239.50	1 186 062 239.50
递延所得税负债	13 873 952.69	13 873 952.69
负债小计	22 428 661 111.91	22 428 661 111.91
净资产	4 339 530 375.52	2 468 861 569.80

思考题

1. 根据以上资料,判断此次股权交易是否形成企业合并,并说明理由。
2. 如果本次交易形成合并,根据合并后的法律结果以及是否是同一控制下的企业合并,判断格力电器的此次交易分别属于什么类型的合并,并说明理由。
3. 如果你是格力电器的会计师,针对此次非同一控制下的企业合并,作为合并方,该作何会计处理。
4. 如果你是银隆新能源的会计师,针对此次非同一控制下的企业合并,作为被合并方,该作何会计处理。
5. 假设格力电器通过支付现金 6 000 246 516 元获得了银隆新能源的全部净资产,请问又是什么类型的合并呢?请为交易双方进行相应的会计处理。

参考文献

[1] 格力电器.对外投资暨关联交易的进展公告[EB/OL].(2021-10-30)[2024-10-12].http://www.cninfo.com.cn/new/disclosure/detail?plate=szse&orgId=gssz0000651&stockCode=000651&announcementId=1211437452&announcementTime=2021-10-30.

[2] 格力电器.华泰联合证券有限责任公司关于珠海格力电器股份有限公司对外投资暨关联交易之财务顾问报告[EB/OL].(2021-08-31)[2024-10-12].http://www.cninfo.com.cn/new/disclosure/detail?plate=szse&orgId=gssz0000651&stockCode=000651&announcementId=1210937753&announcementTime=2021-08-31%2011:51.

[3] 格力电器.2021年年度报告[EB/OL].(2022-04-30)[2024-10-12].http://www.cninfo.com.cn/new/disclosure/detail?plate=szse&orgId=gssz0000651&stockCode=000651&announcementId=1213262535&announcementTime=2022-04-30.

案例十三　两项并购：权益性交易的其他情形

母公司在取得控制权后，可能会继续追加对子公司的投资。而出于各种原因，母公司在持有子公司大量股权后，也有可能会出售所持有的子公司股份。对此，本案例通过江南嘉捷电梯股份有限公司（以下简称"江南嘉捷"）和云南铜业股份有限公司（以下简称"云南铜业"）两家公司的案例来深入说明不同情况下的权益性交易，以便大家深入讨论。

一、江南嘉捷的收购

江南嘉捷于 2017 年 8 月 16 日至 21 日分别与苏州富士精工电梯有限公司（以下简称"苏州富士"）的股东日本富士电梯株式会社、富士电梯（马来西亚）有限公司、泰克诺电梯有限公司、江南科技（中国）有限公司签署了《转股协议》等相关协议拟出资不超过人民币 2 520 万元收购控股子公司苏州富士剩余 26.25%的股权。

（一）交易各方简介

江南嘉捷主要从事电梯、自动扶梯、自动人行道等产品的研发、生产和销售及相关产品的安装、改造和维修。

日本富士电梯株式会社、富士电梯（马来西亚）有限公司和泰克诺电梯有限公司均主要经营电梯及零部件业务（销售安装保养改造），江南科技（中国）有限公司主要从事一般贸易、投资和研发业务。以上四名交易对方与江南嘉捷之间均不存在产权、资产、债权债务、人员等方面的关系。

交易标的为苏州富士电梯有限公司，主要生产乘客电梯、载货电梯、液压电梯、自动扶梯和自动人行道，并提供乘客电梯、载货电梯、自动扶梯和自动人行道的安装、改造、维修等售后服务；生产乘客电梯、载货电梯、液压电梯、自动扶梯和自动人行道的零件、部件，销售江南嘉捷所生产的产品。

(二) 交易概况

江南嘉捷出资江南嘉捷收购苏州富士26.25%股权的价格为人民币23 630 136.20元。其中,人民币1 687 866.87元用于收购日本富士电梯株式会社持有的苏州富士1.875%股权;人民币2 250 489.16元用于收购富士电梯(马来西亚)有限公司持有的苏州富士2.50%股权;人民币3 375 733.74元用于收购少数权益股东泰克诺电梯有限公司持有的苏州富士3.75%股权;人民币16 316 046.43元用于收购江南科技(中国)有限公司持有的苏州富士18.125%股权。收购完成后,苏州富士由公司持股73.75%的控股子公司变为公司的全资子公司。

交易前后股权结构如表13-1所示。

表13-1 交易前后股权结构   金额单位:美元

被收购方	本次交易前		本次交易后	
	出资额	比例	出资额	比例
江南嘉捷电梯股份有限公司	5 900 000	73.75%	8 000 000	100%
日本富士电梯株式会社	150 000	1.875%		
富士电梯(马来西亚)有限公司	200 000	2.50%		
泰克诺电梯有限公司(意大利)	300 000	3.75%		
江南科技(中国)有限公司	1 450 000	18.125%		
合计	8 000 000	100%	8 000 000	100%

二、云南铜业的处置

(一) 交易各方简介

1. 云南铜业

云南铜业于1998年6月在深圳证券交易所上市,证券代码为000878。云南铜业的主要业务涵盖了铜的勘探、采选、冶炼,贵金属和稀散金属的提取与加工,硫化工以及贸易等领域,是中国重要的铜、金、银和硫化工生产基地。经过多年发展,云南铜业在铜以及相关有色金属领域建立了较为完善的产业链,具有深厚的行业积淀。公司主要产品包括:阴极铜、黄金、白银、工业硫酸、铂、钯、硒、碲、铼等,其中阴极铜产能为每年130万吨。

公司主产品均采用国际标准组织生产,按照国际ISO9001质量管理体系有效运行,保证产品受到严格的质量控制。公司主产品阴极铜广泛应用于电气、轻工、机械制造、建筑、国防等领域;黄金和白银用于金融、珠宝饰品、电子材料等;工业硫酸用于化工产品原料以及其他国民经济部门。

公司"铁峰牌"阴极铜在上海期货交易所和伦敦金属交易所注册,"铁峰牌"黄金在上海黄金交易所、上海期货交易所注册,"铁峰牌"白银在上海黄金交易所、上海期货交易所、伦敦贵金属市场协会注册。

2. 金沙矿业

云南金沙矿业股份有限公司(以下简称"金沙矿业")成立于2000年,主要从事有色、黑色金属采、选、冶及产品购销(不含管理商品),房屋租赁,矿山技术服务;矿石、矿产品质量检测;汽油、柴油、煤油(限分公司凭许可证经营)的经营。

该公司控股股东为云南铜业,持股比例63.408%,实缴出资额为5 110万元。2007年2月,云南铜业定向增发受让并持有金沙矿业51%股份。2021年4月22日,云南省昆明市东川区人民法院下发执行裁定书〔2020〕云0113执336号,裁定云南凯通(集团)有限公司持有金沙矿业12.408%股份以物抵债,交付云南铜业抵偿债务,至此,云南铜业持有金沙矿业63.408%股份。

金沙矿业2018—2020年及2021年前2个月财务情况如表13-2所示。

表13-2　金沙矿业2018—2020年前2个月财务情况　　　　　　　　　　单位:万元

项目	2021年2月28日/2021年2月	2020年12月31日/2020年	2019年12月31日/2019年度	2018年12月31日/2018年度
资产总额	96 646.06	98 037.77	124 006.42	137 601.18
负债总额	77 755.82	78 793.70	73 226.53	56 878.42
净资产	18 890.23	19 244.07	50 779.88	80 722.76
营业收入	28 384.82	47 096.82	83 545.92	90 754.03
营业利润	-437.36	-31 546.62	-29 961.95	-18 193.38
净利润	-428.06	-31 546.84	-29 942.05	-18 352.87
经营活动产生的现金流量净额	-1 934.47	3 162.45	-3 294.89	5 731.43

3. 金水矿业

昆明市东川金水矿业有限责任公司(以下简称"金水矿业")于2001年成立,是一家有限责任公司,注册资本为2 660万元人民币。该公司主要从事铜矿开采、铜矿浮选;冰铜冶炼;建筑用砂石生产销售;除磷剂的生产销售;机电产品、矿产品、矿山机械、五金、百货、建筑材料购销;水力发电(限分公司经营);爆破工程设计施工;矿山工程施工;建筑工程施工(依法须经批准的项目,经相关部门批准后方可开展经营活动)等业务。

该公司交易前一年主要财务数据为:资产总额为74 834.48万元,净资产为53 104.01万元,营业收入为91 868.66万元,利润总额为12 972.57万元,净利润为11 026.69万元。

(二) 交易概况

2021年6月7日，云南铜业第八届董事会第二十次会议和第八届监事会第十七次会议审议通过了《关于挂牌转让子公司股份及相关债权的预案》。6月9日，该公司发布《关于挂牌转让子公司股权及相关债权的公告》(以下简称"公告")。公告显示，云南铜业聘请沃克森(北京)国际资产评估有限公司对金沙矿业股东全部权益价值进行了评估[①]，结果如下：金沙矿业所有者权益账面值为1.89亿元，股东全部权益价值为-5.73亿元。本次转让金沙矿业63.408%股份评估价值为-3.63亿元。

本次交易标的为金沙矿业63.408%股份及相关债权，本次交易标的将采用公开挂牌转让的方式出售，交易对方及最终交易价格以最终公开挂牌成交结果为准。拟挂牌转让价格为7.21亿元，其中：云南铜业所持金沙矿业63.408%股份转让价格5.01亿元，相关债权转让价格2.20亿元。

2021年9月16日云南铜业发布公告称，云南铜业与金水矿业达成此次挂牌出售交易，一次性付款，价格为6.64亿元。

本次交易完成后预计将增加云南铜业2021年利润总额到17 306.92万元，其中云南铜业因以物抵债而持有的金沙矿业12.408%股权公允价值为9 023.26万元，该公允价值与债权账面价值之间的差额，即债务重组损失为8 792.85万元，公司前期已确认8 008.22万元[②]，本次转让完成后将补充确认债务重组损失784.63万元。

(三) 交易前后财务状况

交易前后云南铜业利润表主要指标如表13-3所示。

表13-3 交易前后云南铜业利润表主要指标 单位：元

项目	2021年	2020年	2019年	2018年
营业收入	127 057 754 576	88 238 513 733	63 289 995 891	47 430 343 194
投资收益	416 849 138	-227 581 353	169 348 740	-15 468 229
其中：对联营企业和合营企业的投资收益	159 483 179	78 900 624	11 920 325	-39 732 211
利润总额	1 688 185 406	1 071 622 791	1 203 801 635	645 725 982
净利润	1 655 001 077	1 071 705 919	1 160 890 390	592 297 005
归属于母公司的净利润	1 295 718 580	813 367 527	974 759 825	401 747 112

---

① 沃克森国际评报字(2021)第0660号评估报告以2021年2月28日为评估基准日。
② 具体内容详见公司于2021年8月19日披露的《云南铜业股份有限公司关于诉讼事项进展的公告》，公告编号2021-050。

思考题

1. 请对江南嘉捷的此次收购进行判断,应该作何会计处理?并说明理由。此次收购与企业会计准则中提到的合并有何关联?
2. 针对云南铜业处置其子公司的交易,如果你是云南铜业的会计师,应该针对这笔交易作何会计处理?
3. 云南铜业为什么要处置该子公司,这笔交易对云南铜业的经营业绩产生了什么影响?

参考文献

[1] 江南嘉捷.关于收购控股子公司少数股东股权暨吸收合并的进展公告[EB/OL].(2017-09-09)[2024-10-12]. http://www.cninfo.com.cn/new/disclosure/detail?plate=sse&orgId=9900021962&stockCode=601313&announcementId=1203959856&announcementTime=2017-09-09.

[2] 江南嘉捷.关于拟收购控股子公司少数股东股权暨吸收合并的公告[EB/OL].(2017-08-12)[2024-10-12]. http://www.cninfo.com.cn/new/disclosure/detail?plate=sse&orgId=9900021962&stockCode=601313&announcementId=1203791331&announcementTime=2017-08-12.

[3] 云南铜业.关于挂牌转让子公司股权及相关债权的公告[EB/OL].(2021-06-09)[2024-10-12]. http://www.cninfo.com.cn/new/disclosure/detail?plate=szse&orgId=gssz0000878&stockCode=000878&announcementId=1210198200&announcementTime=2021-06-09.

[4] 云南铜业.关于公开挂牌转让子公司股份及相关债权的进展公告[EB/OL].(2021-09-16)[2024-10-12]. http://www.cninfo.com.cn/new/disclosure/detail?plate=szse&orgId=gssz0000878&stockCode=000878&announcementId=1211066694&announcementTime=2021-09-16.

案例十四　双重股权结构在中国企业中的应用

截至2022年3月,共有261家中国公司在美国上市,大部分公司分布于互联网零售、汽车、教培、信息技术等行业,总市值约为1.3万亿美元,其中,美国机构投资者持有的市值约有2 000亿美元。国内所有知名互联网公司如阿里巴巴、百度、京东等54家公司,都在美国资本市场,且大部分采用了不平等投票权,即双重股权结构。而2020年1月20日,优刻得科技股份有限公司股票在我国科创板挂牌交易,成为我国第一家采用特别表决权并在内地公开发行上市的公司。双重股权结构正式进入内地资本市场。本案例就以京东集团股份有限公司(以下简称"京东")、阿里巴巴集团控股有限公司(以下简称"阿里巴巴")与小米科技有限责任公司(以下简称"小米")首次上市所披露的股权结构为例,来介绍双重股权结构,以供大家进一步讨论。

一、京东在美国上市

2014年5月22日,京东正式登陆美国纳斯达克证券交易所,成为继深圳市腾讯计算机系统有限公司(以下简称"腾讯")、百度在线网络技术(北京)有限公司(以下简称"百度")之后在海外上市的中国第三大互联网公司。

(一) 京东简介

京东是我国较大的自营式综合型电商平台,在2015年7月《财富》发布的2015年中国企业500强排行榜中,京东排名45,是当年度中国收入规模最大的互联网企业。截至2016年,京东在全国范围内已经拥有7大物流中心、166个大型仓库以及4 142个配送站和自提点,覆盖全国44座城市内2 043个区县。京东旗下另设有京东商城、京东金融、拍拍网、京东智能等。其中京东商城主要从事B2C业务,经营数万品牌的商品,涵盖计算机、手机、家电、汽车配件、服装与鞋类、家居用品等13大类4 020万种SKU的商品。

1998年6月刘强东在中关村创业,成立京东公司。2001年6月,京东成为光磁产品领域最具影响力的代理商。2004年1月,京东多媒体网正式开通,京东开辟电子商务领域创业实验田。2006年6月,京东开创业内先河,正式开放京东产品博客系统,成为全国第一家以产品为主体对象的专业博客系统。

2007年6月,京东多媒体网正式更名为京东商城。7月,京东建成北京、上海、广州三大物流体系,总物流面积超过5万平方米。8月,京东获得国际著名风险投资基金今日资本的千万美元融资,自此不断引入风险投资进行融资。2009年订单暴增导致物流瘫痪,京东把重心转移到物流和仓储体系的建设上,成立物流子公司、购买仓储场所等,加大对供应链的投入。

2014年5月22日,京东在美国纳斯达克证券交易所正式挂牌上市,以每股19美元的价格,首次公开发行了A类和B类股票,共计9368.56万股ADS,股票代码为"JD",总金额达17.8亿美元,其中B类的投票权是A类的20倍,成为我国第一个成功赴美上市的大型综合型电商平台。京东上市首日开盘价为21.75美元,与发行价相比上涨14.5%,总市值高达297亿美元。截至2016年12月31日,公司全年净收入达2 602亿元人民币(约375亿美元),同比增长44%,净利润达到10亿元人民币,并成功实现扭亏为盈。

(二)融资历程

京东的长期发展一直伴随着资本的不断输入以及不同融资方式的搭配组合。在美国纳斯达克上市之前,京东采取两种不同的融资方式——优先股融资和普通股融资。在初期,京东采用的是优先股融资,2007—2010年共发行了"A、B、C"三轮"可赎可转优先股";在中后期,由于融资金额有限,京东开始通过普通股发售来进行融资。

1. 优先股融资

京东的融资之路始于2007年。作为第一个支持京东的国际性投资基金,今日资本集团(以下简称"今日资本")为京东的A轮融资提供了两笔资金支持,总额达到1 000万美元。2007年3月,京东发行了1.55亿份"A类可赎可转优先股",附带1.31亿份购股权,在8月15日被行使。由于早期估值不准确,今日资本A轮获得的优先股相当于京东总股数的30%,同时享有8%的年息。

到2008年10月,今日资本的1 000万美元已难以维系京东的正常运转,恰逢金融危机,融资更加难以为继。直到2009年1月,转机才出现。今日资本的800万美元、雄牛资本有限公司及投资家梁伯韬联合投资的1 300万美元,三方共计2 100万美元,使得京东完成了B轮融资,共发行2.35亿"B类可赎可转优先股"。这笔投资维持了公司运营,还大幅度提高了京东的物流仓储体系,其营业收入达到40亿元人民币,是2008年的3倍多。

2009年9月,京东开始C轮融资,共计发行1.78亿"C类可赎可转优先股",并从最大投资方——高瓴资本管理有限公司(以下简称"高瓴资本")处融入 1.38 亿美元的资金。这些投资用于京东的生产经营,营业收入实现 102 亿元人民币,按照 10 亿美元的估值,该公司每股价格达到 0.774 美元。

采用优先股策略,优先股股东只能享有有限的表决权,不能直接参与公司的经营管理。因此,优先股融资的策略使得 A、B、C 三轮融资下引入的投资方均无法对京东的控制权造成任何影响,创始人刘强东及其团队仅持有 1.69 亿美元就保住了对京东的控制权。

2. 普通股融资

虽然优先股融资的方式较好,但是京东获得的融资额度却有限。

从 2011 年起,京东开始发售普通股,以此进行融资。2011 年 4 月,京东成功从俄罗斯投资公司 Digital Sky Technology(以下简称"DST")中获得第一笔价值 7.46 亿美元的普通股融资,老虎基金(Tiger Fund)、红杉资本(Sequoia Capital)等实力雄厚公司相继为京东融资,最终京东累计发售了 4.49 亿普通股,获得 16.43 亿美元用于投资物流和技术研发的建设。当年度京东的营业收入达到 211.29 亿元人民币。

2012 年 11 月,由安大略教师退休基金(Ontario Teachers' Pension Plan,OTPP)主投、老虎基金跟投的 3 亿美元用于公司经营;2013 年 2 月,京东累计发售 8 亿份普通股,完成共计 7 亿美元的普通股融资,获得 18.57 亿美元现金以及三个腾讯旗下电商的股权资产(拍拍、网购的 100%股权和易迅的 9.9%股权)。

在多轮大规模融资过程中,京东估值一路走高,满足了快速发展的资金需求,但刘强东的股权也被稀释到 20%以下。按照一股一票的投票表决方式,即使刘强东作为公司第一大股东,也无法再保持对京东的绝对控制。老虎基金、高瓴资本、DST 全球基金与今日资本这四大 PE 机构对京东的持股比例已经达到 48.1%,远大于创始人刘强东掌握的 18.8%的京东股权。

由于排他性投票权委托制度的实施,某些股东通过协议约定,将投票权委托给其他特定股东行使。对于京东来说,则是将投票权授予刘强东控制的两家英属维尔京群岛(British Virgin Islands)公司 Max Smart Limited(以下简称 MSL)和 Fortune Rising Holdings Limited 来行使,也有些投资机构没有把投票权委托给刘强东,比如老虎基金(持股 18.1%)、高瓴资本(持股 13%)和今日资本(持股 7.8%)等机构。

但京东的 11 家投资人在京东发行上市前将 13.74 亿股的投票权委托给了刘强东行使[①],其中包括腾讯的 3.51 亿股、DST 的 2.26 亿股、红杉的 0.4 亿股,其投资人抱团全力支持刘强东。这使得刘强东持股虽然只有 18.8%(不含代持的 4.3%激励股权),却因投票委托掌控了京东过半的投票权,以相对优势保持了对公司的实际控制。但是这种委托制度并非长久之计,出于对战略布局的考量,京东决定上市融资。

---

① 2014 年京东赴美上市的招股说明书中提及。

3. 纳斯达克上市

2014年5月22日,京东成为中国首家在美国纳斯达克全球精选市场挂牌上市的大型电子商务公司,京东开盘价为21.75美元/股,较发行价上涨14.5%,并且开盘之后一路上涨。按京东发行价19美元/股计算,京东市值为260亿美元,成为当年仅次于腾讯、百度的中国第三大互联网上市公司。

上市完成后,私募投资人将收回7.96亿股的投票权,同时京东将发售1.38亿新股,总股本将达到27.6亿股。根据招股说明书,京东上市采用双重股权结构,发行A类和B类股两种股票,其中A类股票,每股只有一票的投票权,而B类股票,每股享有20票的投票权。刘强东持有的5.65亿股正是B类股票。京东虽然已经上市融资,但刘强东通过实施双重股权结构制度掌握公司的控制权,确保了创始人(管理层)的话语权。上市之前,刘强东通过投票权委托制度拥有京东控制权的55.9%,上市之后,刘强东通过双重股权制度拥有京东控制权的83.7%。

4. 香港联交所上市

2020年6月8日上午9点,京东(09618.HK)在香港公开发售1.33亿股股份,最高公开发售价为236港元/股。预计6月11日定价,6月18日在香港联交所交易。2020年6月18日京东正式在香港联交所上市交易,在港上市首日高开5.75%,报239港元/股,总市值为7 386亿港元。

此次香港上市,同样采用了双重股权结构制度。京东在其公司章程中对A类普通股和B类普通股进行了相应的规定。

A类普通股持有人和B类普通股持有人在提交股东表决的所有决议上应始终作为同一类别一起表决。每股A类普通股就所有提交本公司股东大会表决的事项享有一票表决权,每股B类普通股就所有提交本公司股东大会表决的事项享有二十票表决权。

每股B类普通股可由持有人随时转换成一股A类普通股。B类普通股持有人行使转换权时,应向本公司提交书面通知,通知本公司其选择将特定数量的B类普通股转换成A类普通股。表14-1为上市日创始人相关股权与投票权情况。

表14-1 上市日创始人相关股权与投票权情况表　　　　数量单位:股

项目	A类普通股	B类普通股	普通股总数	权益拥有百分比	占总投票权百分比
管理层					
刘强东	27 000 000	421 507 423	448 507 423	15.1%	78.4%
全体董事及高级管理人员合计	31 693 049	421 507 423	453 200 472	15.3%	78.4%
主要股东					
Max Smart Limited	14 000 000	421 507 423	435 507 423	14.7%	73.3%

（续表）

项目	A类普通股	B类普通股	普通股总数	权益拥有百分比	占总投票权百分比
黄河投资有限公司	527 207 099	—	527 207 099	17.8%	4.6%
沃尔玛百货有限公司	—	29 373 658	29 373 658	1%	5.1%
Fortune Rising Holdings Limited	289 053 746	—	289 053 746	9.8%	2.5%

MSL公司为刘强东通过信托权益拥有的英属维尔京群岛公司，刘强东为唯一董事。在这里，MSL公司直接持有421 507 423股B类普通股以及MSL公司拥有的7 000 000股限制性美国存托股（相当于14 000 000股A类普通股）。

二、阿里巴巴的合伙人制度

（一）阿里巴巴简介

阿里巴巴最初是由马云等18位创始人于1999年在浙江省杭州市创立的电子商务公司。阿里巴巴经营多个业务板块，包括电子商务服务、蚂蚁金融服务、菜鸟物流服务、大数据云计算服务、广告服务、跨境贸易服务以及前六个电子商务服务以外的互联网服务，并进行与数字经济有关的商业基础设施建设。2014年9月19日，阿里巴巴在纽约证券交易所正式挂牌上市，股票代码为"BABA"，2019年11月26日，阿里巴巴在香港交易所上市，成为首个同时在美股和港股上市的中国互联网公司。

（二）融资历程

1999年2月，以马云为首的18位创始人在杭州创建阿里巴巴。在发展初期，阿里巴巴在短短四年内连续进行了三轮风险融资，例如，2000年1月从日本软件银行集团（以下简称"软银"）和高达投资集团（以下简称"高达"）等数家投资机构融资2 000万美元，2004年2月从数家一线投资机构融资8 200万美元，成为当时中国互联网界最大规模的私募融资。三轮融资后，软银及富达各持股20%与18%，但马云等创始人仍位列第一大股东，持股达47%。

第四轮融资发生在2005年8月，美国互联网门户网站雅虎（Yahoo! Inc.，简称"雅虎"）[①]以10亿美元现金、雅虎中国[②]、雅虎品牌及技术在中国的使用权投资阿里巴巴，获

---

① 雅虎（Yahoo! Inc.）是一家全球性的因特网通讯、商贸及媒体公司，成立于1995年3月1日，总部位于美国加州圣克拉克市。雅虎提供多元化的网络服务，包括搜索引擎、电子邮件、新闻等，业务遍及24个国家和地区，为全球超过5亿的独立用户提供服务。

② 中国雅虎是雅虎在全球的分支机构，专注于为中国市场提供互联网服务。1999年9月，雅虎中国网站开通，2005年8月被阿里巴巴集团全资收购。

取阿里巴巴集团 40% 的股份及 35% 的投票权（限于控制权协议），同年 10 月，阿里巴巴接管中国雅虎。通过一系列新老股东之间的股权转让和增资，阿里巴巴的股权结构发生了巨大变化。需要注意的是，马云等创始人只持有阿里巴巴 31% 的股权，但拥有 36% 的投票权，依然拥有阿里巴巴的控制权①。

2007 年 11 月，阿里巴巴网络有限公司（B2B 业务）（代码：01688.HK）在香港联交所挂牌上市。其招股说明书披露，雅虎与阿里巴巴集团在 2005 年签订的战略投资协议中有诸多关键条款将从 2010 年 10 月发生重大变化：①马云等阿里巴巴管理层持有的 5% 投票权将转移至雅虎手中，届时雅虎将成为阿里巴巴控股股东。②雅虎在董事会中的席位将从一席增加至两席，与阿里巴巴管理层的席位数相同，软银则继续委任一名董事。③"阿里巴巴集团首席执行官马云不会被辞退"的条款也将到期。这表明，自 2010 年 10 月起，阿里巴巴的控制权将从马云等管理层手中转移至雅虎，阿里巴巴管理层将丧失控股地位。

2010 年 2 月，阿里巴巴管理层推出"长征"计划，希望回购雅虎所持股权，但被雅虎拒绝②。2010 年 7 月，阿里巴巴创立"合伙人制度"③。2011 年 9 月，美国私募股权公司银湖合伙基金联合俄罗斯 DST、新加坡淡马锡控股有限公司、云锋金融集团等斥资 16 亿美元收购阿里集团 5% 股权，且将投票权全部委托马云掌管④。

2012 年 5 月 20 日，雅虎和阿里巴巴达成协议，同意阿里巴巴分阶段回购雅虎所持股权。2012 年 9 月 18 日，阿里巴巴宣布以 62.82 亿美元现金及 8 亿美元可赎回优先股，回购雅虎持有的近 20% 阿里巴巴股权，并一次性支付雅虎技术和知识产权许可费 5.5 亿美元。作为交易的一部分，雅虎也放弃委任第二名董事会成员的权利，同时也放弃一系列对阿里巴巴战略和经营决策的否决权。同时，双方约定，若阿里巴巴能按规定条件于 2015 年前正式上市，马云可继续发起对剩余股份的回购。

2012 年 9 月，雅虎出售自己拥有控制权的股份，阿里巴巴估值为 355 亿美元。2013 年 9 月，阿里巴巴筹备在香港上市时的估值已达千亿美元。2014 年 9 月，阿里巴巴在纽交所上市首日估值达到 2 314 亿美元，是 2012 年 9 月时估值的 6.5 倍。对比阿里巴巴历年来的市盈率和市销率变化，不难看出，2012 年是公司估值最低的年份。雅虎最终在阿里巴巴估值最低的时候选择出售其股份，退出其控制权的争夺，与雅虎自身经营状况也密切相关。因为此时，雅虎自身经营面临困难、创新乏力、营收滑坡、裁员、管理层重组，

---

① 可见，雅虎让渡给阿里管理层的 5% 投票权是马云等管理层维持阿里控制权的关键。
② 直到 2014 年 5 月 6 日，阿里巴巴向美国证监会提交的招股说明书中才披露，阿里巴巴早于 2010 年 7 月创立了"合伙人制度"，创立时间就在阿里控制权旁落大限（2010 年 10 月）来临前三个月。所以，阿里管理层赶在控制权旁落大限来临前三个月推出"合伙人制度"，控制公司董事会的意图就极其明显了。
③ "合伙人制度"建立后，2010 年 10 月即将兑现的控制权转移条款将形同虚设，雅虎第一大股东的权利也被架空，徒有虚名。
④ 即，阿里巴巴无投票权股份对应的公司估值为 320 亿美元（16 亿美元÷5%）。

雅虎投资者渐渐失去耐心。2012年雅虎市值始终在150亿美元徘徊,而所持阿里市值几乎达到140亿美元,投资者迫切希望其出售阿里股权以重振雅虎主业。雅虎自身急需资金走出困境,所以只能以低价出售阿里股权。

2014年9月,阿里巴巴携合伙人制度在纽交所上市。在阿里巴巴IPO前后,大股东股权均受到不同程度的稀释,但各方势力持股地位没有改变。上市完成后,软银依然以32.4%的股份稳居持股股东之首,雅虎及马云则分别以15.56%和7.8%的股份位居软银之后。由于合伙人制度及相关支持协议,创始人股东虽然持股不到企业的10%,仍能"以小博大",确保自己在阿里巴巴的控制地位。

(三) 合伙人制度

1. 合伙人产生机制

参选人首先需由现有合伙人举荐,经合伙人委员会准允后,再参与一人一票的正式选举。候选者除了需获得至少四分之三的合伙人支持外,还需满足以下要求:任职时间超过五年;有积极贡献;持有部分股份;具备优秀的领导能力;对企业文化使命有高度的契合和认同感等。合伙人制度还存在两类特殊合伙人。一是拥有身份"保鲜权"的永久合伙人,其无须囿于年龄要求,只要未发生自愿退出、被除名、死亡等事件,可永远执行合伙人特权。到2024年集团拥有该身份的只有马云和蔡崇信。二是荣誉合伙人,由达到退休年龄或服务要求的普通合伙人构成。该制度另一重要角色——合伙人委员会,是管理年度奖金池分配、审核候选人的核心机构,共由5名成员组成。委员会每三年一轮选举,由所有合伙人投票形成,且并未限制连任。截至2019年6月,阿里巴巴合伙人已由初期的27位扩展至当前的38人。张勇、彭蕾、蔡崇信、马云、井贤栋五名成员构成合伙人委员会。

2. 权利与义务

合伙人拥有对董事会多数席位的提名权。由合伙人提名的董事必须在董事会中占据过半席次,如果因特殊原因导致合伙人提名或任命的董事不足半数,合伙人有权直接任命额外的董事以确保其过半原则。该权利已被载入公司章程,若想变更,必须获95%以上股东的支持。

如果股东对于合伙人提名的董事人选有异议,合伙人有权任命新的临时董事,有效期至次年股东大会;如果发生董事因故离职的情况,合伙人有权任命临时董事以补空缺,有效期至次年股东大会。

此外,合伙人还享有资金分配权。除有权拿到分红外,合伙人还可以管理层名义获取奖金。荣誉合伙人虽退出了普通合伙人队列,但仍能从延期奖金池中获取收益。合伙人主要责任是传承和践行企业文化和使命。

3. 退出机制

普通合伙人满足下列情形时将放弃相应资格:年满60岁;不再任职于阿里巴巴;出现

死亡和丧失行为能力事件;被50%以上的合伙人要求除名免职等。因达到年龄或达到服务年限要求退出的成员将成为荣誉合伙人。永久合伙人除不受年龄限制外,退出的其他条件与普通合伙人相同。

4. 其他

此外,阿里巴巴合伙人与软银、雅虎两大股东达成了配套协议以进一步巩固合伙人对公司的控制权。根据阿里巴巴的招股书,董事会共9名成员,阿里巴巴合伙人有权提名其中5人,如软银持股比例超过15%,则有权提名1人,其余3个名额由董事会提名委员会提名,上述董事将在股东大会上经简单多数选举产生。根据协议约定,阿里巴巴合伙人、软银和雅虎在股东大会上以互相投票支持的方式,确保阿里合伙人不仅能够获得对董事会的控制权,而且能够基本控制股东大会的投票结果。

三、小米在中国香港上市

(一) 小米简介

小米是一家以手机、智能硬件和IoT平台为核心的互联网公司。公司的产品按照产品功能、形态及模式,大体上可以划分为智能手机、IoT和生活消费产品、互联网服务产品。

1. 智能手机

小米的智能手机产品主要包括小米MIX系列、小米系列和红米系列,其中小米MIX系列为公司智能手机的高端旗舰机型,包括小米MIX2S和小米MIX2;小米系列定位为旗舰机和中高端机型,主打产品包括旗舰机型小米Note3、小米6等,中高端机型小米5C、小米5X/小米A1、小米Max2等;红米系列定位为中端和入门机型,包括红米Note5/5Pro、红米5Plus、红米5/5A、红米Note5A/红米Y1等。

2. IoT和生活消费产品

小米通过自产及与生态链企业合作的方式构建了自身的IoT和生活消费产品体系。其中硬件产品覆盖范围广阔,包括自产的智能电视、笔记本电脑、路由器、AI音箱,与生态链企业合作生产的移动电源、手环、空气净化器、净水器、扫地机器人、智能平衡车等;除此之外,小米还与生态链企业合作生产了广泛的生活消费产品,包括箱包、床垫、家具、出行工具、玩具等,构建了丰富的生活消费产品体系。

3. 互联网服务产品

小米的智能手机终端均搭载由公司基于安卓内核所自主研发的MIUI操作系统。MIUI是小米生态系统的核心组成部分,将公司的智能硬件与互联网服务成功地结合在一起。基于手机终端、MUI以及各种移动互联网应用,小米为广大用户提供丰富的互联网服务产品,包括小米应用商店、小米浏览器、小米视频和小米音乐等。

在MIUI体系之外,小米还通过小米商城网站及App、全网精选电商平台"有品"智能硬件控制中心"米家App"等多种渠道向全网用户提供互联网服务。这些服务拓展了公司的用户群体,让小米整体生态更加丰富、活跃和繁荣。

(二) 融资历程

小米于2010年1月在开曼群岛设立,唯一股东为Offshore Incorporation (Cayman) Limited。截至小米在香港上市前,小米已经完成A轮、B轮、C轮、D轮、E轮、F轮的优先股融资。优先股主要包括股息权(优先普通股获得股利)、转换为普通股的权利、赎回权利[①]以及优先清算的权利[②]。小米在香港上市前的多轮融资如表14-2所示。

表14-2 小米在香港上市前的多轮融资 数量单位:万美元

	时间	融资内容	发行数量(股)	融资金额
优先股融资				
A轮融资	2010年9月	第一次发行A轮优先股	100 000 000	1 000
	2011年8月	第二次发行A轮优先股	2 500 000	25
B轮融资	2010年12月	B轮第一轮融资优先股	65 073 145	2 750
	2011年4月	B轮第二轮(B+轮)融资优先股	4 727 011	275
	2011年8月	B轮第三轮(B++轮)融资优先股	1 031 347	60
C轮融资	2011年9月	C轮第一轮融资	42 020 822	8 800
	2011年11月	C轮第二轮(C+轮)融资优先股	1 002 765	210
D轮融资	2012年6月	D轮融资(第一次交割)	26 379 554	10 800
	2012年12月	D轮融资(第二次交割)	13 189 777	10 800
E轮融资	2013年8月	E轮融资	6 385 435	10 000
F轮融资	2014年12月	F轮第一轮融资	37 226 830	75 079.81
	2015年3月	F轮第二轮融资	1 147 843	2 314.99
	2015年7月	F轮第三轮融资	9 916 601	约20 000
	2017年8月	F轮第四轮融资	495 830	约1 000
普通股				
	2018年4月	向Smart Mobile Holdings Limited发行普通股(向公司创始人股东等发行)	63 959 619	

---

① 小米承诺,如果公司在2019年12月23日前没有完成合格上市,则自该日起,除F轮优先股股东外的其他优先股股东或多数F轮优先股股东均有权要求本公司赎回行使该权利的优先股股东所持有的所有优先股。
② 小米承诺,当公司发生清算、破产或其他自愿或非自愿的解散事件时,将于偿清所有债权人的债务及根据法律可能须优先偿还的债务后,按顺序对公司的优先股股东作出相应的分配。

(三) 股权结构

小米在香港上市之日前,采用特殊投票权结构公司的股份分为 A 类普通股和 B 类普通股两类,在股东大会上行使表决权时,每股 A 类普通股拥有 10 份投票权,每股 B 类普通股拥有 1 份投票权,但是在对公司章程明确规定的少量保留事项进行表决时,无论股份的类别,每股均只有 1 份投票权。根据小米公司章程的规定,在公司股东大会上,对于应当由普通决议通过的事项,由出席股东大会的股东所持的过半数的投票权赞成方可通过;对于应当由特别决议通过的事项,由出席股东大会的股东所持的超过 3/4 的投票权赞成方可通过。

由招股说明书可知,持有该公司 A 类普通股的股东为 Smart Mobile Holdings Limited、Bin Lin, as trustee of Bin Lin TRUST。

截至招股说明书签署日,雷军通过境外设立的信托控制 Parkway Global Holdings Limited,Parkway Global Holdings Limited 的全资子公司 Sunrise Vision Holdings Limited 是 Smart Mobile Holdings Limited 和 Smart Player Limited 的唯一股东。Smart Mobile Holdings Limited 和 Smart Player Limited 持有的公司 A 类普通股股票以及 B 类普通股股票享有的投票权占公司全体股东享有投票权的 55.7%,两者共同为公司的控股股东。此外,根据公司其他股东和雷军签署的投票权委托协议,雷军作为受托人可实际控制另外 2.2% 的投票权。

林斌直接持有公司 0.435 7% 的股份,并通过 Bin Lin as trustee of Bin Lin TRUST 间接控制公司 12.892 9% 的股份。林斌合计持有的股份占发行前总股本的 13.328 6%。

公司发行上市后,雷军和林斌共同拥有公司全部已发行的 A 类普通股,雷军和林斌对公司的经营管理以及所有需要股东批准的事项(例如董事选举及资产重组等重大交易事项等)拥有重大影响。对保留事项的议案,A 类股份和 B 类股份每股股份均只有一份投票权①。

小米的股权结构如表 14-3 所示。

表 14-3 小米股权结构简表

序号	股东名称	股份类型	股份数(股)	持股比例
1	Smart Player Limited	B 类普通股	5 922 163	0.282 8%
2	林斌	B 类普通股	9 123 361	0.435 7%
3	Bin Lin. as trustee of Bin Lin TRUST	A 类普通股	240 000 000	11.460 4%
		A 轮优先股	30 000 000	1.432 5%

---

① 保留事项包括:(1)修订章程或细则,包括修改任何类别股份所附的权利;(2)委任、选举或罢免任何独立非执行董事;(3)委任或撤换公司会计师;及(4)公司主动清算或结算。此外,持有不少于公司实缴股本十分之一并附带股东大会投票权的股份股东(包括 B 类股份持有人),有权召开本公司股东特别大会,并在会议议程中加入决议案。

（续表）

序号	股东名称	股份类型	股份数（股）	持股比例
4	Smart Mobile Holdings Limited	A类普通股	429 518 772	20.510 2%
		B类普通股	72 655 923	3.469 4%
		A轮优先股	125 200 000	5.978 5%
		B-1轮优先股	24 532 552	1.171 5%
其他			1 157 216 312	55.259%
合计			2 094 169 083	100%

思考题

1. 根据小米集团上市的信息披露，计算其管理层（创始人）投票权占比。
2. 比较以上三家公司的特别表决权结构异同。
3. 以上三家公司的特别表决权结构对其管理层（创始人）投票权可能会产生哪些影响？
4. 以上公司的双重股权结构对其公司治理可能存在什么样的风险？

参考文献

[1] 京东集团-sw:聆讯后资料集(第一次呈交)[EB/OL].(2020-06-18)[2024-10-12]. http://www.cninfo.com.cn/new/disclosure/detail?plate=hk&orgId=9900044515&stockCode=09618&announcementId=1207938042&announcementTime=2020-06-18%2009:52.

[2] 京东集团-sw:经第二次修订及重述之章程大纲及章程细则[EB/OL].(2021-06-23)[2024-10-12]. http://www.cninfo.com.cn/new/disclosure/detail?plate=hk&orgId=9900044515&stockCode=09618&announcementId=1210323014&announcementTime=2021-06-23%2023:59.

[3] 梁国萍,聂洁琳.京东双重股权结构与阿里合伙人制度的比较研究[J].财会通讯,2021(02):95-100.

[4] 杨国超.外部治理机制缺失下制度创新的代价:基于阿里巴巴"合伙人制度"的案例研究[J].会计研究,2020(01):126-134.

[5] 陈家齐.上市公司双重股权结构研究:以阿里巴巴集团"合伙人制度"为例[J].财会通讯,2017(31):5-10,4.

[6] 刘焱,路紫.中国企业海外上市双重股权结构问题研究:以京东为例[J].中国注册会计师,2017(10):112-116,3.

[7] 中概股审计,这是中美合作的象征性案例[N].环球时报,2022-08-29(014).

[8] 小米集团-W:经修订和重述的组织章程大纲及细则[EB/OL].(2018-07-06)[2024-10-12]. http://www.cninfo.com.cn/new/disclosure/detail?plate=hk&orgId=9900037222&stockCode=01810&announcementId=1205134188&announcementTime=2018-07-06%2023:59.

附 录

附录 1：企业会计准则第 2 号——长期股权投资(2014)

财会〔2014〕14 号

用手机扫一扫，了解更多信息

附录 2：企业会计准则第 20 号——企业合并(2006)

财会〔2006〕3 号

用手机扫一扫，了解更多信息

附录 3：企业会计准则第 33 号——合并财务报表(2014)

财会〔2014〕10 号

用手机扫一扫，了解更多信息

附录 4：企业会计准则第 36 号——关联方披露(2006)

财会〔2006〕3 号

用手机扫一扫，了解更多信息

附录5:企业会计准则第39号——公允价值计量(2014)

财会〔2014〕6号

用手机扫一扫,了解更多信息

附录6:《企业会计准则解释第1号》中关于企业并购的部分(2007)

财会〔2007〕14号

用手机扫一扫,了解更多信息

附录7:《企业会计准则解释第2号》中关于企业并购的部分(2008)

财会〔2008〕11号

用手机扫一扫,了解更多信息

附录8:《企业会计准则解释第3号》中关于企业并购的部分(2009)

财会〔2009〕8号

用手机扫一扫,了解更多信息

附录9:《企业会计准则解释第4号》中关于企业并购的部分(2010)

财会〔2010〕15号

用手机扫一扫,了解更多信息

附录10:《企业会计准则解释第5号》中关于企业并购的部分(2012)

财会〔2012〕19号

用手机扫一扫,了解更多信息

附录11:《企业会计准则解释第6号》中关于企业并购的部分(2014)

财会〔2014〕1号

用手机扫一扫,了解更多信息

附录12:《企业会计准则解释第7号》中关于企业并购的部分(2015)

财会〔2015〕19号

用手机扫一扫,了解更多信息

附录 13:《企业会计准则解释第 8 号》中关于企业并购的部分(2015)

财会〔2015〕23 号

用手机扫一扫,了解更多信息

附录 14:《企业会计准则解释第 9 号》中关于企业并购的部分(2017)

财会〔2017〕16 号

用手机扫一扫,了解更多信息

附录 15:《企业会计准则解释第 12 号》中关于企业并购的部分(2017)

财会〔2017〕19 号

用手机扫一扫,了解更多信息

附录 16:《企业会计准则解释第 13 号》中关于企业并购的部分(2019)

财会〔2019〕21 号

用手机扫一扫,了解更多信息